KB078094

유튜브 영상 편집의 완성

프리미어 프로 +
포토샵

이현석, 김보람 지음

길벗

유튜브 영상 편집의 완성
프리미어 프로+포토샵
Video Editing for Youtube by PremierePro+Photoshop

초판 발행 · 2020년 9월 25일
초판 2쇄 발행 · 2022년 12월 30일

지은이 · 이현석, 김보람
발행인 · 이종원
발행처 · (주) 도서출판 길벗
출판사 등록일 · 1990년 12월 24일
주소 · 서울시 마포구 월드컵로 10길 56(서교동)
대표 전화 · 02) 332-0931 | **팩스** · 02) 323-0586
홈페이지 · www.gilbut.co.kr | **이메일** · gilbut@gilbut.co.kr

기획 및 책임 편집 · 안윤주(anyj@gilbut.co.kr) | **디자인** · 장기춘 | **제작** · 이준호, 손일순, 이진혁
영업 마케팅 · 전선하, 차명환, 박민영 | **영업관리** · 김명자 | **독자지원** · 윤정아, 최희창

기획 및 편집 진행 · 앤미디어(master@nmediabook.com) | **전산 편집** · 앤미디어
CTP 출력 및 인쇄 · 벽호 | **제본** · 경문제책

ISBN 979-11-6521-221-6 03000
(길벗 도서번호 007065)

이 도서의 국립중앙도서관 출판사도서목록(CIP)은 서지정보유통지원시스템 홈페이지(http://seoji.nl.go.kr)와
국가자료공동목록시스템(http://www.nl.go.kr/kolisnet)에서 이용하실 수 있습니다.(CIP제어번호 : CIP2020020644)

23,000원

독자의 1초를 아껴주는 정성 길벗출판사

길벗 | IT단행본, IT교육서, 교양&실용서, 경제경영서 ▶ www.gilbut.co.kr
길벗스쿨 | 어린이학습, 어린이어학 ▶ www.gilbutschool.co.kr

페이스북 · www.facebook.com/gilbutzigy
네이버 포스트 · post.naver.com/gilbutzigy

누구나 영상을 제작하고
누구나 유튜버가 될 수 있는 세상

"왜 유튜브 안 해요? 하면 잘할 것 같은데…"

사람들을 만나면 가장 많이 듣는 안부 인사입니다. 이렇듯 많은 사람들이 유튜브로 영상을 시청하고 있으며, 영상을 제작해서 채널을 운영하고 있습니다. 불과 몇 년 전만 하더라도 검색엔진을 통해 정보를 얻곤 했는데, 이제는 유튜브를 통해 정보를 얻고, 취미 생활을 하고, 가보지 못한 장소를 간접 체험할 수도 있게 되었습니다.

"유튜브? 나도 한 번 해볼까?"
"아… 유튜브, 해야 되는데"

유튜브를 해야겠다는 생각을 한 번 하고 난 뒤에 막상 실천에 옮기지 못하고 입버릇처럼 하는 말들입니다. 왠지 모르게 유튜버가 된다면 잘할 수 있을 것 같은데, 선뜻 시작하기가 쉽지 않습니다. 머릿속에 아이디어는 넘쳐나는데 막막합니다.

"촬영은 어떻게든 하겠는데, 편집은 어떻게 하지?"
"뭐부터 해야 할까? 포토샵? 프리미어 프로?"

이 책은 '밀린 숙제 같은 유튜브, 이제는 시작하자'라는 생각에서 시작되었습니다. 막연히 영상을 만들고 싶은데 어떻게 만드는지 모르고, 기능을 중점적으로 배우고 싶은 초급 독자 분들을 위해 집필하였습니다. 영상 제작을 위해 포토샵 부문에서는 꼭 알아두어야 할 3가지인 글자를 입력하고, 도형을 그리고, 이미지 외곽선을 정교하게 자르는 것을 배우고 이를 활용하여 유튜브 썸네일을 만드는 과정을 담았습니다. 프리미어 프로 부문은 영상을 자르고 붙이는 기본 편집부터 자막, 배경 음악, 영상 효과 작업과 영상 출력 등 영상 한 편을 완성하기까지의 과정을 설명합니다.

"야심차게 시작했는데…"
"내가 지금 무엇을 하고 있는 걸까?"

영상을 제작한 후, 유튜브에 채널을 개설하고 영상을 지속적으로 업로드를 하면서 '내가 지금 뭘 하고 있나'라는 생각이 드는 때가 있습니다. 남들은 조회 수가 계속 증가하는 것 같지만, 내 유튜브 채널의 조회 수는 변함이 없습니다. 유튜브는 일명 대박 영상이 생기기 전까지 무관심 속에서 묵묵히 견뎌야 합니다. 지인이 구글에 방문해서 들었던 유튜브에 관한 이야기입니다. 구글에서 꾸준함의 사례로 'Benjamin Bennett' 채널을 레퍼런스로 제시했다고 합니다. 'Benjamin Bennett' 영상 속 남자는 4시간 동안 말없이 미소를 짓고 있습니다. 그런데 이 영상으로 채널 구독자 수는 26만 명입니다. 채널을 통해 구글에서 말하려는 것은 1년 365일, 꾸준히 영상을 업로드하면 채널이 성장한다는 점입니다.

지금 당장 만족스러운 결과를 얻을 수 없더라도 그 '언젠가'를 위해 무심히 그러나 꾸준히 하는 것이 중요합니다. 이 책을 통해 필요한 기능들을 익히고 모두 좋은 성과를 거두길 바랍니다.

이현석 / 김보람

체계적인 구성을 따라 쉽고 빠르게 공부하세요!

포토샵 필수 이론 & 활용 예제

영상 편집을 위한 포토샵의 필수 이론과 영상 편집 시 필요한 이미지 및 자막 디자인 등 활용 예제들을 담았습니다.

1 태그 : 예제를 따라하기 전에 키워드 형식의 태그를 정리해 놓았습니다.

2 사용 프로그램 : 각 섹션별로 사용되는 프로그램을 확인할 수 있습니다.

3 완성 이미지 : 예제를 따라하기 전에 완성된 이미지의 모습을 미리 볼 수 있습니다.

4 설정 상자 : 예제에 필요한 설정 값을 빠르게 보고 입력할 수 있습니다.

5 TIP : 예제에 관한 팁을 제공합니다. 꼭 알아야 할 정보, 주의할 점 등을 설명합니다.

가장 많이 사용되는 프리미어의 필수 이론과 기본 컷 편집부터 출력, 많이 활용되는 효과를 이용한 영상 편집 등 빠르고 쉽게 만들 수 있는 예제들을 담았습니다.

❶ 옵션 설명 : 각 번호에 해당하는 옵션의 용어와 역할을 직관적으로 알 수 있습니다.

❷ Before/After : 필수 이론을 공부하며 바로바로 적용된 효과의 전과 후 화면을 비교할 수 있습니다.

❸ 예제&완성 파일 : 필요한 예제 파일과 완성 파일을 제공합니다. 따라하기 전에 미리 완성 파일을 열어볼 수 있습니다.

❹ 따라하기 : 재미있는 예제를 번호 순서대로 차근차근 읽으면서 따라해 봅니다.

PART 3 **영상 편집을 위한 프리미어 프로**

PART 4 영상 편집 단계와 실전 마스터하기

PART 5 완성도를 높이기 위한 영상 편집

CHAPTER 01 특수 효과 활용하기

CHAPTER 02 스타일리쉬한 자막 만들기

디자인과 영상 편집을 위한 기본적인 지식과 유의해야 할 내용에 대해 알아봅니다. 디자인과 영상 편집은 철저히 정해진 의도와 계획에 따라 완성됨으로 작업을 시작하기 전부터 많은 데이터를 수집하고 공부하며 완성도 높은 작품을 만들기 위해 노력해야 합니다. 또한 기획을 바탕으로 제작하는 과정도 함께 이해해야 더 좋은 작품을 완성할 수 있습니다.

PART 1

콘텐츠 제작을 위한 디자인 & 영상 기본기

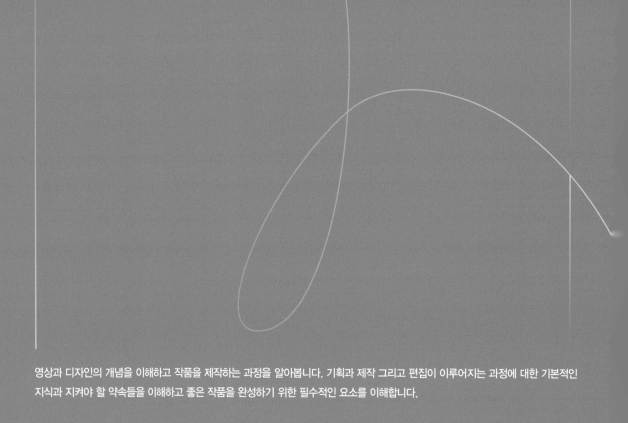

CHAPTER 01

영상 기획부터
제작 과정 알아보기

영상과 디자인의 개념을 이해하고 작품을 제작하는 과정을 알아봅니다. 기획과 제작 그리고 편집이 이루어지는 과정에 대한 기본적인 지식과 지켜야 할 약속들을 이해하고 좋은 작품을 완성하기 위한 필수적인 요소를 이해합니다.

디자인 & 영상이 뭔가요?

디자인과 영상 작업은 다른 개념으로 분류합니다. 하지만 다양한 장르의 영상 콘텐츠에는 디자인이 결합되지 않은 콘텐츠가 거의 없으므로 서로 다른 개념의 디자인과 영상은 하나로 융합되어 더 좋은 콘텐츠로 생산됩니다. 개념적으로 다르지만 필연적으로 결합되어야 하는 디자인과 영상에 대한 지식들을 살펴봅니다.

디자인의 개념 이해하기

우리는 일상에서 수많은 디자인을 만납니다. 지금 책에서 눈을 떼고 주위를 둘러보면 디자인이 되어 있지 않은 것을 찾기란 어려울 정도로 디자인은 우리의 삶에 많은 영향을 주고 있습니다. 디자인(Design)은 1.계획하다 2.표현하다 3.성취하다라는 뜻을 가진 데시그나레(Designare)라는 라틴어에서 유래했는데 '주어진 목적에 맞게 계획하고(Plan), 실체화하는 것(Make)'을 의미합니다.

디자인 (Design)	계획하다 (기획)	표현하다 (디자인 작업)	성취하다 (결과물 : 목적 달성)

▲ 디자인의 개념도

디자인은 크게 시각 디자인(Visual Design), 제품 디자인(Product Design), 환경 디자인(Environment Design) 3가지로 분류합니다. 그 중에서도 사람의 실생활에 필요한 정보와 지식을 보다 신속하고 정확하게 시각적으로 전달하는 '시각 디자인'은 그 안에서 다시 한번 여러 분야로 나뉩니다.

편집 디자인	웹 디자인	모바일 디자인	브랜딩 디자인
패키지 디자인	영상 디자인	타이포그래피 디자인	캐릭터 디자인

▲ 시각 디자인의 주요 종류

온라인에 다양한 영상 플랫폼이 생겨나면서 많은 영상 콘텐츠들이 쏟아져 나오고 있고 그에 따라 영상 디자인에 대한 관심이 매우 높아졌습니다. 또한 누구나 쉽게 영상 콘텐츠를 제작할 수 있는 환경이 갖춰지면서 지식과 취미를 공유한다거나 일상을 기록하는 1인 크리에이터들이 늘어나고 있습니다. 영상 제작은 움직이는 화면과 소리가 어우러져 전달하는 생생함과 그 안에서 기획된 연출 의도와 흥미로운 표현들에 다양한 영상 디자인 기법들을 합쳐 콘텐츠의 매력과 흥미를 높일수 있습니다.

영상 편집의 개념 이해하기

영상 편집은 촬영된 영상을 연출자의 의도에 맞게 수정하거나 정렬하는 과정으로 하나의 유기적인 작품을 완성함에 있어 필요 없는 장면을 삭제하고 원하는 부분을 분리, 합성, 재구성하는 작업이라고 할 수 있습니다. 위의 말을 쉽게 이야기하면 영상 편집은 '첫째, 필요 없는 장면을 잘라내는 것.', '둘째, 필요한 장면을 유기적으로 조합(구성하여 붙이기)하는 것.', '셋째, 장면을 다듬어 표현하는 것.'이라고 할 수 있습니다.

'필요 없는 장면을 잘라내는 것'은 컷 편집에 해당되는 말로 단순히 영상 소스의 장면을 삭제하는 과정을 말합니다. '필요한 장면을 유기적으로 조합한다'는 것은 필요한 장면을 연출 의도에 맞게 순서와 길이를 재구성하는 과정입니다. '장면을 다듬어 표현하는 것'은 디자인과 효과(Visual Effects)를 활용하여 가공된 장면을 만드는 것입니다. 우리는 이 모든 과정을 거쳐 영상 콘텐츠를 완성해 나가지만 화려한 그래픽 스킬보다는 기본적으로 지켜야 할 법칙들 안에서 기획과 연출이 잘 어우러져야 좋은 콘텐츠를 만들 수 있다는 것을 알아둡니다.

영상 작업 과정 살펴보기

영상 편집에 대한 지식을 익히기 전에 영상 제작 과정을 알아야 합니다. 영상 편집은 영상 콘텐츠를 제작하는 수많은 과정의 한 단계임으로 전체 작품을 완성하는 과정을 이해해야 합니다.

영상은 크게 1.사전 제작(Pre-Production) 2.제작(Production) 3.후반 작업(Post-Production)의 3단계로 이루어집니다. 훌륭한 영상물을 얻으려면 사전 제작 단계에서 좋은 아이디어와 완벽한 기획을 갖추어야 하며 촬영 방법과 편집 기술까지 미리 계획해야 합니다.

1단계	사전 제작(Pre-Production)	목적에 맞게 어떤 영상을 만들지 기획
2단계	제작(Production)	준비된 내용을 바탕으로 촬영
3단계	후반 작업(Post-Production)	촬영한 비디오 · 오디오를 편집 및 디자인

▲ 영상 제작 과정 3단계

사전 제작 단계는 자료 수집, 시나리오 완성, 연기자/스태프/장소 섭외, 예산 확보 등 영상 제작에 필요한 모든 준비를 완성하는 단계입니다. 사전 제작 과정에서 잘못된 기획과 섭외 등이 이루어지면 작품 자체를 망칠 수 있음으로 영상 제작 과정에서 가장 중요한 단계라고 할 수 있습니다.

제작 단계는 사전 제작 단계에서 계획된 내용을 촬영하여 영상 편집에 필요한 소스를 완성하는 과정을 말합니다. 이때 잘못된 촬영은 비용적으로 큰 손실을 가져올 수 있기 때문에 실수 없이 좋은 영상 소스를 만들도록 해야 합니다.

후반 작업 단계는 제작 단계에서 만들어진 영상 소스를 편집 작업, 디자인 작업, 효과 작업, 사운드 작업, 색 보정 작업, 합성 작업 등을 거쳐 완성된 하나의 콘텐츠로 만드는 과정입니다. 콘텐츠마다 다르겠지만 고품질의 콘텐츠를 완성하기 위해서는 매우 복잡하고 다양한 과정들을 거쳐야 합니다. 하지만 컴퓨터 한 대로도 충분히 좋은 작품을 만들 수 있는 다양한 소프트웨어들이 개발되었고 이에 따라 혼자서도 충분히 좋은 콘텐츠를 생산할 수 있는 시대가 되었습니다.

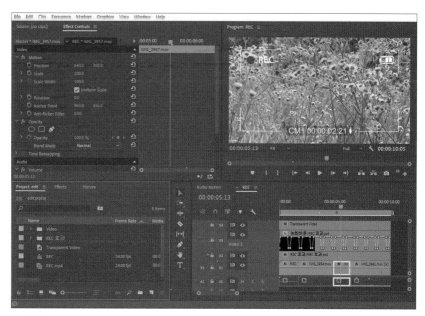

▲ 영상 편집 작업, 자막 작업, 사운드 작업, 색 보정 작업 등을 한번에 해결할 수 있는 프리미어 프로 프로그램

영상 기획 과정 알아보기

어떤 영상 콘텐츠이든 의도와 목적 없이 제작되는 것은 없습니다. 영상이 제작되는 과정은 적지 않은 노력과 비용이 발생하기 때문에 좋은 콘텐츠를 완성하기 위해서는 의도와 목적이 분명해야 하며 그 특성에 맞춰 적절한 기획 과정이 필요합니다. 잘못된 기획은 곧 좋지 않은 결과물을 만들기 때문에 반드시 의도에 맞는 정확한 기획 과정이 진행되어야 합니다.

영상 제작을 위한 아이디어 수집하기

해가 시작될 때마다 새로운 트렌드와 신조어들이 생겨나고 이러한 유행과 인기들은 점점 더 빠르게 바뀌고 사라집니다. 영상도 새로운 연출 기법과 편집 기법, 디자인 등의 다양한 트렌드 요소를 가지고 있음으로 기획 단계에서 자료 수집과 분석을 충분히 거쳐야 좋은 콘텐츠를 생산할 수 있습니다. 영상 제작에 필요한 아이디어를 수집하기 위한 필수적인 내용을 알아두도록 합니다.

01 | 많은 자료를 수집하고 시장의 트렌드를 분석하라

영상 콘텐츠 제작을 위한 아이디어는 많은 자료를 수집하고 분석하는 데서 시작됩니다. 아무런 데이터 없이 상상력만으로 작품을 만들게 되면 '우물 안의 개구리'와 같이 혼자만 만족할 콘텐츠가 되고 맙니다. 대중들과 함께 공감할 수 있는 콘텐츠를 만들기 위해서는 주변의 다른 작품과 여러 환경적인 트렌드를 분석하는 것이 매우 중요합니다. 우리는 인터넷의 다양한 사이트를 통해 어마어마한 콘텐츠를 접할 수 있는 유리한 시대에 살고 있습니다. 유튜브, 비메오와 같은 양질의 많은 콘텐츠를 감상할 수 있는 온라인에서 많은 콘텐츠를 감상하고 시장과 트렌드의 동향을 반드시 분석하고 원하는 자료를 수집해야 합니다.

※ 영상 콘텐츠의 트렌드를 분석할 수 있는 영상 사이트

▲ 비메오(www.vimeo.com)

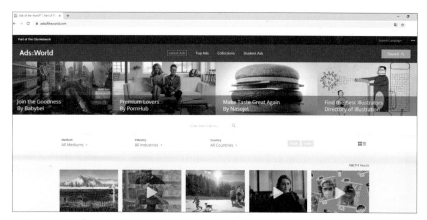

▲ Ads of the World(www.adsoftheworld.com)

02 | 보이는 모든 것이 아이디어다

영상 콘텐츠에는 주제와 소재가 존재합니다. 주제가 작품을 통해 이야기하고자 하는 큰 생각이라고 하면 소재는 그 생각을 표현하고자 하는 사물, 사람, 사건 등을 말합니다. 바꿔서 말하면 사물, 사람, 또는 사건이 있으면 주제를 만들 수 있다는 이야기가 됩니다. 우리는 주변에 버려진 쓰레기, 길가에서 마주친 술취한 사람, TV 속에서 들리는 뉴스 등과 같이 하루에도 많은 사물과 사람을 접하고 사건을 듣게 됩니다. 이 모든 것을 발전시키면 이야기가 되고 사람들에게 말하고 싶은 주제의 아이디어가 될 수 있습니다. 그러므로 주변의 모든 것을 항상 눈여겨보고 색다른 시선으로 볼 수 있는 창의적인 생각들을 습관처럼 하는 것이 중요합니다.

03 | 콘텐츠 소비를 위한 주요 타깃을 설정하라

모든 콘텐츠는 만드는 목적에 따라 타깃층이 생성됩니다. 그 타깃은 연령, 성별, 집단, 성격 등에 따라 다양하게 존재합니다. 그러므로 영상 제작을 기획할 때는 목적에 맞는 타깃을 설정하고 그 타깃을 겨냥한 정확한 콘텐츠 기획이 이루어져야만 공략이 가능한 흥미로운 콘텐츠를 완성할 수 있습니다.

**제작을 위한
모든 준비
철저히 하기**

기획의 과정은 시나리오 완성에만 목적이 있는 것이 아닙니다. 기획은 좋은 아이디어를 바탕으로 좋은 시나리오를 만들기도 하지만 제작 단계와 후반 작업에 필요한 모든 준비 과정이 포함됩니다. 제작 단계에서는 촬영 장소, 연기자, 촬영 스태프, 제작 비용, 차량, 식사, 숙소 등 여러 가지 요소를 필요로 하며 이 과정이 끝나면 편집, 사운드 작업, 효과 작업, 색 보정 작업 등 후반 작업이 바로 이루어져야 하므로 이 모든 것들을 세팅하고 준비하는 과정이 기획 단계에 포함되어 있어야 합니다. 만일 기획 단계에서 다음 과정에 대한 준비가 제대로 되어 있지 않으면 전체 제작 일정이 길어지고 결과물의 완성도에 영향을 미칠 수 있으므로 사전에 철저히 준비합니다.

영상 제작 과정과 단계

초보 크리에이터들이 실수하는 부분은 의욕이 너무 앞서 제대로 된 지식 없이 촬영해 편집 과정에서 애를 먹거나 고가의 장비를 미리 사두고 이내 지쳐서 제대로 활용을 못하는 부분이 있습니다. 모든 제작 과정에는 정해진 규칙과 기본적인 방법들이 있으므로 영상 편집에 앞서 촬영 단계에 필요한 기본 지식들을 알아두고 이해하기 바랍니다.

영상의 기초 용어 알아두기

영상 전문가가 되기 위해서는 많은 전문 용어들을 이해해야 합니다. 이 용어들은 촬영뿐만이 아니고 기획과 후반 작업까지 두루두루 사용되는 필수적인 내용임으로 알아두면 유용합니다.

① **피사체(Subject)** : 촬영의 대상이 되는 사물 또는 사람을 지칭합니다.

② **프레임(Frame)** : 촬영된 영상의 한 이미지입니다. 보통 영화에서는 1초에 24프레임의 그림을 사용하면 한국의 TV는 1초에 30프레임, 유럽에서는 1초에 25프레임의 그림을 사용합니다.

③ **피사계 심도(Depth of Field)** : 초점이 맞는 거리입니다. 망원 렌즈를 사용하거나 조리개가 개방되어 수치가 낮을수록 초점 거리가 짧아집니다.

④ **원 샷(One Shot)** : 한 명의 대상을 촬영한 장면입니다.

⑤ **투 샷(Two Shot)** : 두 명의 대상을 촬영한 장면입니다.

⑥ **모브 씬(Mob Scene)** : 수많은 사람들이 한꺼번에 나오는 장면입니다.

⑦ **리액션 샷(Reaction Shot)** : 촬영 대상의 말이나 행동으로 인하여 주변에 미치는 반응을 촬영한 장면입니다.

⑧ **리버스 샷(Reverse Shot)** : 주로 대화 장면에서 많이 사용되는 샷으로 현재 보여지는 대상의 반대편에서 촬영한 장면입니다.

⑨ **마스터 샷(Master Shot)** : 장면 전체의 분위기를 한눈에 보기 위하여 시간, 공간, 내용적으로 중심이 되도록 설정된 장면입니다.

⑩ **오버 숄더 샷(Over Shoulder Shot)** : 서로 대립되는 두 인물 중 한 인물의 어깨 너머로 상대 인물을 촬영하는 장면입니다.

⑪ **시점 샷(Point of View Shot)** : 피사체가 바라보는 1인칭 시점에서 촬영된 장면을 말하며 보통 'POV 샷'이라고 합니다.

⑫ **스위시 팬(Swish Pan)** : 플래시 팬(Flash Pan), 블러 팬(Blur Pan)이라고도 하며 카메라를 빠르게 패닝하여 화면이 흐려지게 보이도록 하는 것으로 장면 전환 효과를 가져올 때 많이 사용합니다.

⑬ **헤드 룸(Head Room)** : 보통 한 화면에서 인물의 머리 위 공간입니다. 또는 피사체의 위쪽 끝 부분과 화면 상단 사이의 공간입니다.

⑭ **룩킹 룸(Looking Room)** : 인물이 바라보는 방향에서 인물과 화면 가장자리 사이의 공간입니다.

⑮ **화이트 밸런스(White Balance)** : 흰색을 최적의 흰색으로 조절하는 것입니다. 영상의 색온도(Color Temperature)는 색광의 절대 온도로 K(Kelvine)를 단위로 다양한 빛을 표현하며 온도가 낮을수록 따뜻한 붉은 빛을 띠고 높은수록 차가운 푸른 빛을 띱니다

카메라 앵글과 샷의 크기

카메라 앵글이란 피사체와 카메라의 수직상 각도를 뜻합니다. 앵글의 종류와 샷의 크기에 따라 서로 다른 분위기가 연출되기 때문에 분위기에 알맞은 각도와 샷의 크기를 촬영 시 설정해야 합니다. 이때 연결되는 장면은 편집을 고려해 카메라 각도와 샷의 크기를 결정해야 합니다. 자연스럽지 않은 앵글과 샷의 크기를 연결하면 장면 연결이 잘 안 되거나 어색할 수 있으므로 반드시 편집과 연출적인 요소를 고려해 카메라 앵글과 샷의 크기를 결정해야 합니다.

01 / 카메라 앵글에 따른 장면의 분류 알아두기

01 | 대부감(Extreme High Angle)

피사체에 비해 극단적으로 높은 위치에서 촬영하는 앵글로 위성, 항공 촬영이나 아주 높은 건물 위에서 광대한 환경 또는 느리게 움직이는 피사체를 표현할 때 사용합니다. 특히 새의 시점에서 바라보는 듯한 앵글을 버드 아이 뷰(Bird's Eye View)라고 말합니다.

02 | 부감(High Angle)

피사체보다 높은 위치에서 촬영한 앵글을 말합니다. 부감 앵글은 피사체의 왜소함을 나타내는 분위기를 연출할 때 많이 사용합니다.

03 | 아이 레벨(Eye Level)

피사체의 눈높이와 같은 높이에서 촬영한 앵글로 편안하고 안정적인 분위기가
연출됩니다.

04 | 앙각(Low Angle)

피사체의 눈높이보다 낮은 위치에서 촬영한 앵글로 피사체의 압박감이나 우월
감 등이 연출됩니다.

02 / 샷의 크기에 따른 장면의 분류 알아두기

01 | 익스트림 클로즈업 샷(ECU/Extreme Close-Up)

빅 클로즈업 샷(BCU/Big Close-Up) 또는 라지 클로즈업 샷(LCU/Large Close-Up)이라고도 하며 인물의 눈이나 입술 등과 같이 특정 부위를 화면에 가득 차게 보여줍니다.

02 | 클로즈업 샷(CU/Close-Up)

인물의 얼굴 전체를 보여줍니다.

03 | 바스트 샷(BS/Bust-Shot)

인물의 가슴으로부터 위쪽을 보여줍니다.

04 | 웨이스트 샷(WS/Waist Shot)

인물의 허리부터 위쪽을 보여줍니다.

05 | 미디움 샷(MS/Medium Shot)

미드 샷(Mid Shot)이라고도 하며 CU와 LS의 중간에 해당하는 사이즈로 보통 인물의 가슴과 허리의 중간 또는 허리와 무릎의 중간부터 위쪽을 보여줍니다.

06 | 니 샷(KS/Knee Shot)

인물의 무릎부터 위쪽을 보여줍니다.

07 | 풀 샷(FS/Full Shot)

인물의 전신을 보여줍니다.

08 | 롱 샷(LS/Long Shot)

원거리에서 촬영된 샷으로 인물이 현재 공간의 어디에 위치하는지 보여줄 때 사용합니다.

09 | 익스트림 롱 샷(ELS/Extreme Long Shot)

XLS라고도 하며, 아주 멀리서 광대한 지역을 보여줍니다.

TIP

인물의 화면 구도를 잡을 때는 보통 관절을 자르는 구도를 사용하지 않습니다. 예를 들어 발목이나 무릎, 골반과 같은 관절을 자르게 되면 인물의 구도가 안정적으로 보이지 않기 때문에 가급적 인물의 관절을 화면에서 자르는 구도는 사용하지 않도록 주의합니다.

촬영 기법 용어

카메라의 이동은 영상에서 매우 중요한 역할을 합니다. 고정 샷(Fixed Shot)에서 벗어나 역동적인 카메라의 움직임은 영상을 재구성하는데 큰 역할을 합니다. 하지만 의도치 않은 흔들림과 영상 문법에 어긋나는 카메라의 움직임은 장면의 연결이 어색하거나 시청자가 불편해 할 수 있으므로 연출 의도에 맞게 적절한 카메라 움직임을 표현해야 합니다.

❶ 줌(Zoom) : 카메라의 줌 렌즈(Zoom Lens)를 이용하여 촬영하는 방법으로 롱 샷에서 클로즈업하는 경우를 줌 인(Zoom In)이라고 하며 클로즈업 샷에서 롱 샷으로 변화하는 것을 줌 아웃(Zoom Out)이라고 합니다. 하지만 줌을 이용한 촬영은 다른 카메라 이동의 촬영 방법과 달리 화각과 초점 거리가 변합니다.

❷ 패닝(Panning) : 삼각대의 마운트 헤드를 중심으로 카메라를 수평으로 돌려 촬영하는 방법으로 피사체의 수평 이동 시 또는 넓은 지역의 파노라마 장면을 연출할 때 사용합니다.

❸ 틸팅(Tilting) : 삼각대의 마운트 헤드를 중심으로 카메라를 수직 또는 대각선으로 이동하여 촬영하는 방법으로 피사체의 높이를 표현하거나 인물의 전신을 묘사하는 등의 장면을 연출할 때 사용합니다. 카메라의 헤드를 아래에서 위로 올리는 것은 틸트 업(Tilt Up), 위에서 아래로 내리는 것은 틸트 다운(Tilt Down)입니다.

❹ 달리 샷(Dolly Shot) : 카메라를 바퀴가 달린 이동차에 싣고 움직이며 촬영하는 방법으로 카메라가 피사체에 가까이 다가가는 것은 달리 인(Dolly In)이며, 카메라가 피사체로부터 멀어지는 것은 달리 아웃(Dolly Out)입니다.

❺ 포커스 인/아웃(Focus In/Out) : 카메라의 피사계 심도를 이용한 촬영 방법으로 화면이 점점 초점이 맞아가며 선명해지는 것은 포커스 인이며 초점이 안 맞아 흐려지는 것은 포커스 아웃입니다.

❻ 프레임 인/아웃(Frame In/Out) : 피사체가 화면에서 보이지 않다가 화면 안에 들어오는 것은 프레임 인이며 화면 밖으로 사라지는 것은 프레임 아웃입니다.

❼ 팔로잉(Following) : 카메라가 피사체의 움직임을 따라서 이동하며 촬영하는 것입니다.

❽ 들고 찍기(Hand-Held Shot) : '핸드 헬드 샷'이라고하며, 카메라를 손으로 직접 들고 촬영하는 기법으로 리얼리티를 강조하는 영상에서 많이 사용합니다.

❾ 스테디캠(Steadicam) : 사람의 몸에 고정한 특수 장비에 카메라를 부착하여 움직이는 피사체를 따라다니며 촬영하는 기술로, 카메라의 흔들림을 최소화하기 위해 사용합니다. 최근 짐벌(Gimbal)과 같은 가벼운 장비로 대체해 일반인도 쉽게 사용할 수 있습니다.

❿ 헬리캠(Helicam) : Helicopter와 Camera의 합성어로 무인 항공 촬영 시스템입니다. 최근 드론(Drone)과 같은 작고 저렴한 모형 헬리콥터를 이용해 매우 편리한 촬영을 진행할 수 있습니다.

1인 크리에이터를 위한 카메라 선택 방법

영상을 촬영하는 카메라의 종류는 스마트폰부터 시작해 DSLR 카메라, 미러리스 카메라, 액션캠, 캠코더 등 기술과 용도에 따라 다양하게 존재합니다. 카메라는 적은 비용으로 구매할 수 있는 장비가 아니기 때문에 콘텐츠의 특성과 용도에 맞춰 예산을 정하고 신중하게 선택해야 합니다. 또한 장비를 대여해 샘플 촬영을 해보거나 다른 사용자의 후기를 보며 경험과 정보를 익힌 뒤 자신에게 필요한 카메라를 선택하는 것이 바람직합니다.

01 | 시작은 반드시 스마트폰 카메라를 이용하자

유튜브나 다른 온라인 채널을 이용해 영상 콘텐츠를 제작하는 경우 무턱대고 DSLR 또는 미러리스(Digital Mirrorless Camera)와 같은 카메라를 구입하는 경우가 있습니다. 하지만 이것은 바람직하지 않은 방법입니다. 카메라는 촬영 대상 또는 목적에 맞게 기능과 역할이 다르게 구성되어 있습니다. 예를 들어 집에서 셀프로 자신을 비추며 촬영하는 카메라와 밖에서 들고 이동하는 카메라의 성능과 기능은 다를 수 밖에 없습니다. 이렇게 카메라의 용도와 기능은 콘텐츠의 특성과 제작 방식에 따라 다름으로 카메라를 구매하기 전에 촬영에 대한 경험을 쌓고 콘텐츠 제작에 익숙해지는 과정을 거쳐 자신에게 필요한 카메라의 특성을 파악하고 이해해야 합니다. 반면 그 과정을 가장 빠르고 편리하게 경험할 수 있는 카메라가 바로 늘 우리 곁에 있는 스마트폰 카메라입니다.

콘텐츠 제작에 입문하는 단계는 우선 자신이 콘텐츠 제작을 잘할 수 있는 재능과 흥미가 있는지 먼저 판단해야 합니다. 이러한 판단은 직접 경험을 해봐야 아는 것이기 때문에 스마트폰 카메라를 이용해 최소 3~5회 정도 콘텐츠를 제작해 보고 지속적으로 제작할 수 있는 가능성을 체크한 뒤 목적과 기능이 맞는 카메라를 선택해 구매하도록 합니다.

그러므로 자신에게 필요한 카메라의 기능과 용도를 정확히 이해하기 전에 늘 우리 곁에 있는 스마트폰을 이용해 촬영 경험을 쌓아 촬영에 익숙해지고 전차 필요한 기능이 생기면 용도에 맞게 필요한 카메라를 선택해야 합니다.

스마트폰 카메라는 보통 22mm~28mm의 광각 렌즈로 되어 있어 비교적 넓은 영역을 촬영할 수 있으며 초점 거리가 넓어 초점에 신경쓰지 않고 초보자도 쉽고 편하게 사용할 수 있다는 장점이 있습니다. 또한 촬영과 관련된 다양한 스마트폰의 앱을 이용하면 재미있는 컬러, 효과 등을 활용할 수 있습니다. 그리고 스마트폰 카메라 촬영을 위한 전용 렌즈, 삼각대, 짐벌 등 촬영을 돕는 아이템들이 많아 다양한 콘텐츠 제작에 활용할 수 있습니다.

▲ 블루투스 리모컨이 연결되는
아즈나 미니 셀카봉 삼각대

▲ 스마트폰 전용 짐벌
DJI 오스모 모바일

02 | 콘텐츠 특성과 제작 방법에 맞는 카메라를 선택하자

촬영 장비는 크게 스튜디오용 카메라와 야외용 카메라로 구분할 수 있습니다. 1인 미디어의 경우 크게 구분 없이 카메라를 선택할 수도 있지만 렌즈 활용과 움직임 등에 따라 알맞은 카메라를 선택해야 합니다.

스튜디오의 경우 정해진 화각과 일정한 조도 환경에서 촬영할 경우가 많으므로 렌즈를 교환하거나 수동 모드로 촬영할 수 있는 DSLR 또는 미러리스가 유리합니다. 실내에서 밝은 조명 없이 촬영할 경우 노출이 부족해 화면이 어둡게 찍히거나 필름 감도(ISO)를 높게 설정할 경우 노이즈가 생길 수 있으므로 렌즈의 조리개 값이 낮을수록 유리합니다. 또한 고정된 카메라를 사용할 경우 초점 거리가 넓거나 넓게 비춰주는 광각 렌즈(50mm 미만)를 이용하는 것이 좋습니다. 하지만 너무 넓은 화각의 렌즈를 이용할 경우 화면이 왜곡되기 때문에 적절한 렌즈를 활용하는 것이 좋습니다.

야외 촬영의 경우 계속해서 렌즈를 교체하거나 수동으로 노출과 초점을 빠르게 맞추며 촬영하기 힘들기 때문에 바디와 렌즈가 결합된 하이엔드 카메라(High-End Digital Camera) 또는 비디오 캠코더를 이용하거나 빠른 움직임이 많을 경우 액션 캠을 활용할 수 있습니다. 하이엔드 카메라는 DSLR보다 성능이 다소 떨어질 수 있으나 가볍고 작으며 저렴하다는 장점이 있습니다. 그렇기 때문에 움직임이 많고 이동이 많은 야외에서 쉽게 활용할 수 있으며 자동 초점과 자동 노출을 이용해 번거로운 조작없이 쉽게 촬영할 수 있습니다. 또한 줌 렌즈를 활용해 다양한 화각을 빠르게 변화시키며 콤팩트한 촬영이 가능합니다. 액션캠의 경우 줌 기능이 없는 광각 렌즈로 구성되어 있어 빠르게 이동하거나 움직임이 많은 경우 사용합니다. 이는 매우 가볍고 작은 크기로 되어 있어 몸이나 이동 수단에 부착해 많이 사용하기도 합니다.

실내와 야외 촬영이 구분되어 있다고 해서 야외에서 DSLR 또는 미러리스를 활용하지 못하거나 실내에서 하이엔드 카메라와 액션캠을 활용하지 못하는 것은 아닙니다. 콘텐츠 특성과 촬영 방법에 따라 카메라는 어디든 사용할 수 있으므로 여러 경험을 통해 다양한 촬영 기법에 익숙해진 후 필요에 따라 적절한 카메라를 선택하도록 합니다.

▲ 하이엔드 디지털 카메라(캐논 PowerShot G7X 시리즈)　　▲ 미러리스 카메라(소니 알파 7 시리즈)

TIP

DSLR(디지털 일안 반사식 카메라 Digital Single Lens Reflex)과 미러리스 카메라(Digital Mirrorless Camera)의 차이점은 무엇인가요?

두 카메라의 차이를 성능 차이로 착각하는 경우가 있는데 DSLR과 미러리스 카메라의 차이를 쉽게 말하면 '카메라 안에 거울(반사경)이 있는가? 없는가?'로 구분할 수 있습니다. DSLR의 경우 렌즈로 들어온 빛을 이미지 센서 앞에 있는 반사경을 통해 뷰파인더와 AF 센서로 보내는 반면, 미러리스의 경우 단어 그대로 거울이 없기 때문에 렌즈를 통해 들어 온 빛을 바로 AF 센서로 보내 전자식 뷰파인더로 볼 수 있습니다.

---

03 | 역동적인 촬영은 액션캠을 활용하자

움직임이 많은 운동이나 이동 수단을 활용한 콘텐츠는 화면이 흔들리거나 노출과 초점이 수시로 변하기 때문에 촬영이 매우 어려울 수 있습니다. 화면의 흔들림을 최소화하고 초점 거리를 넓힐 수 있는 가장 간단한 방법은 화각이 넓은 광각 렌즈를 활용하는 것입니다. 액션캠은 기본적으로 자동 노출 기능을 포함해 140° 이상의 초광각 시야를 이용하기 때문에 흔들림에 있어 비교적 안정적이며 초점 거리도 매우 가까운 거리를 빼고는 무한대의 영역까지 보장되어 다이내믹한 촬영에 유리합니다. 또한 최근에 나온 액션캠의 경우 고속 촬영(슬로우 모션) 기능을 지원하고 있어 특수 촬영 용도로도 많이 활용합니다. 이 밖에도 가볍고 작은 크기 때문에 몸이나 이동 수단 등에 부착이 용이하거나 방수팩인 하우징을 장착해 물속에서도 촬영이 가능합니다. 콘텐츠의 특성에 맞춰 다양하게 활용할 수 있는 액션캠은 버라이어티 방송 프로그램이나 스포츠 영상에 많이 활용합니다.

▲ 고프로 시리즈　　　　　　　　　　▲ 샤오미 미지아 4K 액션캠

04 | 움직임이 많은 촬영은 안정감 있는 짐벌을 활용하자

카메라를 손으로 들고 걷거나 이동하면 화면이 많이 흔들리기 때문에 시청 시 어지럽거나 불편합니다. 만일 움직임이 많은 촬영을 자주하게 될 경우 화면의 흔들림을 자동으로 안정화해 주는 짐벌(Gimbal)을 이용하면 매우 좋습니다. 짐벌은 카메라가 마치 우주에 떠 있는 것과 같이 수평과 기울기를 유지해주는 지지 장치로 손에 들고 촬영할 수 있는 가벼운 장치들이 많이 있습니다. 짐벌은 처음 사용 시 움직임에 익숙하지 않아 어려움을 겪을 수 있으므로 충분히 연습을 통해 숙달된 후 실제 촬영을 합니다.

▲ DJI RONNIN-SC   ▲ 페이유 G6 Plus

촬영 시 유의해야 할 점

한 번 잘못된 촬영은 기술적으로 수정과 보완이 어렵거나 재촬영을 해야 하는 경우가 발생하기 때문에 신중하고 정성들여서 진행되어야 합니다. 조금만 신경 쓰면 잘못된 촬영 에러를 방지할 수 있으므로 촬영에 익숙지 않은 초보자들은 자주 실수하는 유의해야 할 점들을 알아두고 사전에 예방하기 바랍니다.

01 | 포커스를 잘 맞춰라

당연한 이야기일 수 있지만 카메라의 초점 기능을 Auto로 설정할 경우 피사체가 아닌 다른 영역에 초점이 맞는 경우가 자주 일어납니다. 최근의 카메라들은 인물을 자동으로 인지해 초점을 자동으로 맞춰주기도 하지만 경우에 따라 잘 적용이 되지 않는 경우들이 있습니다. 카메라의 초점은 망원 렌즈를 사용할 경우 초점 거리가 더 짧아지기 때문에 유의해야 합니다. 만일 수동으로 초점을 조절하는 경우 카메라의 디지털 줌 기능을 이용해 확대된 상태에서 초점을 정확히 맞추고 촬영을 시작하면 효율적으로 초점을 맞출 수 있습니다.

> **TIP**
> 사람이 피사체일 경우 어디에 초점을 맞춰야 하나요? 인물이 피사체일 경우 보통 눈에 초점을 맞추며 화면에 두 개 이상의 피사체가 있을 경우 둘 다 초점을 맞추거나 연출적으로 필요한 부분에 초점을 맞춥니다.

02 | 수평을 잘 맞춰라

카메라 자체에 수평자 기능이 없거나 잘 확인하지 않는 경우가 많아 의외로 실수를 많이 범하게 됩니다. 수평을 잘 맞추기 위해서는 첫째로 화면 안에 수평 또는 수직으로 된 사물들을 이용하는 방법이 있습니다. 예를 들어 화면 안에 가로등, 건물이 걸려있으면 화면상의 수평과 수직을 가로등과 건물에 일치하도록 맞추는 방법입니다. 둘째로 카메라 모니터의 그리드(Grid)기능을 이용하는 것입니다. 최근에 생신된 기메리의 경우 대부분 화면 구도의 기이드를 잡아주는 그리드 기능을 지원하기 때문에 적극 활용하면 수평을 맞추는데 매우 유리합니다.

잘못된 수평은 편집 과정에서 어느 정도 보정할 수 있지만 보정을 하게 되면 화질이 저하되고 화면이 잘리는 단점을 감수해야 하기 때문에 촬영 시 유의해서 수평을 잘 맞추도록 합니다.

03 | 화면의 황금비율 구도를 이용하자

화면의 구도 중 황금비율은 화면을 가로 또는 세로로 3등분 했을 때 1/3 지점에 인물 또는 인물의 눈이 위치하는 방법입니다. 황금비율 구도를 사용하게 되면 초보자도 쉽게 안정적인 화면 구도를 완성할 수 있습니다.

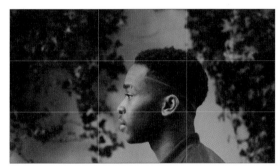 

▲ 황금비율을 사용하지 않아 안정적이지 않은 구도　　▲ 황금비율을 사용한 안정적인 구도

위 그림의 왼쪽 그림은 인물을 화면 중앙의 아래쪽에 배치하여 헤드 룸(Head Room : 머리 위의 빈 공간)이 많이 남고 안정적이 않은 구도로 보이나 오른쪽 그림은 인물의 눈을 수직의 1/3 지점, 수평의 2/3 지점에 배치하여 안정적인 구도로 보입니다. 또한 룩킹 룸(Looking Room : 인물이 바라보는 방향의 빈 공간)을 인물의 앞쪽에 두어 바라보는 공간에 대한 편안한 느낌을 줍니다.

이러한 황금비율 구도는 반드시 사용해야 하는 것은 아닙니다. 연출 의도에 따라 인물의 위치와 화면의 여백을 자유롭게 설정할 수 있지만 안정적인 화면 구도를 연습하기 위해 되도록 유지하는 것을 권장합니다.

04 | 카메라의 흔들림을 최소화하라

카메라의 흔들림은 작품 시청 시 매우 큰 방해 요소가 될 수 있습니다. 물론 사실적인 느낌과 몰입감 있는 연출적 의도가 담겨 있는 장면에는 사용할 수 있지만 가급적 흔들리지 않는 안정적인 카메라 움직임을 구현하는 것이 좋습니다. 카메라의 흔들림을 최소화하기 위해서는 되도록 망원 렌즈보다 광각 렌즈를 이용해야 하며 삼각대와 짐벌과 같은 보조 장비들을 이용하는 것이 좋습니다. 프리미어 프로에서는 흔들린 영상을 안정화할 수 있는 Warp Stabilizer라는 효과를 제공하고 있지만 심하게 흔들린 영상에는 무용지물이므로 촬영 시에 신경을 써서 안정적인 소스를 만들기 바랍니다.

05 | 주변의 소리를 신경써라

촬영 시 녹음되는 소리를 사용해야 하는 콘텐츠의 경우 당연히 소리를 신경쓰며 촬영해야 합니다. 일반적인 카메라의 경우 특정 방향을 인지해 소리가 녹음되지 않기 때문에 주변의 잡음이 녹음되지 않도록 주의해야 합니다. 만일 사람의 목소리나 특정 소리를 집중적으로 녹음해야 할 경우 성능이 좋은 마이크를 카메라에 연결해 촬영하거나 녹음기를 통해 필요한 소리를 녹음하도록 합니다.

영상에서 소리는 매우 중요한 역할을 하기 때문에 후반 작업에서도 신경을 많이 써야 합니다. 대사가 없는 콘텐츠의 경우 Ambience Sound(현장음)에 노이즈가 생겼다면 다른 장면의 비슷한 소리를 가져다가 사용할 수 있으며 다른 사람이 녹음한 소스를 활용해 편집할 수도 있습니다. 만일 대사에 노이즈가 생겨 사용하지 못 할 경우 더빙이나 재촬영을 해야 하기 때문에 가급적 촬영 시 주의하는 것이 좋습니다.

06 | 렌즈를 항상 깨끗이 하라

편집할 때 촬영한 소스를 보면 화면의 특정 부분에 계속해서 남아있는 먼지 또는 점과 같은 것을 발견합니다. 촬영 시 작은 뷰파인더나 모니터를 통해 미처 발견하지 못했지만 편집할 때 큰 모니터로 보면 티가 나는 것입니다. 이러한 문제는 전문가들도 때때로 실수하는 부분으로 촬영 시에 렌즈에 묻은 먼지를 미처 제거하지 못했기 때문에 발생합니다. 그래서 촬영을 시작하기 전에는 반드시 카메라와 렌즈를 정비하여 깨끗이 해야 하며 비가 오거나 먼지가 많은 지역에서 촬영할 때는 수시로 렌즈를 닦아주며 신경 써야 합니다.

영상 편집 기본 학습하기

영상 편집은 콘텐츠를 완성하기 위한 중요한 과정으로 편집자의 감각과 연출 방법에 따라 영상의 품질이 크게 달라질 수 있습니다. 이 책은 영상 편집을 위한 기본 또는 주요 스킬을 익힐 수 있지만 콘텐츠의 성격에 따라 편집자의 역량이 매우 중요할 수 밖에 없습니다. 영상 편집의 기술적인 공부에 앞서 편집자의 자질 향상에 필요한 기본 지식들을 반드시 알아두기 바랍니다.

영상 편집 과정 이해하기

이 책은 영상 제작을 위해 컴퓨터 그래픽 디자인의 가장 기초가 되는 툴인 포토샵(Photoshop)과 영상 편집 툴인 프리미어 프로(Premiere Pro)를 통해 영상을 완성할 수 있는 기본 지식과 작업에 대한 다양한 필수 스킬들을 〈Part 4〉에서 영상 편집 과정에 맞춰 쉽게 이해하며 공부할 수 있도록 하였습니다. 앞에서부터 천천히 영상이 제작되는 과정을 따라 하나하나 익히다 보면 어느새 영상 편집을 위한 필수 기능들을 이해할 수 있을 것입니다.

영상 편집은 크게 컷 편집, 효과 작업, 자막 작업, 사운드 작업, 색 보정 작업, 출력 단계로 나눌 수 있습니다. 콘텐츠 특성에 맞춰 순서가 변경되거나 생략될 수도 있지만 기본적인 과정은 비슷하다고 할 수 있습니다.

▲ 영상 편집 주요 과정

컷 편집은 영상 소스들 중 OK 컷과 NG 컷을 분류하고 고른 장면들을 연출 의도에 맞춰 유기적으로 정렬 또는 구성합니다. 가편집과 순서 편집, 본편집, 종합 편집 등으로 단계를 구분할 수 있으며 각 단계별로 프로젝트 데이터를 백업하며 진행하는 것이 바람직합니다. 효과 작업은 장면과 장면 사이를 자연스럽게 연결하기 위해 장면 전환 효과를 넣거나 특정 장면에서 연출 의도에 맞춰 특수 효과를 넣기도 합니다. 자막 작업은 말 자막, 텍스트 애니메이션, 서브 타이틀 등을 넣고 메인 타이틀과 엔딩 크레딧 등 디자인적인 요소를 결합하여 필요한 텍스트를 삽입합니다. 사운드 작업은 효과, 음악, 내레이션 등 영상에 적용할 소리 작업을 하는 과정으로 모든 영상 편집 작업이 마무리된 후에 해도 상관없습니다. 다만 프리미어 프로에서 모든 편집 과정을 한 번에 작업할 경우에는 색 보정 작업을 한 이후에 실시간 재생이 어려울 수도 있기 때문에 색 보정 작업 전에 사운드 작업을 진행하는 것을 추천합니다. 만일 모든 작업 과정 이후에 사운드 작업을 해야 한다면 영상을 출력해 완성된 결과물을 가지고 사운드 전문 프로그램을 이용하는 것이 좋습니다. 색 보정 작업은 전문 컬러 작업 프로그램을 활용할 수도 있지만 프리미어 프로를 통해서도 기본적인 노출 보정, 색 보정 등을 작업할 수 있습니다. 영상 출력은 원하는 매체의 특성에 맞춰 적절한 포맷으로 완성된 영상을 출력하는 과정입니다. 매우 다양한 포맷이 있기 때문에 다양한 출력 옵션에 대해 이해하는 것이 좋습니다.

이러한 편집 과정 중에 디자인적인 요소는 효과 작업과 자막 작업, 색 보정 작업 등 필요한 장면에 적용하여 완성도 높은 작품을 만드는데 도움을 줍니다. 아무리 내용이 재미있고 편집이 잘 되어 있어도 디자인적인 요소에 결함이 있다면 촌스럽거나 완성도가 떨어지는 작품이 될 수 있으므로 컬러, 도형, 자막 등 디자인 요소를 잘 활용해야 합니다.

편집에서 사용되는 기본 용어

편집에서 사용되는 기본 용어들은 대부분 영어로 되어 있거나 개념이 모호한 부분이 있어 잘 익혀두어야 합니다. 특히 컴퓨터를 이용해 디지털 방식으로 편집하는 경우 프로그램의 명령어와 연결이 되기 때문에 필수적으로 알아두어야 할 내용들이 많습니다.

① **컷(Cut)** : 편집의 가장 기본이 되는 단위로, 샷의 중간을 잘라내는 편집 방법입니다.

② **클립(Clip)** : 컷과 컷 사이의 조각으로, 필름의 클립을 Film Clip이라고 하며 비디오 테이프의 클립을 Tape Clip이라고 합니다.

③ **샷(Shot)** : 카메라의 레코딩(Recording) 버튼을 한 번 눌렀다가 다시 눌러 정지할 동안 찍힌 영상 단위입니다.

④ **씬(Scene)** : 한 장소에서 같은 시간대에 전개되는 일련의 사건이나 상황입니다.

⑤ **시퀀스(Sequence)** : 여러 개의 Scene이 모인 이야기의 단락을 뜻하며 프리미어 프로에서는 타임라인에서 편집 단위입니다.

⑥ **듀레이션(Duration)** : 클립 또는 컷, 장면 전환 효과의 길이를 시간 또는 프레임 단위로 표시한 길이를 말합니다.

⑦ **인서트(Insert)** : 한 샷의 중간에 다른 샷을 끼워 넣습니다.

⑧ **오버레이(Overlay)** : 한 샷의 중간에 다른 샷을 덮어쓰기(Over Write)합니다.

⑨ **리프트(Lift)** : 영상의 필요 없는 부분을 추출합니다.

⑩ **엑스트랙트(Extract)** : 영상의 필요 없는 부분을 추출하고 추출한 영상의 앞, 뒤 부분을 붙입니다.

⑪ **패러럴 컷팅(Parallel Cutting(평행 편집))** : 다른 두 장소에서 일어나는 일들을 번갈아 가며 보여줍니다.

⑫ **크로스 컷팅(Cross Cutting(교차 편집))** : 같은 장소에서 일어나는 상황이나 인물들을 빠르게 번갈아 가며 보여줍니다.

⑬ **콘티뉴 에디팅(Continuity Editing(연속 편집))** : 순차 편집이라고도 하며, 시간의 흐름을 따라서 이야기를 따라 장면을 연결합니다.

⑭ **컷 백(Cut Back)** : 연속되는 장면에서 갑자기 다른 장면이 나타났다가 다시 원래의 장면으로 되돌아갑니다.

⑮ **플래시 백(Flash Back)** : Cut Back에서 발전한 장면 전환 방법으로 이야기 전개 중 순간적으로 과거로 거슬러 올라갑니다.

⑯ **모션 블러(Motion Blur)** : 빠른 피사체 또는 카메라의 움직임 때문에 잔상이 흐리게 번지는 현상입니다.

⑰ **TC(타임코드)** : Time Code의 약자로, 영상의 위치를 정확히 파악할 수 있도록 영상이나 테이프에 시간을 표시한 것으로 시, 분, 초, 프레임 단위로 표현합니다.

⑱ **BGM** : Background Music의 약자로, 배경 음악입니다.

⑲ **Keying** : 특정한 영상 신호(Luminance, Alpha, Chroma 등)를 중첩 대상으로 선택하여 다른 영상이나 이미지를 삽입합니다.

⑳ **O.L(오버랩)** : Overlap의 약자로, 서로 다른 두 장면을 겹쳐서 보여줍니다.

㉑ **마스크(Mask)** : 화면에서 특정한 부분을 지정하여 효과 처리하거나 효과가 처리되지 않도록 하는 효과입니다.

㉒ **싱크로나이저(Synchronizer)** : 비디오와 오디오 클립 또는 테이프 등을 타임코드를 기준으로 동기화하는 작업입니다. 여러 대의 카메라로 촬영된 영상의 경우 같은 시작 점을 기준으로 멀티 트랙으로 동기화하기도 합니다.

디지털 영상 편집에서 사용되는 주요 용어

아날로그 방송 시대를 넘어 디지털과 온라인 방송 시대로 넘어오면서 일반인도 누구나 영상 콘텐츠를 제작할 수 있게 되었습니다. 하지만 다양한 매체와 모니터 환경에 따라 영상의 포맷도 그만큼 다양화되었고 프리미어 프로에서도 매우 다양한 출력 옵션들을 제공합니다. 디지털 영상 편집 시 또는 영상 출력 시 반드시 알아두어야 하는 용어들을 이해하고 여러 매체 환경에 맞춰 적절한 영상을 제작합니다.

❶ **인터레이스(Interlaced)** : 화면 해상도에 따라 720p, 1080i 등이 있습니다. 여기에서 'i'가 의미하는 것이 비월주사라고 불리는 인터레이스(Interlaced)입니다. 인터레이스 방식은 1초에 홀수, 짝수로 나뉜 60개의 주사선(Field)을 통해 한 장의 프레임을 구성하는 방식으로 주로 TV 방송용으로 사용합니다.

❷ **프로그레시브(Progressive)** : 한 화면을 필드로 나누지 않고 전체 수평 주사선을 사용하여 한 장의 그림을 한 번에 보여주는 방식으로 '순차주사'라고도 합니다. 유튜브나 일반 모니터 환경에서 주로 사용합니다.

③ **드롭 프레임(Drop-Frame)** : 인터레이스 방식(예 : 29.97fps)에서는 필드 타임에 의해 타임 코드가 실제 시간과 조금씩 어긋납니다. 이것을 보정하기 위해 10으로 나눠지지 않는 정분(正分)마다 00프레임과 01프레임을 드롭해 계산을 맞춥니다. 반대로 프레임을 보정하지 않고 실제 시간과의 어긋남을 감안해 쓰는 것을 Non-Drop-Frame이라고 합니다. 주로 TV 콘텐츠에 사용하는 포맷입니다.

④ **EDL(Edit Decision List)** : 영상과 오디오에 관련된 여러 소프트웨어 사이에 호환할 수 있도록 비디오 편집 정보를 텍스트 형태로 저장한 목록입니다. 비디오 프로젝트에 존재하는 클립, 효과, 트랜지션, 클립의 시간상 위치와 시작 점과 끝 점 등 편집에 관한 모든 정보를 모아 놓았습니다.

⑤ **CBR(Contstant Bitrate)** : '고정 비트레이트'라고 말하며 동영상 또는 오디오를 인코딩할 때 처음부터 끝까지 같은 타깃의 비트레이트로 샘플링하는 방식입니다.

⑥ **VBR(Variable Bitrate)** : '가변 비트레이트'라고 말하며 동영상 또는 오디오를 인코딩할 때 최저, 최고 샘플링 타깃을 정해 정보의 양에 따라 비트레이트를 변화하며 샘플링합니다.

⑦ **ABR(Average Bitrate)** : '평균 비트레이트'라고 말하며 동영상 또는 오디오를 인코딩할 때 평균 비트레이트를 기준으로 각 데이터를 할당하면서 샘플링합니다.

⑧ **FPS(Frames Per Second)** : 초당 프레임 레이트(Frame Rate)를 뜻하며 1초에 재생되는 장면의 수입니다. 흔히 영화의 경우 1초에 24장의 프레임을 사용하므로 24fps로 표기하며 한국 TV의 경우 29.976fps로 표기합니다.

영상의 화면 해상도

최근 카메라 기술이 발달함에 따라 영상의 해상도는 매우 빠른 속도로 높아지고 있습니다. 이와 같은 촬영 장비의 스펙이 높아지면서 디스플레이 환경과 코덱의 해상도도 계속해서 발전하고 있습니다. 고해상도 영상의 장점은 매우 선명한 화질의 콘텐츠를 감상할 수 있지만 그만큼 많은 데이터의 용량을 차지하고 후반 작업에 필요한 하드웨어와 소프트웨어의 성능이 더 좋아져야 한다는 단점이 있습니다. 아직까지 일반 컴퓨터로 4K 영상을 편집하기에는 어려움이 있지만 사실에 가까운 색과 화질을 구현하기 위한 기술 발전은 계속되고 있습니다. 이에 다양한 미디어 환경에 사용되는 영상의 해상도를 이해할 필요가 있습니다.

최근 Full HD, 4K, 8K 등 여러 가지 해상도를 표현하는 디스플레이가 등장하고 있습니다. 1K(Kilo Pixel)는 가로:세로 비율 2:1로 1024×512 pixels을 기준으로 표현하고 있으며 촬영 장비와 모니터 환경에 따라 다양한 디지털 해상도 표현을 사용합니다. 우리가 흔히 말하는 4K TV는 정확히 말해 4096×2048 화질을 말합니다.

01 | NTSC 시스템 기준에 따른 디지털 해상도

① **SD(Standard-Definition)** : 720×480pixels

② **720p(HD : High-Definition)** : 1280×720pixels

③ **1080p(Full HD)** : 1920×1080pixels

④ **4K HD(Ultra High Definition)** : 3840×2160pixels

⑤ **SHV(Super Hi-Vision)** : 7680×4320pixels

02 | Kilo Pixel 기준에 따른 디지털 해상도

① **1K 16×9** : 1024×576pixels

② **1K 2×1** : 1024×512pixels

③ **2K 16×9** : 2048×1152pixels

④ **2K 2×1** : 2048×1024pixels

⑤ **4K 16×9** : 4096×2304pixels

⑥ **4K 2×1** : 4096×2048pixels

⑦ **5K 2.4×1** : 5120×2160pixels

⑧ **5K 2×1** : 5120×2560pixels

⑨ **5K FF** : 5120×2700pixels

TIP

UHD는 아직 표준이 확립되지 않아 4096×2160이나 3840×2160 두 가지로 표현되고 있으며 전미가전협회(Consumer Electronics Association)에서는 텔레비전 방송용 Full HD의 4배인 3840×2160으로, 디지털 시네마의 표준 규격인 Digital Cinema Initiatives(DCI)에서는 4096×2160으로 정의하고 있습니다.

005 영상 디자인의 기본 실력 UP!

영상 편집은 하면 할수록 점점 실력이 늡니다. 편집을 하다 보면 꼭 필요한 메인 타이틀과 자막 디자인 외에도 디자인 요소가 많이 필요하므로 TV, 인터넷, 책, 전시회 등 주변에서 흔히 접할 수 있는 디자인과 관련된 시각 매체들을 자세히 살펴보고 분석하면서 필요한 요소를 찾는다면 실력을 키울 수 있습니다.

메인 타이틀 & 자막 기본 배치

01 / 메인 타이틀 배치하기

영상에서 타이틀은 안정적으로 보여야 하고 한눈에 알아차릴 수 있도록 정보 전달에 도움을 주어야 합니다. 타이틀 디자인은 일반적으로 중앙 정렬 배치와 가장자리 정렬 배치로 분류할 수 있습니다.

01 | 중앙 정렬 배치

타이틀을 화면 가운데에 집중해 안정감을 주는 동시에 몰입하도록 합니다. 영상 레이아웃 중 가장 많이 사용하는 배치 형태입니다.

- Stumptown Coffee Roasters 'How to Brew Coffee in an AeroPress' 영상
- Squarespace 'Launching A New Collection With Squarespace' 영상

02 | 가장자리 정렬 배치

가장자리 정렬 배치는 한쪽에 인물 또는 복잡한 배경이 있을 때 다른 쪽에 타이틀을 배치하여 양쪽의 무게를 동일하게 만드는 역할을 합니다. 배치에 있어 가장 중요한 요소는 '균형'이기 때문에 시각적으로 무게감을 동등하게 분배해야 합니다. 가장자리 정렬 배치는 왼쪽 정렬, 오른쪽 정렬, 상단 정렬, 하단 정렬 등에 해당합니다.

01 콘텐츠 제작을 위한 디자인 & 영상 기본기

▲ 왼쪽 정렬 배치   ▲ 상단 정렬 배치

- Verizon 'Real Good Reasons – Khatija' 영상   • Burger King 'Upside Down Whopper' 영상

03 | 자막 배치하기

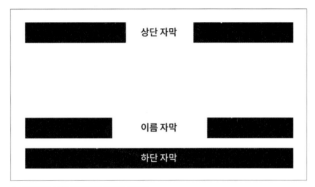

▲ 일반적인 자막 배치 화면(1920x1080)

영상에서 필요할 경우, 화면의 상단에 서브 타이틀을 배치합니다. 주로 왼쪽 정렬, 오른쪽 정렬 배치를 하며 현재 화면의 간략한 정보를 제공합니다. TV의 뉴스나 예능 프로그램을 생각하면 됩니다. 그리고 하단에는 자막을 배치하여 인물의 대사 등 각 화면의 내용을 전달합니다. 하단 자막 같은 경우, 인물의 대사와 연관되는 장면이 많기 때문에 인물의 머리 위인 상단에 자막을 배치하게 되면 화면이 불안정해 보입니다. 그래서 자막을 화면의 하단에 배치하여 안정감 있는 화면을 완성합니다. 자막을 다른 곳에 배치한다고 해서 잘못된 디자인은 아닙니다. 시각적 피로도를 고려해 적절한 위치를 선정하면 감각적이고 멋진 영상을 완성할 수 있습니다.

▲ 이름 자막 + 하단 자막   ▲ 하단 자막

- Facebook 'Facebook India Careers' 영상   • Danny Sangra 'A Lunch Break Romance' 영상

▲ ❶ 왼쪽 배치 자막

▲ ❷ 오른쪽 배치 자막

▲ ❸ 중앙 배치 자막

▲ ❹ 입체적 배치 자막

- ❶ Xerox 'Accounts Payable Automation for Xerox® DocuShare®' 영상
- ❷ Morgan Stanley 'The New Space Economy | Morgan Stanley Minute' 영상
- ❸ AEG 'Sea Buckthorn Smoothie with Condensed Milk' 영상
- ❹ Deep Green Sea 'The Art of Making, Red Dress' 영상

디자인할 때 고려해야 할 점

01 | 가독성

가독성은 얼마나 쉽게 읽히는지를 의미하며 폰트, 크기, 자간, 행간, 여백 등에 의해 결정됩니다. 멋진 형태의 폰트이지만 가독성이 떨어져 내용을 파악하기 어려운 폰트를 사용하면 무엇을 말하려고 하는지 영상의 의도가 제대로 파악되지 않습니다. 영상을 구성하는 여러 가지 요소가 있지만 특히 가독성을 고려하여 '명확한 커뮤니케이션'으로 시청자들을 이해시켜야 합니다.

02 | 대비와 강조

디자인 요소의 크기, 두께, 모양, 색상, 여백 등을 활용하여 대비를 사용하면 의도한 대로 시선을 유도할 수 있습니다. 대비를 주려면 두 가지 요소가 차이 나도록 과감하게 해야 합니다. 영상의 내용 중에 가장 흥미로운 것과 제일 중요한 점에 대비를 주면 어느 곳에 먼저 관심을 두어야 하는지 시청자들에게 방향성을 제시하고 전달하고자 하는 내용을 즉각적으로 알아차리게 할 수 있습니다.

▲ 두께 대비

- State Farm Insurance 'Good Neighbors |
  State Farm®' 영상
- ILLO - 'Foscarini' 영상

▲ 색상 대비

03 | 도형 사용

폰트나 소스 이미지를 사용할 때 단조로운 느낌이 든다면 도형을 활용하도록
합니다. 도형을 활용하면 화면에서 시선의 흐름을 유도할 수 있고 강조하고자
하는 부분에 집중할 수 있도록 도와줍니다. 예를 들어 화면 컷마다 배경 색상이
계속 변해 하얀 색상의 자막을 입력하면 어떤 부분에서는 밝은 색의 배경과 겹
쳐 자막의 내용을 파악하기 쉽지 않을 때가 있습니다. 이럴 때 진한색의 사각형
을 배치하면 조직을 이루어서 정리된 느낌과 주목도를 높일 수 있습니다.

▲ 사각형 사용   ▲ 두께감이 있는 직선 사용

- Smartly.io 'Working Smartly with Suvi : Full Stack Developer' 영상
- DKNY 'DKNY Spring 2019 #IAMDKNY Campaign' 영상

04 | 절제하기

'Simple', 'Minimalism', 'Less is more' 요즘 트렌드인 '단순함'과 '간결함'에 대
한 말처럼 디자인을 할 때는 항상 '절제'를 염두해 두고 작업해야 합니다. 영상
을 만들다 보면 '이것 좀 괜찮은데?', '어라? 이것도 좋은데?' 하며 많은 디자인
요소들을 한 화면 위에 배치하게 됩니다. 이렇게 되면 움직이는 화면에 많은 디
자인 요소들이 더해져 호흡을 따라가기 힘들고 복잡해서 어느 곳에 시선을 두
어야 할지 모릅니다. 절제하기 위해서 기억해야 할 내용은 두 가지입니다.

❶ 영상에서 한 화면에 폰트와 색상은 최대 각 3종류까지만 사용해야 합니다.

❷ 여백(White Space)을 활용하여 숨 쉴 공간을 제공해야 합니다.

두 가지 사항을 잘 기억하고 디자인 작업에 적용한다면 한층 깔끔해 보이고 세련되어 보이는 작업물이 완성될 것입니다.

적절한 색상을 선택하는 방법

색은 일상생활에 많은 도움을 주며, 디자인과 영상에서도 빼놓을 수 없는 매우 중요한 요소입니다. 다양한 색을 조합하여 매력적인 영상을 만들거나 중요한 정보를 강조할 수 있어 색의 조합에 관한 기초 지식을 익히는 것이 중요합니다.

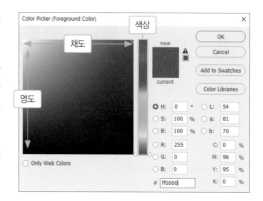

01 / 색의 3요소

01 | 명도(Lightness)

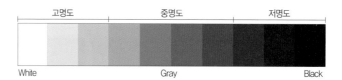

| 고명도 | 중명도 | 저명도 |

White　　　　　　　　　　Gray　　　　　　　　　Black

색의 밝고 어두운 정도를 의미합니다. 색이 흰색에 가까울수록 '명도가 높다'고 표현하고, 색이 검은색에 가까울수록 '명도가 낮다'고 표현합니다. 색의 3속성 중 채도와 색상은 '유채색'에서 확인할 수 있지만 명도는 '무채색'과 '유채색'에서 모두 확인할 수 있습니다. 같은 빨강이라도 밝은 빨강과 어두운 빨강이 있습니다. 명도가 높은 색상은 밝은 느낌을 주며, 명도가 낮은 색상은 묵직한 느낌을 줍니다.

> **TIP**
> '흰색'과 '회색', '검은색'은 채도와 색상이 없기 때문에 '무채색'이라고 합니다.

> **TIP**
> 포토샵과 프리미어 프로에서 명도를 조정하는 기능은 Brightness/Contrast와 Curves입니다.

02 | 채도(Saturation)

낮다 ◄——————— 채도 ———————► 높다

색의 선명도, 즉 맑고 탁한 정도를 의미합니다. 아무것도 섞이지 않아 맑고 선명한 '순색'은 채도가 가장 높은 색상입니다. 순색에 무채색을 섞으면 채도가 낮아져 색이 탁해집니다. 채도가 높은 색상은 강렬한 느낌을 주고 채도가 낮은 색상은 차분한 느낌을 줍니다.

> **TIP**
> 포토샵과 프리미어 프로에서 채도를 조정하는 기능은 Hue/Saturation과 Vibrance입니다.

03 | 색상(Hue)

빨강, 노랑, 파랑 등 우리가 구분하는 색의 정도를 의미합니다. 다양한 색 중에서 색의 변화를 둥근 모양으로 배열한 것이 '색상환(Hue Circle)'입니다.

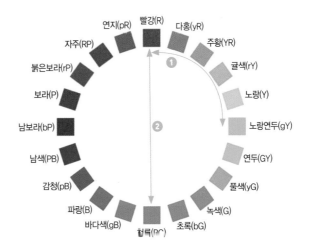

① **유사색**

색상환에서 근접해 있는 색을 말합니다. 색의 대비가 크지 않아서 조화롭게 배색할 수 있으며 통일감과 안정감을 줍니다. 유사색은 '따뜻한 색'과 '차가운 색'으로 분류할 수 있습니다. 따뜻한 색의 사용은 경쾌하고 생동감있는 느낌을 주며 차가운 색의 사용은 조용하고 차분한 느낌을 줍니다.

② **보색**

색상환에서 반대편에 위치한 색상을 말합니다. 보색 대비는 시선을 유도하여 강조하기 쉽고 화려하고 역동적인 느낌을 줍니다.

❶ RGB : 디지털용 컬러 모드

RGB는 빛의 삼원색인 빨강(Red), 초록색(Green), 파랑(Blue)의 혼합으로 이루어진 방식입니다. 세 가지 색을 합치면 점점 밝아져 흰색에 가까운 색이 됩니다. 그래픽 툴로 작업 후, 웹상에 업로드하여 주로 모니터에서 볼 수 있는 디자인 작업물은 RGB 컬러로 작업합니다.

❷ CMYK : 인쇄용 컬러 모드

CMYK는 색의 삼원색인 청록(Cyan), 자주(Magenta), 노랑(Yellow)의 혼합으로 이루어진 방식입니다. 세 가지 색을 합치면 점점 어두워져 검정에 가까운 색이 됩니다. 다만 세 가지 색상만으로는 완벽한 검은색이 구현되지 않아 검정(Black)을 더해 CMYK라고 합니다. 그래픽 툴로 작업 후, 인쇄를 목적으로 하는 작업이라면 반드시 CMYK로 작업해야 합니다.

02 / 색 사용하기

영상 작업을 하다보면 어떤 색상을 사용해야 조화로운 느낌이 들지, 혹은 좀 더 강조가 될지 색상을 선택하기 어려운 경우가 많습니다. 편집을 할 때 화면의 색감이나, 자막 디자인에 사용하는 색상뿐만 아니라 제작 단계에서 촬영할 때에도 장소, 출연자의 옷 등에서 색상을 활용하여 영상의 느낌을 표현합니다. 우리가 보는 것에 많은 영향을 미치는 색상만 잘 사용해도 흥미로우면서 보기 편한 영상을 만들 수 있습니다.

메인 색상 (70%)	서브 색상 (25%)	포인트 색상 (5%)

01 | 색상(Key Color) 선택하기

밝은 분위기 혹은 차분한 분위기, 일상, 요리, 전자기기, 스포츠 등 영상의 콘셉트에 따라 가장 많은 부분을 차지하며 중심이 될 메인 색상을 선택합니다. 예를 들어 유튜브에 업로드 할 '요리 레시피' 영상을 제작한다면 빨강 또는 주황을 선택하는 것이 좋습니다. 붉은 계열의 색상은 잘 익은 과일의 달콤함이나 맛있는 고기가 떠오르는 색상입니다. 파랑과 보라는 식욕을 억제하는 색상이라 사용한다면 영상 속 음식이 덜 먹음직스럽게 보일 것입니다. 이렇게 색상을 선정할 때 색의 의미를 파악하여 사용하는 것이 중요합니다.

▲ 강렬한 색상을 메인 색상으로 선택하여 사용

• 3M 'Careers at 3M' 영상

02 | 서브 색상과 포인트 색상 선택하기

서브 색상과 포인트 색상을 선택하기 위해서는 메인 색상과의 균형을 고려해야 합니다. 서브 색상은 메인 색상의 명도나 채도를 조절한 단색이나 유사색을 선택하면 조화로운 느낌을 줄 수 있습니다. 그런 다음, 내용을 강조할 포인트 색상은 메인 색상의 보색을 선택하여 시선을 유도합니다.

▲ 보라색이 있는 화면에서 보색인 노랑색을 사용

- Smartly.io 'Case Study : Wonderbly is performing better with Smartly.io' 영상

TIP

많은 것을 강조하고 싶어 색상을 많이 사용하면 시각적으로 피로도가 발생하여 산만하게 느껴집니다. 오히려 색상을 절제할수록 세련미와 주목도가 높아질 수 있습니다.

TIP

색상을 조화롭게 사용하기 어렵다면 무채색(흰색, 회색, 검은색)을 중심으로 사용한 후 포인트 컬러로 다른 색상을 선택하여 사용합니다.

▲ 화면을 무채색으로 바꾼 후, 파란색을 사용하여 절제되고 세련된 느낌

- AIG 'Every Great Story Needs an Ally | #AIGAllies (1)' 영상

03 | 색상 선택 빠르게 하는 방법

1. 색상 조합 사이트 활용

LOLCOLORS(www.webdesignrankings.com/resources/lolcolors)는 한눈에 보기 편리하게 직관적으로 색 조합이 정리되어 있는 사이트입니다. 사이트 주소를 입력하고 접속한 다음 마음에 드는 색 조합의 색상 코드를 복사하여 작업물에 적용할 수 있습니다.

TIP

Coolors(www.coolors.co), PALETTABLE(www.palettable.io) 등 다양한 색 조합 사이트들이 있습니다. 사이트에 접속하여 살펴본 다음 본인의 작업 취향에 맞는 사이트를 이용합니다.

2. 디자인 작업물 활용

❶ 색상만으로 조합된 이미지로는 어떤 분위기인지 파악하기 어려울 때 디자인 작업물을 참고하
여 색상을 선택합니다. Pinterest(www.pinterest.co.kr) 사이트에 접속하고 메인 색상을 초록색
으로 정했다는 가정 하에 'green graphic design'을 검색창에 입력한 다음 Enter 를 누릅니다.

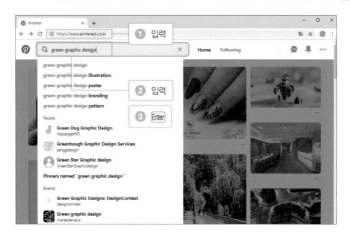

❷ 초록색이 포함된 작업물이 검색 결과에 나타나면 '진한 초록 + 연한 초록' 또는 '초록 + 분
홍' 등 마음에 드는 색 조합 이미지를 선택한 다음 마우스 오른쪽 버튼을 클릭하여 복사합
니다. 책에서는 초록색과 분홍색이 함께 있는 이미지를 선택했습니다.

▲ Pinterest 검색 결과 화면

▲ 마음에 드는 이미지 복사

❸ 포토샵을 실행한 다음 Ctrl + N을 눌러 새 캔버스를 만들고 복사한 이미지를 붙여 넣습니다. 스포이드로 색을 추출해서 사용합니다.

TIP

Pinterest 색 조합 검색어 추천

'layout', 'ui design', 'website design', '이벤트 페이지', '자막 디자인' 등을 검색하면 다양한 디자인 작업물을 확인할 수 있습니다.

TIP

Pinterest 사이트 외 디자인 작업물을 확인할 수 있는 사이트는 Behance(www.behance.net), Dribbble(www.dribbble.com) 등이 있습니다.

▲ Behance

▲ Dribbble

CHAPTER 02

알아두면 좋은
영상 소스 활용하기

디자인과 영상 작업은 촬영된 소스를 활용할 수도 있지만 때에 따라 범용적인 소스를 활용해 다양한 방법으로 작업할 수 있습니다.
이러한 소스는 웹에서 쉽게 구할 수 있지만 저작권에 침해되는 범위에서 활용했을 경우 법적인 처벌을 받을 수도 있습니다. 저작권
에 관한 법률은 시간이 지날수록 강화되고 있으니 소스의 출처와 사용 허가 범위 등을 반드시 알아두고 사용하기 바랍니다.

무료 영상/이미지 소스 다운받기

다양한 이미지 또는 영상을 쉽게 구할 수 있는 사이트를 알고 있으면 업무 또는 작품 활동에 많은 도움이 됩니다. 소스를 활용할 때에는 사용 범위와 원하는 형식을 잘 파악하고 다운받기 바랍니다.

무료로 소스를 구할 수 있는 사이트

최근 다양한 분야의 고품질 이미지와 동영상을 일반인들이 쉽게 촬영할 수 있게 되면서 그 소스들을 무료로 배포하는 사이트들이 늘어나고 있습니다. 이는 영상이나 이미지 작업 시 별도의 비용을 지불하지 않고 쉽게 사용할 수 있습니다. 다만 무료로 다운로드할 수는 있지만 상업적 용도로 사용하는 것에는 제한이 있을 수 있으니 저작권(License) 항목을 꼼꼼히 살펴봐야 합니다.

> **TIP**
> 무료로 운영하는 다운로드 사이트에는 유료 콘텐츠가 포함되어 있을 수 있습니다. 반드시 다운로드 전에 콘텐츠의 사용 허가 범위를 확인하기 바랍니다.

01 | 무료 이미지 사이트

① Pixabay

▲ www.pixabay.com

② Unsplash

▲ www.unsplash.com

③ Gratisography

▲ www.gratisography.com

④ Splitshire

▲ www.splitshire.com

49

02 | 무료 영상 사이트

① COVERR

▲ www.coverr.com

② Life of vids

▲ www.lifeofvids.com

③ Videezy

▲ www.videezy.com

④ Pexels Video

▲ www.pexels.com/videos

03 | 무료 디자인 소스 사이트

① Flaticon(픽토그램)

▲ www.flaticon.com

② Iconfinder(픽토그램)

▲ www.iconfinder.com

③ Freepik(디자인 소스)

▲ www.freepik.com

④ Subtlepatterns(패턴 소스)

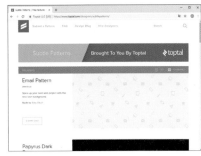

▲ www.subtlepatterns.com

유튜브 동영상 다운받기

영상 편집을 하다보면 참고 영상을 모아야 할 경우가 많습니다. 브라우저의 보조 앱을 이용해 다운로드할 수 있지만 모든 브라우저에서 유튜브 동영상을 쉽게 다운받을 수 있는 방법을 알아봅니다.

01 / 인터넷의 유튜브 사이트(www.youtube.com)에서 다운로드를 원하는 동영상을 찾아 재생합니다.

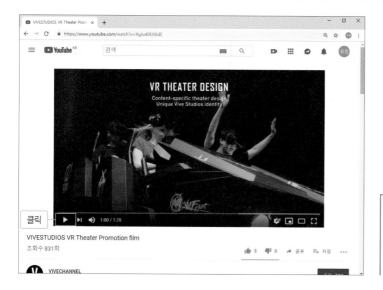

TIP

유튜브 또는 다른 미디어 사이트에서 데이터를 다운받아 불법적으로 사용하면 저작권법에 위배되어 피해를 입을 수 있으니 적합한 절차에 따라 활용하시기 바랍니다.

02 / 검색된 동영상의 브라우저 상단 링크의 'youtube' 글자 앞에 'ss'를 입력한 다음 Enter 를 누릅니다.
(예시 : www.youtube.com~ → www.ssyoutube.com~)

51

03 / 이동된 페이지 중앙에 '다운로드'를 클릭합니다(다운로드 대화상자에서 비디오 품질을 설정할 수 있지만 제한 사항이 있을 수 있습니다).

TIP
인터넷 환경에 따라 페이지가 업로드되는데 시간이 걸릴 수 있습니다.

04 / 다운로드가 완료되면 설정된 '다운로드' 폴더에서 동영상을 확인합니다.

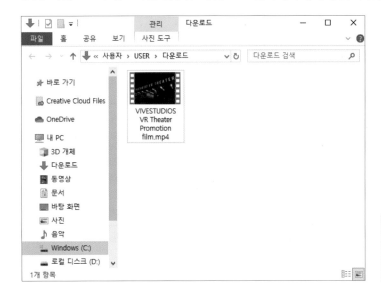

TIP
무료 프로그램 '4K Video Downloader'를 활용하면 고해상도의 영상까지 다운받을 수 있습니다.

무료 폰트 다운받기

일반적으로 무료 폰트의 범위는 개인이 비상업적인 용도로 사용하는 것입니다. 유튜브에서 채널을 운영하며 기준이 충족되어 영상을 업로드했을 때 광고가 붙는 경우, 수익 창출이 되기 때문에 상업적인 영상으로 분류됩니다. 인터넷에 영상을 게시할 때는 상업적으로 자유로울 수 없으며 폰트뿐만 아니라 음원까지도 저작권의 범위를 반드시 확인한 후 사용해야 합니다. 최근에는 기업 홍보 차원에서 무료 폰트들이 다양하게 배포되고 있으며 이 중에서 상업적으로 사용할 수 있는 무료 폰트를 알아봅니다.

01 / 무료 폰트의 종류

01 | 깔끔한 느낌의 폰트, 고딕체

나눔고딕
나눔고딕
나눔고딕
나눔고딕

▲ 폰트명 : 나눔고딕
폰트 굵기 : 4종

나눔스퀘어
나눔스퀘어
나눔스퀘어
나눔스퀘어

▲ 폰트명 : 나눔스퀘어
폰트 굵기 : 4종

나눔바른고딕
나눔바른고딕
나눔바른고딕
나눔바른고딕

▲ 폰트명 : 나눔바른고딕
폰트 굵기 : 4종

노토산스
노토산스
노토산스
노토산스

▲ 폰트명 : 노토산스(Noto Sans)
폰트 굵기 : 7종

G마켓 Sans
G마켓 Sans
G마켓 Sans

▲ 폰트명 : G마켓 Sans
폰트 굵기 : 3종

검은고딕

▲ 폰트명 : 검은고딕
폰트 굵기 : 조절 불가능

에스코어드림
에스코어드림
에스코어드림
에스코어드림

▲ 폰트명 : 에스코어드림
폰트 굵기 : 9종

레코체

▲ 폰트명 : 레코체
폰트 굵기 : 조절 불가능

경기천년제목
경기천년제목
경기천년제목

▲ 폰트명 : 경기천년제목
폰트 굵기 : 3종

02 | 감성적인 느낌의 폰트, 명조체

나눔명조
나눔명조
나눔명조

▲ 폰트명 : 나눔명조
폰트 굵기 : 3종

노토세리프
노토세리프
노토세리프
노토세리프

▲ 폰트명 : 노토세리프(Noto Serif)
폰트 굵기 : 7종

경기천년바탕
경기천년바탕

▲ 폰트명 : 경기천년바탕
폰트 굵기 : 2종

이롭게바탕체

▲ 폰트명 : 이롭게바탕체
폰트 굵기 : 조절 불가능

서울한강체
서울한강체
서울한강체
서울한강체

▲ 폰트명 : 서울한강체
폰트 굵기 : 4종

제주명조

▲ 폰트명 : 제주명조
폰트 굵기 : 조절 불가능

03 | 손글씨 느낌의 폰트, 필기체

고도마음체

▲ 폰트명 : 고도마음체
폰트 굵기 : 조절 불가능

신영복체

▲ 폰트명 : 신영복체
폰트 굵기 : 조절 불가능

잉크립퀴드체

▲ 폰트명 : 더페이스샵 잉크립퀴드체
폰트 굵기 : 조절 불가능

04 | 개성 있는 폰트

배달의 민족 을지로체

▲ 폰트명 : 배달의 민족 을지로체
폰트 굵기 : 조절 불가능

가나초콜릿

▲ 폰트명 : 가나초콜릿
폰트 굵기 : 조절 불가능

티몬 몬소리체

▲ 폰트명 : 티몬 몬소리체
폰트 굵기 : 조절 불가능

여기어때 잘난체	빙그레체 Ⅱ **빙그레체 Ⅱ**	쿠키런 쿠키런 **쿠키런**
▲ 폰트명 : 여기어때 잘난체 폰트 굵기 : 조절 불가능	▲ 폰트명 : 빙그레체 Ⅱ 폰트 굵기 : 2종	▲ 폰트명 : 쿠키런 폰트 굵기 : 3종

TIP

상업용 무료 한글 폰트를 한눈에 볼 수 있는 '프로젝트 눈누(www.noonnu.cc)'

'프로젝트 눈누'는 상업용으로 사용할 수 있는 무료 한글 폰트를 한꺼번에 정리해 놓은 사이트입니다. 원하는 폰트를 이름 혹은 폰트별로 쉽게 검색할 수 있고 저작권 관련하여 상업적으로 사용 가능한지, 어느 용도에 사용 가능한지도 확인할 수 있습니다. 또 폰트를 다운로드할 수 있는 사이트로 이동할 수 있어 편리하게 무료 폰트를 찾고, 사용할 수 있습니다.

TIP

책에서 추천한 폰트들은 상업적 사용이 가능한 무료 폰트들이지만 사용 목적별(인쇄/출판물, 영상물, 웹사이트 등)로 적용 범위가 다르기 때문에 폰트를 사용하기 전, 사이트에 접속하여 저작권 부분을 상세히 읽어보아야 합니다.

02 / 폰트 설치하기

폰트를 설치하는 방법에는 자동 설치, 수동 설치 2가지 방법이 있습니다.

01 | 폰트 자동 설치

네이버에서 제공하는 '네이버 나눔글꼴'을 통해 폰트 자동 설치하는 방법을 알아봅니다.

① 네이버(www.naver.com)에서 '네이버 나눔글꼴'을 검색합니다. 검색 결과 화면이 나타나면 '네이버 한글한글 아름답게 캠페인(hangeul.naver.com)'을 클릭합니다.

❷ 네이버 한글한글 아름답게 캠페인 페이지가 화면에 나타나면 오른쪽의 '목차'를 클릭한 다음 '나눔글꼴'을 클릭합니다.

❸ 화면이 전환되면 〈나눔글꼴 모음 설치하기〉 버튼을 클릭합니다. 사용하는 컴퓨터 운영체제에 따라 '윈도우용' 또는 '맥용'을 선택하면 폰트 자동 설치 파일이 다운로드됩니다.

❹ 다운로드한 폰트 자동 설치 파일을 실행합니다. 설치 대화상자가 표시되면 〈다음〉 버튼을 클릭하여 설치를 진행하면 폰트가 설치됩니다.

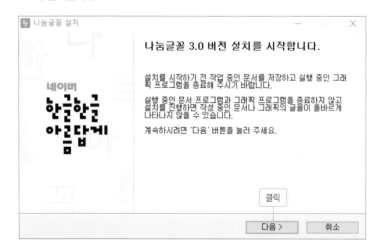

02 | 폰트 수동 설치

폰트 수동 설치는 폰트를 다운받아 직접 운영체제의 폰트 폴더에 파일을 복사해 붙여 넣는 방법입니다. 책에서는 'tvn 즐거운 이야기체'를 '윈도우용'으로 수동 설치했습니다.

❶ 네이버에서 'tvn 즐거운 이야기체'를 검색합니다. 검색 결과가 나타나면 웹사이트 항목에서 'tvN10 폰트'를 클릭합니다.

▲ 'tvn 즐거운 이야기체' 검색   ▲ 웹사이트 항목에서 'tvN10 폰트' 클릭

❷ tvN 10주년 기념 폰트 무료 다운로드 화면이 나타나면 〈tvN 즐거운 이야기체 윈도우용 다운로드〉 버튼을 클릭하여 압축 파일(Zip)을 다운로드합니다.

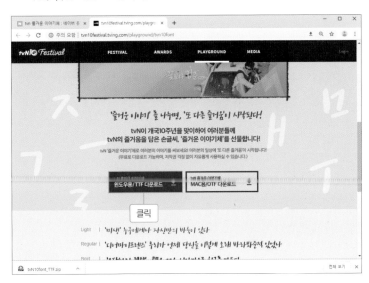

❸ 다운로드한 압축파일(Zip)을 풀고, 'tvN 즐거운이야기.ttf(트루타입 글꼴 파일)'를 선택한 다음 복사합니다.

④ C:드라이브 → Windows → Fonts 폴더에 방금 복사한 글꼴 파일을 붙여 넣어 설치합니다. 수동으로 폰트 설치가 완료되었습니다.

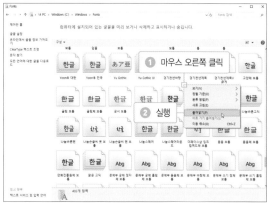

▲ Fonts 폴더에 글꼴 파일 붙여 넣기

▲ 폰트 설치 완료

TIP

TTF와 OTF란?

TTF(True Type Font) : 윈도우용 전용 서체입니다. 비트맵(Bitmap) 방식이 적용되는 폰트로 일반 문서, 웹 문서 작성 시에 사용하기 적합합니다.
OTF(Open Type Font) : 맥(Macintosh) 전용 서체입니다. 벡터(Vector) 방식이 적용되는 폰트로 고해상도 작업이 필요한 인쇄 및 고급 출력 시에 사용하기 적합합니다.

TIP

맥(Macintosh)에서 폰트 설치 방법

폰트 파일을 내려 받은 다음 압축파일을 풀고 해당 파일을 복사하여 Mac OS X 홈 → 라이브러리 → Fonts 폴더에 붙여 넣어 설치합니다.

무료 배경 음악 다운받기

배경 음악을 영상에 적용함으로써 다양한 분위기를 잘 표현할 수 있습니다. 그러나 마음에 든다고 해서 마음대로 음원을 사용하면 저작권 문제가 생길 수 있습니다. 그렇다고 해서 필요할 때마다 금액을 지불하고 사용하기도 부담스럽습니다. 그래서 저작권 걱정 없이 사용할 수 있는 무료 음원 사용 방법을 알아봅니다. 책에서는 유튜브를 통해 사용할 수 있는 무료 음원을 살펴보겠습니다.

유튜브 오디오 라이브러리

유튜브에서 공식으로 제공하는 무료 음악과 음향 효과를 무료로 다운받아 사용할 수 있습니다.

01 / 유튜브에 접속하여 로그인합니다. 프로필을 선택하여 'YouTube 스튜디오'를 클릭합니다.

02 / 왼쪽 메뉴 항목에서 '오디오 라이브러리'를 선택합니다.

03 / 오디오 라이브러리 화면이 나타납니다. 〔무료 음악〕과 〔음향 효과〕 탭으로 나누어져 있습니다. 선호하는 장르나 분위기, 악기를 선택하여 음원을 검색할 수 있습니다.

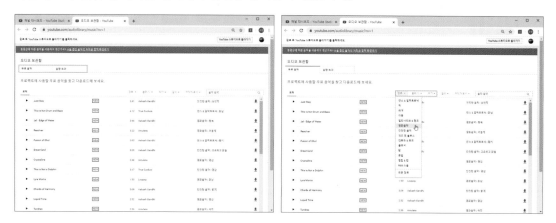

04 / 〈재생〉 버튼을 클릭해 음원을 감상한 다음 마음에 드는 음원의 '다운로드' 아이콘(⬇)을 클릭하여 다운로드합니다.

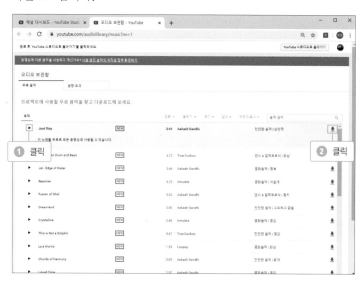

TIP

저작권 관련 주의할 점(아주 중요!)

❶ 〈재생〉 버튼을 클릭했을 때 '이 노래를 무료로 모든 동영상에 사용할 수 있습니다.'가 적혀있는 음원은 저작권 무료로 사용할 수 있습니다.

❷ 음악 목록에서 '저작권 표시' 아이콘(ⓘ)이 표시되어 있거나 〈재생〉 버튼을 클릭했을 때 '이 노래를 무료로 모든 동영상에 사용할 수 있지만 동영상 설명에 다음을 포함해야 합니다.'가 적혀있는 음원은 영상에 음원을 사용한 다음 유튜브에 업로드할 때 반드시 출처를 밝혀야 합니다. 해당 사항을 지키지 않을 시 유튜브로부터 제재를 받을 수 있으니 저작권 항목을 꼼꼼히 확인한 다음 사용합니다.

유튜브 검색 저작권 무료 음원

유튜브에 음악 제작자들이 공유한 음원을 다운로드받아 사용할 수 있습니다. 유튜브 검색창에
'Copyright Free Music', 'No Copyright Music', 'Royalty Free Music' 등을 검색합니다. 마음에 드는
음원을 선택하여 제작자가 적어놓은 영상 설명 부분에서 저작권을 표기해야 하는지 꼼꼼히 확인합니다.
그런 다음 제작자가 다운로드받을 수 있게 연결해 놓은 URL 주소나 '4K Youtube to MP3' 등 유튜브 음
원 다운로드 프로그램을 사용하여 음원을 다운로드합니다.

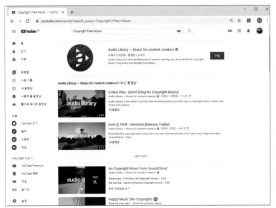

▲ 유튜브에서 무료 음원 검색

▲ 마음에 드는 음원 선택한 다음 게시글의 저작권 표기 내용 확인

포토샵의 기본 기능은 모든 디자인 작업에 있어 가장 기초가 되는 부분입니다. 포토샵을 조금이라도 익혀두면 일상생활에서 유용하게 사용할 수 있습니다. 기본적인 기능을 이해하면 영상 제작에 필요한 사진 편집, 문자 디자인, 효과를 활용한 화면 디자인 등 다양한 작업을 할 수 있으니 반드시 알아둡니다.

PART 2

영상 디자인을 위한
포토샵

CHAPTER 01

영상 편집을 위한
포토샵 살펴보기

포토샵을 처음 시작하기 위한 첫 단계를 소개합니다. 프로그램을 설치하고 사용자의 환경에 맞춰 인터페이스를 설정하며 디자인
작업을 시작하기 위한 툴에 대해 알아봅니다.

001

내 스타일대로,
포토샵 환경 설정

포토샵을 처음 실행한 다음 가장 먼저 해야 할 일이 바로 '포토샵 환경 설정'입니다. 눈에 편한 작업 화면 만들기, 폰트 세팅 등 좀 더 작업이 편리할 수 있도록 환경 설정을 하는 방법 중 가장 많이 사용하는 기능 위주로 알아봅니다.

프로그램 **Ps**
버전　　CC 2019 이상

Ps 작업 화면 밝기 조정하기

포토샵을 처음 실행하면 어두운 화면이 나타납니다. 일반적으로 어두운 화면을 사용하는 것이 눈의 피로감을 줄여주고 편리하지만 개인의 선호도에 따라 조금 더 밝은 화면에서 작업하고 싶다면 환경 설정에서 작업 화면 밝기를 조정할 수 있습니다.

01 / 메뉴에서 (Edit) → Preferences → Interface(Ctrl + K → Interface)를 실행합니다.

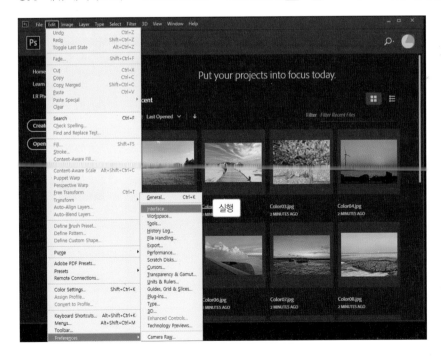

02 / Preferences(성능) 대화상자가 표시되면 Color Theme(색상 테마)에서 원하는 테마를 선택합니다. 책에서는 포토샵 화면이 더 잘 보이도록 네 번째인 가장 밝은 회색으로 적용했습니다.

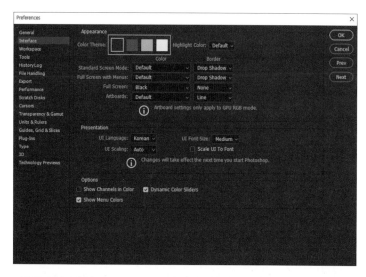

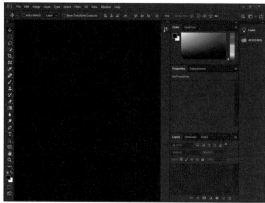

▲ 첫 번째 컬러 테마 적용 화면

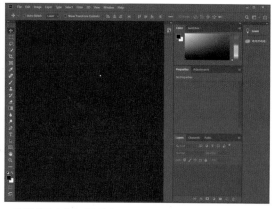

▲ 두 번째 컬러 테마 적용 화면

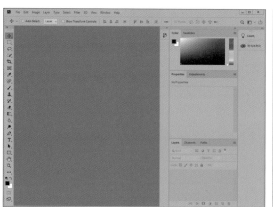

▲ 세 번째 컬러 테마 적용 화면

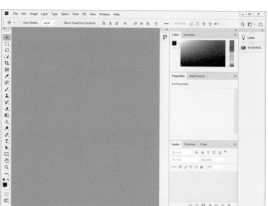

▲ 네 번째 컬러 테마 적용 화면

Ps 히스토리 횟수 조정하기

포토샵 작업을 하다보면 이전 단계 혹은 훨씬 더 전의 단계로 되돌리고 싶을 때가 있습니다. 이 때 유용한 기능이 바로 '히스토리(History)'입니다. 히스토리는 사용자가 그동안 작업한 기능들을 기록합니다. 최근 버전의 포토샵에서는 히스토리를 50개까지만 되돌릴 수 있도록 기본 설정이 되어 있습니다. 더 편리하게 작업하기 위해 히스토리 횟수를 늘립니다.

01 / Preferences(성능) 대화상자 왼쪽 탭에서 'Performance(성능)' 항목을 선택하고 History States(히스토리 개수)의 수치를 '100'으로 지정합니다.

Ps 눈금자와 폰트 단위 설정하기

포토샵에서 작업할 때 크게 웹용 또는 인쇄용으로 구분할 수 있습니다. 작업 용도에 알맞게 단위를 설정하면 훨씬 효율적으로 작업할 수 있습니다.

01 / Preferences(성능) 대화상자 왼쪽 탭에서 'Units & Rulers(단위와 눈금자)' 항목을 선택하고 Units(단위)에서 Rulers(눈금자)와 Type(문자)의 단위를 'Pixels'로 지정합니다.

TIP

컴퓨터에서 웹용 이미지를 편집할 때는 보통 Pixels 단위를 사용합니다. 인쇄용 이미지를 편집할 때 Ruler(눈금자)의 단위는 Centimeters 혹은 Millimeters, Type(문자)은 Point를 사용합니다.

Ps 폰트 이름 한글로 변경하기

포토샵에서 폰트 목록을 확인하면 기본적으로 폰트 이름이 영문으로 보입니다. 특히 사용하고자 하는 폰트가 한글일 때 원하는 폰트를 찾기가 불편합니다. 이러한 불편함을 해소하기 위해 폰트 이름을 한글로 변경하는 방법을 알아봅니다.

01 / Preferences(성능) 대화상자 왼쪽 탭에서 'Type(문자)' 항목을 선택하고 'Show Font Names in English'를 체크 해제하면 폰트 목록에서 폰트 이름이 한글로 바뀐 것을 확인할 수 있습니다.

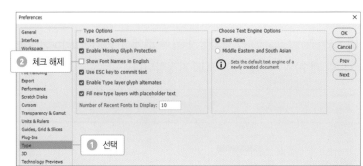

▲ 폰트 목록에서 폰트 이름이 영문으로 보일 때

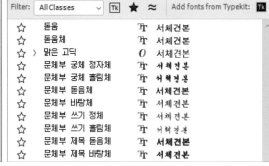

▲ 폰트 목록에서 폰트 이름이 한글로 보일 때

Ps 한글 입력 시 굴림체로 바뀌는 현상 해결하기

일부 폰트 사용 중에 한글 입력 시 제멋대로 굴림체로 변환되어 당황스러울 때가 있습니다. 바로 한글의 특수성 때문에 발생하는 현상인데 환경 설정에서 간단하게 해결할 수 있습니다.

01 / Preferences(성능) 대화상자 왼쪽 탭에서 'Type(문자)' 항목을 선택하고 'Enable Missing Glyph Protection'을 체크 해제합니다. 해당하는 내용을 모두 설정했으면 〈OK〉 버튼을 클릭해 환경 설정을 마무리합니다.

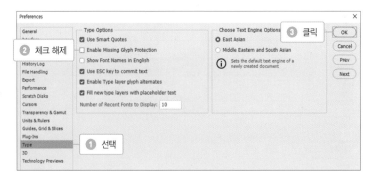

포토샵 화면 살펴보기

프로그램 **Ps**
버전   CC 2019 이상

포토샵을 실행하면 처음으로 나타나는 화면에 대해 살펴봅니다. 포토샵 화면이 어떻게 구성되어 있는지 명칭과 기능에 대해 알아보고 작업 화면을 편리하게 사용할 수 있도록 배치하는 방법도 함께 알아봅니다.

포토샵 시작(Home) 화면 살펴보기

포토샵을 시작하면 시작(Home) 화면이 나타나며 새로운 파일을 실행하거나 최근에 사용한 파일을 불러올 수 있습니다.

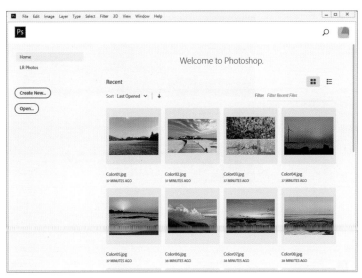

▲ 포토샵 CC 2019 시작(Home) 화면

TIP

이 책은 포토샵 CC 2019를 기준으로 작성되었습니다.

TIP

시작(Home) 화면을 없애려면 포토샵의 메뉴에서 [Edit] → Preferences를 실행하고 'General(일반)' 항목에서 'Disable the Home Screen'을 체크 표시하면 됩니다.

---

01 / Home(홈)

포토샵을 실행하면 가장 먼저 보이는 화면으로 최근에 사용한 파일이 보입니다.

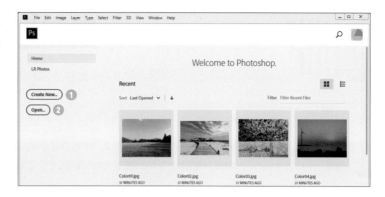

❶ **Create New(새로 만들기)** : 이미지 크기와 해상도를 지정하여 새 캔버스를 만듭니다.

❷ **Open(파일 열기)** : 파일을 불러옵니다.

02 / Learn(학습)

어도비에서 포토샵을 활용한 다양한 동영상 강의를 제공합니다.

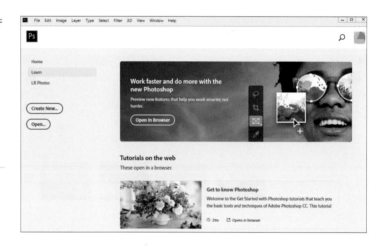

TIP

시작(Home) 화면의 왼쪽 상단에 위치한 '포토샵' 아이콘(Ps)을 클릭하면 포토샵 작업 화면으로 이동합니다.

03 / LR Photos(Lightroom 사진)

사진 보정 프로그램인 라이트룸(Lightroom)의 라이브러리 이미지를 포토샵으로 가져와 편집 작업을 할 수 있습니다.

 포토샵 작업 화면 살펴보기

포토샵의 작업 화면은 크게 메뉴, 툴, 옵션, 패널 그리고 작업 화면 영역으로 구성되어 있습니다. 포토샵 작업 시 이 다섯 가지를 적절하게 활용하여야 하므로 기본 기능을 잘 알아두는 것이 중요합니다. 또한 작업의 콘셉트에 따라 패널을 이동하거나 크기를 조절하여 자신에게 맞는 작업 화면을 만들 수 있습니다.

❶ **메뉴바** : 포토샵 작업에 필요한 기능들이 주제별로 정리되어 있습니다. 메뉴를 클릭하면 하위 메뉴들이 나타납니다.

❷ **옵션바** : 툴 패널에서 선택한 툴의 세부 옵션을 효율적으로 설정할 수 있습니다.

❸ **툴 패널** : 자주 사용하는 주요 기능들을 아이콘 형식으로 모아 놓았습니다.

❹ **파일 이름 탭** : 파일 이름, 화면 확대/축소 비율, 색상 모드가 표시됩니다.

❺ **캔버스** : 이미지 작업을 하는 영역입니다.

❻ **상태 표시줄** : 캔버스의 화면 비율을 선정할 수 있고, 현재 작업 중인 이미지의 정보를 보여줍니다.

❼ **패널** : 이미지 정보, 히스토리, 색상 및 문자 설정 등 작업에 필요한 옵션이 팔레트 형태로 표시됩니다. (Window) 메뉴에서 패널을 활성화하거나 숨길 수 있습니다.

나에게 맞는 포토샵 작업 화면 만들기

처음 포토샵을 실행하면 빼곡한 화면을 보고 막막함이 밀려옵니다. 좀 더 편리하게 작업할 수 있도록 자주 사용하지 않는 패널들은 정리하고 꼭 필요한 패널들만 배치하여 나에게 맞는 포토샵 작업 화면을 만듭니다.

> **TIP**
>
> 패널을 리셋하려면 메뉴에서 (Window) → Workspace → Reset Essentials을 실행합니다.

01 / 사용하지 않는 패널 정리하기

작업 화면 오른쪽에 패널이 넓게 정렬되어 있어 이미지 작업 영역이 작아 작업하기 불편합니다. 오른쪽의 Learn, Libraries, Adjustments 등 작업에 자주 사용하지 않는 패널들을 정리합니다. 각 패널의 이름 부분에 마우스 오른쪽 버튼을 클릭하고 'Close'를 실행하여 패널을 숨깁니다.

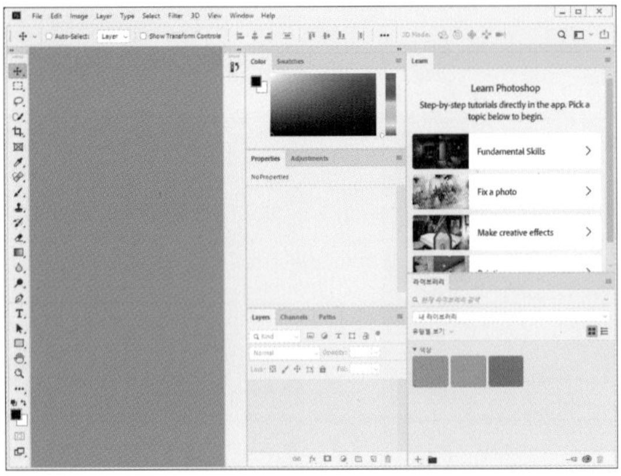

▲ 패널들로 꽉 찬 화면

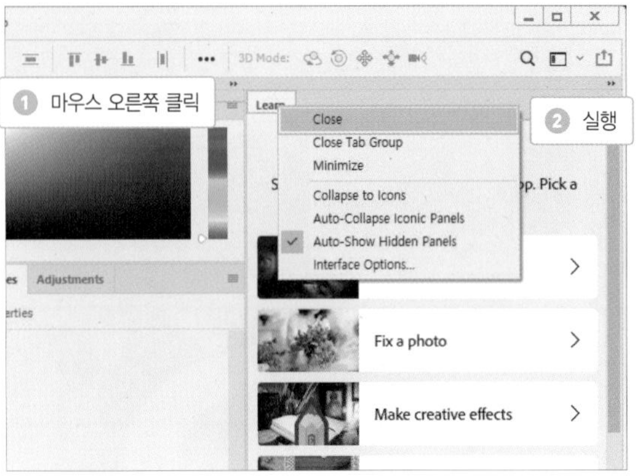

▲ 패널 정리하기

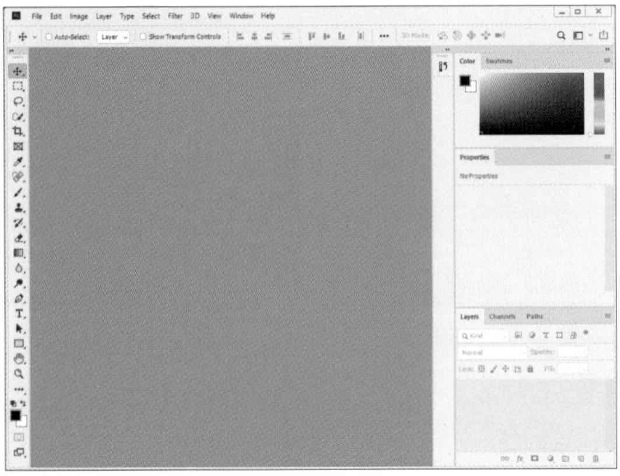

▲ 사용하지 않는 패널들을 숨긴 화면

02 / 자주 사용하는 패널 활성화하기

메뉴에서 [Window] → Character를 실행합니다. 오른쪽 패널 영역에 Character 패널이 활성화된 것을 확인할 수 있습니다.

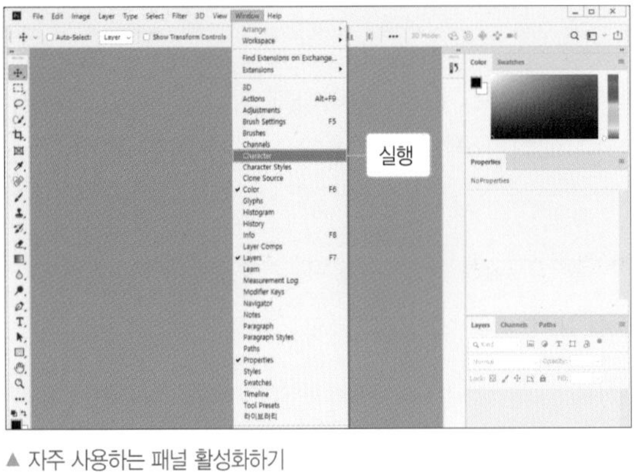

▲ 자주 사용하는 패널 활성화하기

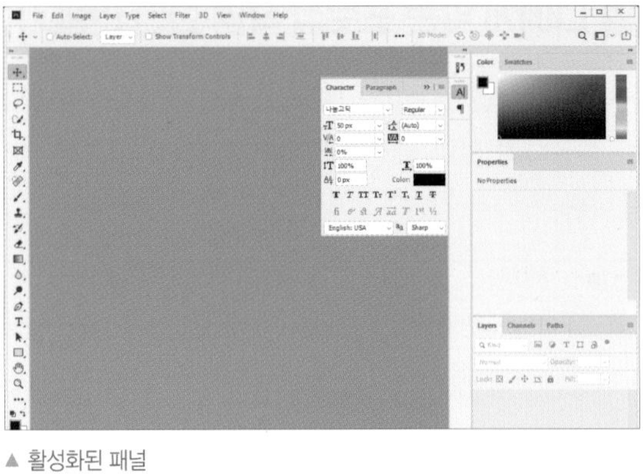

▲ 활성화된 패널

03 / 패널 최소화하기

Character 패널은 문자를 항상 사용하는 것이 아니기에 패널 오른쪽 상단의 '화살표' 아이콘(»)을 클릭하여 Character 패널(A)을 축소해두고 필요할 때마다 펼쳐서 사용합니다.

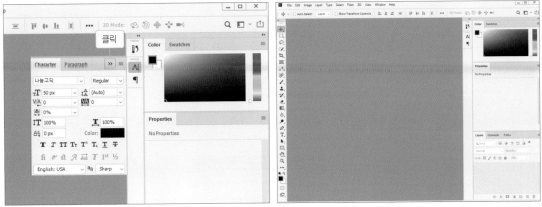

▲ 패널을 아이콘으로 최소화하기

04 / 패널 배치하기

'Character' 패널 아이콘(A) 위에 위치한 'History' 패널 아이콘()을 클릭하여 Properties 패널 옆으로 드래그하여 배치합니다. History 패널은 포토샵 작업 과정 중 이전 작업으로 되돌리고 싶을 때 유용한 기능입니다. Properties 패널은 사용할 때마다 패널들이 배치된 레이아웃에 영향을 주기 때문에 'Character' 패널 아이콘(A) 아래로 드래그하여 최소화합니다. 이 외에도 작업 환경에 맞는 패널들을 활성화해서 나만의 작업 화면을 만들 수 있습니다.

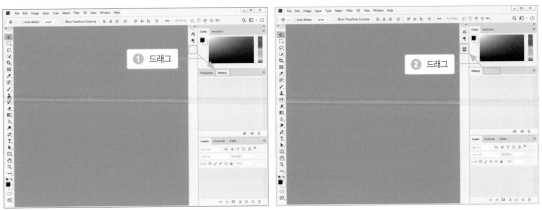

▲ History 패널을 드래그하여 배치하기　　　　▲ Properties 패널을 드래그하여 배치하기

05 / 나에게 맞는 포토샵 작업 화면 저장하기

포토샵에서 작업을 하다보면 패널이 흐트러질 때가 있습니다. 그럴 때마다 직접 구성해 놓은 작업 화면으로 다시 배치하기가 번거롭게 느껴집니다. 그러니 작업 화면을 저장해서 패널을 재배치해야 할 때 편하게 사용합니다.

01 | 메뉴에서 〔Window〕 → Workspace → New Workspace를 실행합니다.

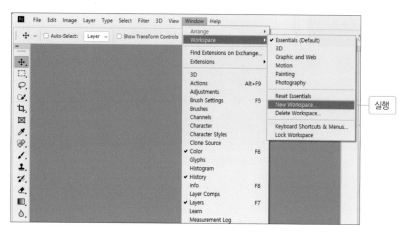

02 | 저장할 이름을 'My Workspace'로 입력하고 〈Save〉 버튼을 클릭하면 작업 화면이 저장됩니다.

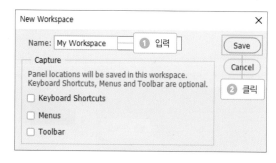

03 | 메뉴에서 〔Window〕 → Workspace를 실행하면 저장된 'My Workspace'를 확인할 수 있습니다.

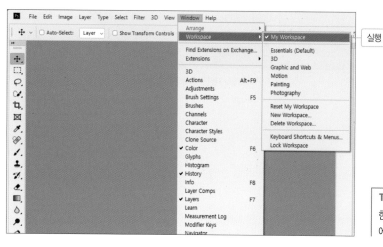

TIP
한 대의 컴퓨터를 여러 명이 사용할 경우에도 유용하게 사용할 수 있습니다.

자주 사용하는 패널 알아보기

프로그램 **Ps**
버전 CC 2019 이상

포토샵에는 다양한 기능의 패널들이 있습니다. 그 중에서도 주로 사용되는 패널들은 중요한 기능을 하고 우리의 작업을 편리하게 해주기 때문에 어떠한 역할을 하는지 반드시 알아둡니다.

Ps 포토샵의 주요 패널

패널은 메뉴에서 [Window] 탭을 선택하면 모두 확인할 수 있으며 해당 항목을 누르면 패널이 화면의 오른쪽에 활성화됩니다. 자주 사용하는 패널은 오른쪽에 배치하여 손쉽게 사용합니다.

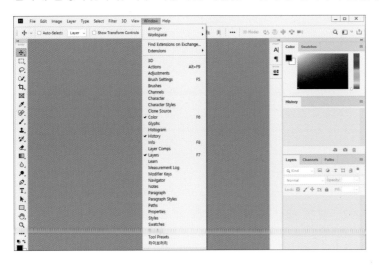

01 / Layers 패널([F7])

포토샵에서 이미지 작업을 할 때 당연하게 사용하는 아주 중요한 패널이며 이미지의 구성(레이어)를 확인할 수 있습니다. 레이어를 추가, 삭제하거나 블렌딩 모드(Blending Mode) 혹은 레이어 스타일(Layer Style)을 사용하여 이미지에 다양한 효과를 적용합니다.

02 / Channels 패널

RGB나 CMYK 이미지 모드에 따른 색상 값을 채널별로 분리하여 영역을 선택하고 효과를 줍니다.

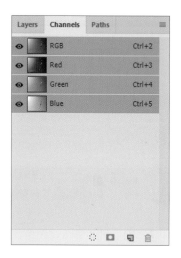

03 / Paths 패널

펜이나 도형 툴을 이용해서 만든 패스를 관리합니다.

04 / Character 패널

문자 툴로 작성한 글자의 글꼴, 크기, 자간, 행간, 색상 등 세부 옵션을 설정합니다.

05 / History 패널

포토샵 작업 과정을 단계별로 기록하여 이전 작업으로 되돌립니다.

06 / Properties 패널

선택한 레이어에 대한 세부 속성을 지정할 수 있습니다. 예제 이미지
는 모서리가 둥근 사각형 툴에 관한 세부 속성입니다.

07 / Color 패널

전경색과 배경색을 원하는 색으로 지정합니다.

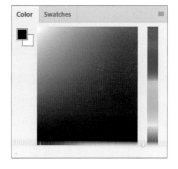

08 / Swatches 패널

자주 사용하는 색상을 팔레트 형식으로 정리하여 편리하게 사용합니다.
색상을 추가하거나 삭제할 수 있습니다.

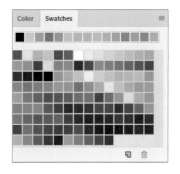

자주 사용하는 툴 알아보기

프로그램 Ps
버전 CC 2019 이상

포토샵의 화면 왼쪽에 자주 사용하는 기능을 아이콘 형태로 정리한 툴 패널이 있습니다. 툴 패널의 툴을 사용하여 영역을 지정해서 이미지를 자르고, 글자를 쓰고, 채색하는 등 캔버스 위에서 작업할 수 있습니다.

Ps 포토샵의 주요 툴

툴 패널에는 다양한 기능의 툴이 배치되어 있습니다. 이 중에 자주 사용하는 툴을 정리하였습니다. 툴 아이콘의 오른쪽 아래에 작은 삼각형 표시가 있는 툴을 마우스 포인터로 1초 정도 누르거나 마우스 오른쪽 버튼을 클릭하면 옆으로 숨은 툴이 나타납니다.

❶ **이동 툴**(V) : 캔버스 위의 이미지, 글자, 도형, 선택 영역 등을 선택하여 이동할 때 사용합니다.

❷ **사각형 선택 툴**(M) : 사각형으로 선택 영역을 만듭니다.

❶ **원형 선택 툴** : 원형으로 선택 영역을 만듭니다.

❷ **가로선 선택 툴** : 1픽셀 가로선 형태로 선택 영역을 만듭니다.

❸ **세로선 선택 툴** : 1픽셀 세로선 형태로 선택 영역을 만듭니다.

❸ **올가미 툴**(L) : 드래그하여 자유로운 형태로 선택 영역을 만듭니다.

❶ **다각형 올가미 툴** : 직선을 연결하여 다각형 형태로 선택 영역을 만듭니다.

❷ **자석 올가미 툴** : 이미지의 경계선을 따라 드래그하면 경계 영역을 인식하여 선택 영역을 만듭니다.

❹ **빠른 선택 툴**(W) : 클릭하거나 드래그하면 비슷한 모양을 인식하여 선택 영역을 만듭니다.

❶ **마술봉 툴** : 클릭하면 비슷한 색상 영역을 인식하여 선택 영역을 만듭니다.

> **TIP**
> 해당 툴은 포토샵 CC 2019 버전을 기준으로 작성되었습니다.

02 영상 디자인을 위한 포토샵

⑤ **자르기 툴(C)** : 이미지의 원하는 부분을 선택하여 자릅니다.

⑥ **스포이트 툴(I)** : 원하는 색상을 추출합니다.

⑦ **브러시 툴(B)** : 붓의 형태, 질감, 색상 등을 선택하여 그림을 그리거나 채색합니다.

⑧ **스탬프 툴(S)** : 클릭한 영역의 이미지를 복사하여 다른 위치에 자연스럽게 복제합니다.

⑨ **지우개 툴(E)** : 이미지를 지울 때 사용합니다.

⑩ **그레이디언트 툴(G)** : 두 가지 이상의 색을 컬러 단계로 표현하여 채색합니다.

❶ **페인트 툴** : 선택한 영역을 전경색 또는 패턴으로 채웁니다.

⑪ **펜 툴(P)** : 직선 혹은 곡선을 사용하여 원하는 영역을 지정합니다.

⑫ **가로 문자 툴(T)** : 가로 방향으로 글자를 입력합니다.

❶ **세로 문자 툴** : 세로 방향으로 글자를 입력합니다.

⑬ **사각형 툴(U)** : 사각형을 만듭니다.

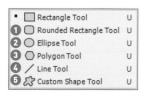

❶ **둥근 사각형 툴** : 모서리가 둥근 사각형을 만듭니다.

❷ **원형 툴** : 원형을 만듭니다.

❸ **다각형 툴** : 다각형을 만듭니다.

❹ **선 툴** : 선을 만듭니다.

❺ **사용자 도형 툴** : 사용자가 등록한 도형을 사용합니다.

⑭ **돋보기 툴** : 이미지 특정 부분을 확대 또는 축소합니다.

⑮ **전경색과 배경색**

❶ **기본 흑백 설정** : 전경색과 배경색을 기본 설정인 검은색, 흰색으로 바꿉니다.

❷ **색상 교체(X)** : 전경색과 배경색 위치를 바꿉니다.

❸ **전경색** : 글자, 도형, 선택 영역 등에 지정한 색상을 채웁니다.

❹ **배경색** : 지우개로 지웠을 때 나타나는 색상입니다.

TIP

툴 패널은 보통 세로 한 줄 형태로 되어 있습니다. 툴 패널의 상단에 '넓히기' 아이콘( )을 클릭하면 두 줄로 바뀌고 '좁히기' 아이콘
(◀◀)을 클릭하면 세로 한 줄 형태로 바꿀 수 있습니다.

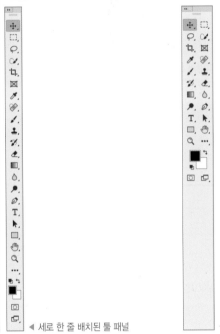

◀ 세로 한 줄 배치된 툴 패널   ◀ 세로 두 줄 배치된 툴 패널

TIP

빠른 작업을 위해 자주 쓰는 툴의 단축키를 외워둡니다.

TIP

포토샵 작업 화면에서 툴 패널이 사라졌을 때 메뉴에서 (Window) → Tools를 실행합니다.

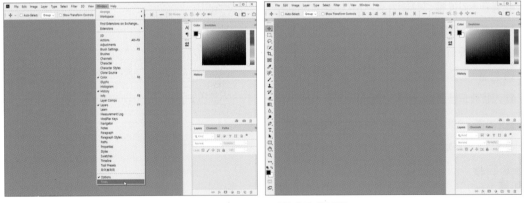

▲ (Window)에서 Tools 실행   ▲ 왼쪽에 툴 패널 생성

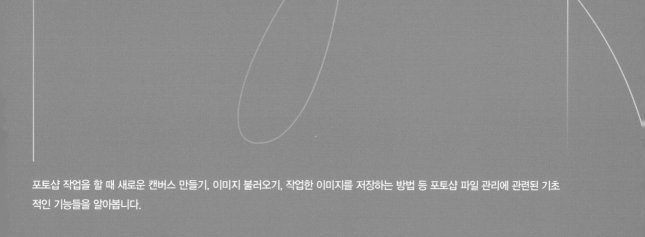

CHAPTER 02
포토샵
기본기 익히기

포토샵 작업을 할 때 새로운 캔버스 만들기, 이미지 불러오기, 작업한 이미지를 저장하는 방법 등 포토샵 파일 관리에 관련된 기초
적인 기능들을 알아봅니다.

001

새로운 영상 캔버스 만들기

우리가 글자를 쓰거나 그림을 그릴 때, 흰 종이와 펜이 필요합니다. 이처럼 포토샵 작업을 위해서도 흰 종이가 필요합니다. 이 흰 종이를 불러오는 작업을 '새로 만들기' 또는 '새로운 캔버스 만들기'라고 부릅니다. 새로운 캔버스를 만들면 직접 설정한 크기의 흰 네모 영역이 작업 화면에 나타납니다. 여기서 이미지 붙이기, 브러시 툴을 사용하여 그림 그리기, 문자 툴을 이용하여 글자 입력하기 등 다양한 작업을 할 수 있습니다.

프로그램
버전 CC 2019 이상

Ps 새로운 캔버스 만들기

포토샵을 처음 실행하면 나타나는 시작(Home) 화면에서 〈Create New〉 버튼을 클릭합니다. 또는 메뉴에서 (File) → New를 실행하거나 단축키 Ctrl + N 을 누릅니다.

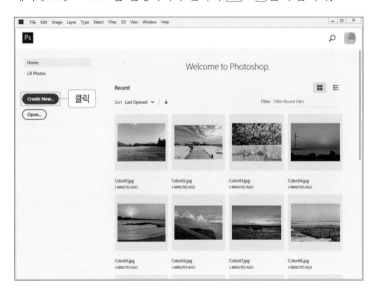

01 / 프리셋으로 캔버스 쉽게 만들기

포토샵에서는 자주 사용하는 캔버스를 용도별(웹용, 프린트용, 영상용 등)로 구분하여 프리셋으로 제공합니다.

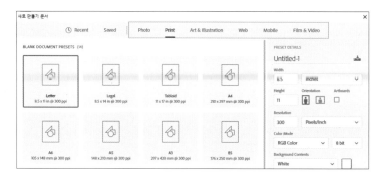

01 | 책에서는 영상 제작에 관련한 내용을 전달하기에 (Film & Video) 탭에서 'HDTV 1080p' 항목을 선택한 다음 〈Create〉 버튼을 클릭합니다.

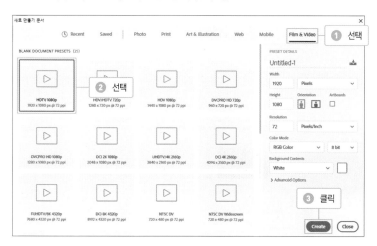

02 | 새로운 캔버스가 만들어집니다.

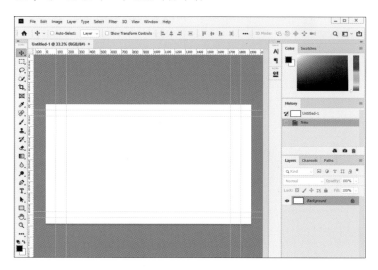

> **TIP**
> 포토샵 (Film & Video) 탭에서 캔버스를 불러오면 'Action and Title Safe Areas' 가이드라인이 함께 만들어집니다. 가이드라인을 없애려면 Ctrl+; 을 누릅니다.

02 / 캔버스 사이즈 직접 설정하기

01 | New Document 대화상자가 표시되면 원하는 이미지 크기를 Width와 Height에 입력합니다. 책에서는 HD 영상 사이즈인 Width를 '1920', Height를 '1080'을 입력했습니다. 단위는 'Pixels', Resolution(해상도)은 '72'를 입력하고 Color Mode(색상 모드)는 'RGB'를 지정한 다음 〈Create〉 버튼을 클릭합니다.

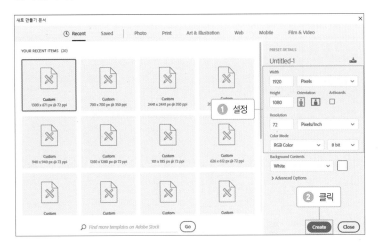

02 | 새로운 캔버스가 만들어집니다.

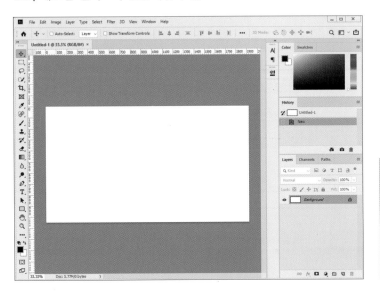

TIP

웹용 캔버스 / 인쇄용 캔버스 설정하기

• 웹용 캔버스 : 단위 Pixels, 해상도 72, 색상 모드 RGB
• 인쇄용 캔버스 : 단위 Millimeters 또는 Centimeters, 해상도 300, 색상 모드 CMYK

파일 불러오기/저장하기

포토샵에서는 이미지 파일(JPEG, PNG, BMP 등)과 포토샵 파일(PSD)을 불러올 수 있습니다. 포토샵으로 작업을 마치거나, 작업 중에도 계속해서 포토샵 파일(PSD)로 저장해야 합니다. 갑작스럽게 포토샵 프로그램이 꺼진다거나, 컴퓨터가 재부팅된다거나 하는 당황스러운 상황에 대비하여 언제나 Ctrl + S 단축키를 눌러 자주 저장해야 합니다. 저장의 생활화! 꼭 기억하시기 바랍니다.

프로그램 **Ps**
버전 CC 2019 이상

Ps 파일 열기

01 / 파일 열기로 이미지 불러오기

01 | 포토샵의 시작(Home) 화면에서 〈Open〉 버튼을 클릭합니다. 또는 메뉴에서 [File] → Open(Ctrl + O)을 실행합니다.

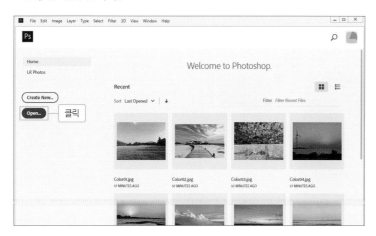

02 | 열기 대화상자가 표시되면 원하는 이미지가 있는 경로를 찾아 파일을 선택합니다. 〈열기〉 버튼을 클릭해 이미지를 불러옵니다.

02 / 드래그만으로 손쉽게 이미지 불러오기

01 | 원하는 이미지가 저장되어 있는 폴더에서 파일을 선택한 다음 포토샵 화면으로 드래그하면 이미지를 쉽게 불러올 수 있습니다.

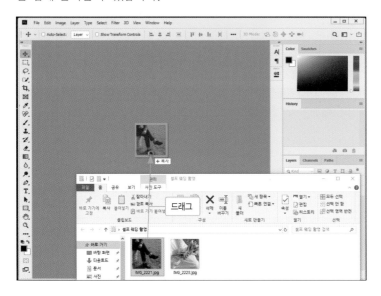

02 | 이미지가 포토샵 작업 화면에 열렸습니다.

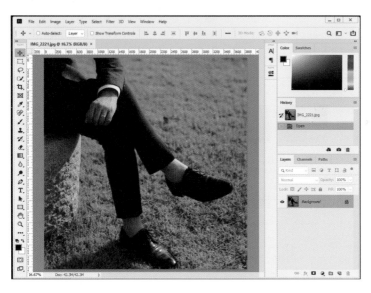

Ps 파일 저장하기

01 / 포토샵 파일로 저장하기

01 | 메뉴에서 (File) → Save(Ctrl + S)를 실행합니다. 파일 저장 경로를 지정하고 파일 이름을 입력합니다. 파일 형식을 'Photoshop(PSD)'으로 지정한 다음 〈저장〉 버튼을 클릭합니다.

① Photoshop Format Options 대화상자가 표시되면 'Maximize Compatibility(호환성 최대화)'와 'Don't show again(다시 표시 안 함)'을 체크 표시하고 〈OK〉 비튼을 클릭하면 포토샵 피일로 저장됩니다.

TIP

'Maximize Compatibility(호환성 최대화)'에 체크 표시해야 다른 버전의 포토샵에서 해당 작업 파일을 열었을 때 오류가 나지 않습니다.

▲ 포토샵 포맷 옵션 대화상자   ▲ 저장된 PSD 파일

② 저장한 작업 파일을 다른 이름으로 저장하려면 메뉴에서 (File) → Save as(Shift + Ctrl + S)를 실행합니다.

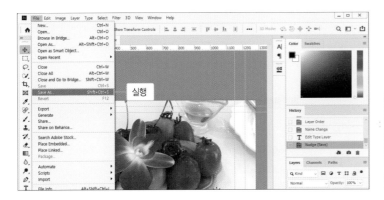

TIP

포토샵(PSD) 파일로 저장하면 원본 작업 파일 형태로 저장되어 언제든 파일을 불러와 수정 작업을 할 수 있습니다. 그리고 프리미어 프로와 연동하여 영상 소스로 사용할 수 있습니다.

02 / 이미지 파일로 저장하기

01 | 메뉴에서 (File) → Save(Ctrl+S)를 실행합니다. 파일 저장 경로를 지정하고 파일 이름을 입력합니다. 파일 형식을 웹용 이미지인 'JPEG'로 지정한 다음 〈저장〉 버튼을 클릭합니다.

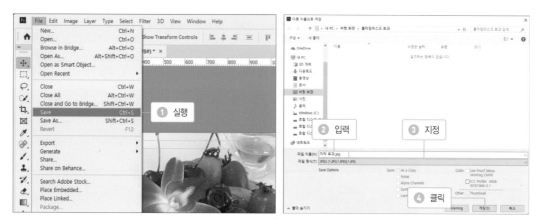

02 | JPEG Options 대화상자가 표시되면 'Image Options' 항목에서 Quality를 '10' 이상으로 설정합니다. 〈OK〉 버튼을 클릭하면 이미지 파일로 저장됩니다.

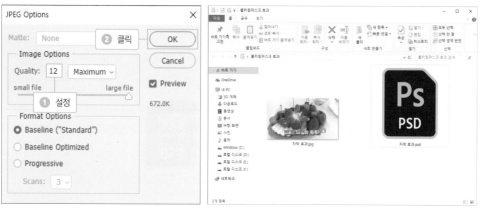

▲ JPEG 옵션 대화상자

▲ 01 / 에서 저장한 PSD 파일과 함께 저장된 JPEG 파일

TIP

일반적으로 자주 사용하는 이미지 파일 형식은 'JPEG'입니다. 웹용으로 사용하는 이미지이며 다양한 색상을 표현할 수 있고, 압축률이 뛰어나 용량이 작습니다. 다만 화질 저하가 있을 수 있습니다. 이미지의 배경이 투명한 작업 파일을 'JPEG'로 저장하면 투명했던 배경이 하얀색으로 불투명하게 저장됩니다. 이럴 때는 'PNG' 파일 형식으로 저장을 하면 배경이 투명하게 저장됩니다. 다만 'PNG'는 무손실 압축 파일이라고 해서 화질이 좋지만 용량이 큽니다.

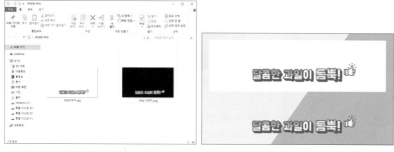

▲ 저장된 JPEG 파일과 PNG 파일

▲ 색상 배경 위에 얹었을 때 (위)JPEG 파일 / (아래)PNG 파일

03 / 웹용으로 저장하기

Save for Web은 작업한 파일을 웹용으로 최적화하여 저장하는 기능입니다. Save(Ctrl + S)로 저장할 때보다 이미지의 화질에 대한 상세한 옵션을 설정할 수 있어 이미지 용량을 조정할 수 있습니다.

01 | 메뉴에서 (File) → Export → Save for Web 을 실행합니다.

02 | 대화상자가 표시되면 이미지 미리보기 방식을 '2-UP'으로 선택합니다. 파일 형식을 'JPEG'로, Quality(품질)를 'Very high'로 지정합니다. ⟨Save⟩ 버튼을 클릭하여 저장 경로를 지정한 다음 저장을 마무리합니다.

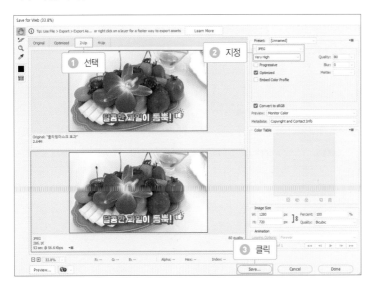

TIP

이미지 품질을 선택할 때 'Very High' 이상으로 저장하면 원본과 비슷한 품질로 용량만 줄여서 저장할 수 있습니다.

TIP

Save for Web Preview(미리보기) 대화상자 살펴보기

❶ Original Preview : 원본 이미지를 확인합니다.

❷ Optimized Preview : 저장할 이미지의 최적화된 품질을 확인합니다. 이미지 와 이미지의 정보, 용량, 압축률 등이 표시됩니다.

❸ 2-UP Preview : Original과 Optimized 두 개를 비교하여 보여줍니다.

❹ 4-UP Preview : 다른 압축률의 사진 2장을 추가 비교하여 보여줍니다. 필요한 이미지 품질과 용량을 살펴보고 선택한 다음 저장합니다.

영상 이미지 사이즈 조절하기

프로그램 Ps
버전 CC 2019 이상   이미지의 크기를 키우거나 줄이는 방법에 대해 알아봅니다.

Ps 이미지 사이즈 조절하기

01 / 메뉴에서 [File] → Open([Ctrl] + [O])을 실행하여 크기를 조절하고 싶은 이미지 파일을 선택해 불러옵니다.

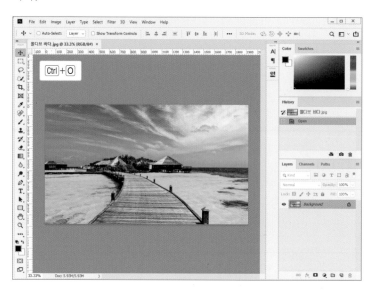

02 / 메뉴에서 [Image] → Image Size([Alt] + [Ctrl] + [I])를 실행합니다.

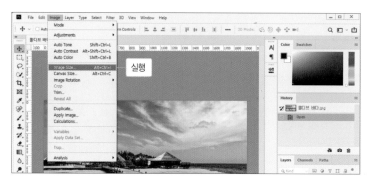

03 / Image Size 대화상자가 표시되면 단위를 'Pixels'로 변경하고 Width(가로)나 Height(세로)에 조절하고 싶은 숫자를 입력한 다음 〈OK〉 버튼을 클릭합니다. 책에서는 이미지를 줄이기 위해 Width 를 '1280'으로 입력했습니다. '링크' 아이콘(⧉)이 활성화되어서 Width(가로)에 값을 입력하면 이미지 비율을 유지하면서 Height(세로) 값이 자동으로 조절됩니다.

04 / 이미지 크기가 줄어들면서 화면이 함께 축소된 것을 확인할 수 있습니다.

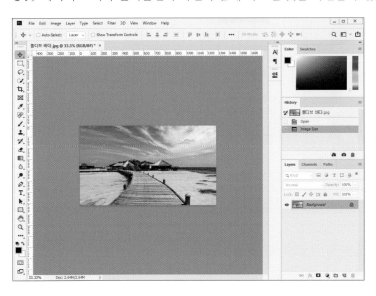

TIP

Image Size 살펴보기

❶ **Dimensions** : 현재 이미지의 가로, 세로 크기를 보여줍니다.

❷ **Width, Height** : 가로, 세로 이미지 크기를 입력합니다. 일반적으로 '링크' 아이콘(⧉)이 활성화되어 있어야 이미지의 가로, 세로 비율을 유지하면서 이미지 크기를 조절할 수 있습니다.

❸ **Resolution** : 이미지의 해상도입니다. 웹용이라면 '72', 인쇄용이라면 '150~300'으로 설정합니다.

Ps 캔버스 사이즈 조절하기

캔버스의 크기를 조절하는 방법을 알아보기에 앞서 '이미지 사이즈 조절'과 '캔버스 사이즈 조절'의 차이를 알아봅니다. Image Size는 이미지 자체의 크기를 조절하는 것입니다. 캔버스는 흰 종이라고 표현했던 것을 기억하나요? 이미지는 흰 종이 위에 얹어져 있는 형태입니다. 여기서 Canvas Size를 조절하면 이미지의 크기는 그대로, 캔버스의 크기만 확장되거나 축소됩니다.

01 / 메뉴에서 〔File〕 → Open(Ctrl + O)을 실행하여 이미지 파일을 불러옵니다.

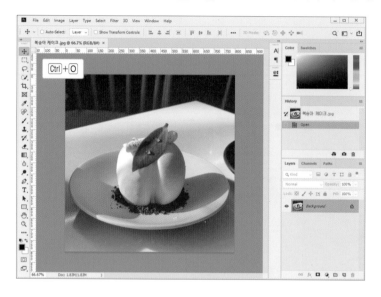

02 / 메뉴에서 〔Image〕 → Canvas Size(Alt + Ctrl + C)를 실행합니다.

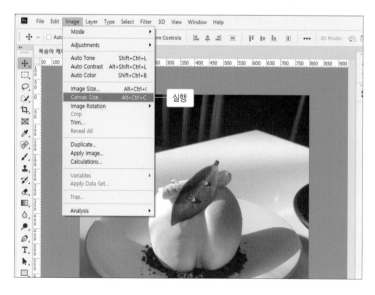

03 / Canvas Size 대화상자가 표시되면 단위를 'Pixels'로 변경합니다. 책에서 예제로 사용한 이미지의 가로, 세로가 800Pixels입니다. 여기서 사방으로 50Pixels 여백을 주려고 합니다. Width '850', Height '850' 값을 입력합니다. 캔버스 크기를 사방으로 늘리기 위해 Anchor에서 가운데를 클릭한 다음 확장할 캔버스의 색상은 흰색으로 설정하고 〈OK〉 버튼을 클릭합니다.

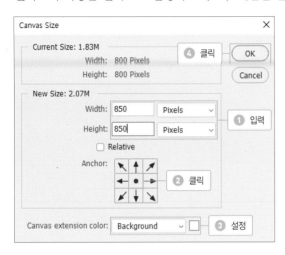

04 / 캔버스 위의 이미지 크기는 변하지 않고, 캔버스가 확장되어 사방에 흰 여백이 생긴 것을 확인합니다.

TIP

Relative를 체크 표시하면 현재의 캔버스 크기에서 키우고 싶은 크기를 더하여 계산하지 않고 '50' 입력하면 '50 Pixels' 만큼 여백을 확장할 수 있습니다.

TIP

Canvas Size 살펴보기

❶ Current Size : 현재 캔버스의 가로, 세로 크기를 보여줍니다.

❷ Width, Height : 새 캔버스의 가로, 세로 값을 입력합니다.

❸ Relative : Relative에 체크 표시하면 가로, 세로 값이 '0'으로 바뀌며 입력한 값만큼 캔버스에 여백이 생기거나 줄어듭니다.

❹ Anchor : 캔버스가 확장되는 방향을 지정합니다.

❺ Canvas extension color : 확장할 캔버스 영역의 색상을 지정합니다.

포토샵
핵심 기능 익히기

포토샵에서 가장 중요한 레이어(Layer)의 기능과 레이어 스타일(Layer Style)까지 차근차근 알아봅니다. 레이어에 대해 완벽히 이해를 한다면 나머지 포토샵 작업은 비교적 수월하게 느껴질 수도 있습니다.

포토샵의 핵심, 레이어 이해하기

지금부터 중요도 별 다섯 개인 포토샵의 핵심! '레이어(Layer)'에 대해 알아보겠습니다. 레이어는 '투명 종이'라고 생각하면 됩니다. 사전으로 '레이어' 단어의 뜻을 찾아보았습니다. 첫 번째는 (하나의 표면이나 여러 표면 사이를 덮고 있는) 막, 두 번째는 (시스템 등의 일부를 이루는) 층, 세 번째는 켜켜로 놓다라는 뜻입니다. 레이어는 '층'이라는 뜻으로 포토샵에서 레이어도 마찬가지입니다. 투명 종이인 레이어에 이미지를 층층이 쌓아 하나의 이미지로 완성하는 것입니다.

프로그램 Ps
버전　　CC 2019 이상

◉ **예제 파일** 02\레이어 이해하기.psd

Ps 레이어(Layer)란?

Ctrl+O를 눌러 O2 폴더에서 '레이어 이해하기.psd' 파일을 불러옵니다. 포토샵 작업 화면에서 한 장의 완성된 이미지가 보입니다. 그러나 오른쪽의 Layers 패널을 살펴보면 4개의 레이어가 위치해 있습니다. '눈' 아이콘(◉)을 클릭하여 각 레이어들을 살펴보겠습니다.

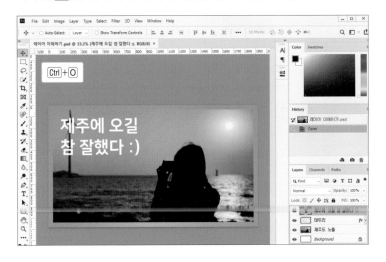

01 / Layers 패널의 맨 아래, 첫 번째에 위치한 'Background' 레이어입니다. 포토샵에서 새로운 캔버스를 만들면 기본적으로 나타나는 레이어입니다.

02 / 두 번째는 '제주도 노을' 사진 레이어입니다.

03 / 세 번째는 '테두리' 레이어입니다.

04 / 네 번째는 '제주에 오길 참 잘했다 :)' 문자 레이어입니다.

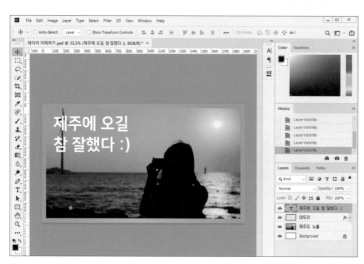

이처럼 여러 개의 레이어를 쌓아서 작업하는 이유가 무엇일까요? 레이어가 분리되어 있으면 레이어들을 손쉽게 개별적으로 관리할 수 있습니다. 즉, 원본 이미지에 손상을 주지 않으면서 원하는 부분만 수정하거나 삭제할 수 있습니다. 예제 이미지에서 테두리만 없애고 싶다면 Layers 패널에서 세 번째의 '테두리' 레이어를 선택한 다음 '휴지통' 아이콘(🗑)으로 드래그하거나 Delete 를 눌러 삭제합니다.

▲ '테두리' 레이어 선택하여 삭제

▲ 삭제된 '테두리' 레이어

Ps 레이어 종류 알아보기

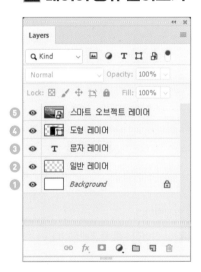

❶ **배경 레이어(Backgounrd Layer)** : 포토샵에서 새로운 캔버스를 만들면 기본적으로 나타나는 레이어입니다. 새로운 캔버스를 만들 때 설정 옵션에서 흰색, 검은색 또는 배경 색상을 지정하여 불러올 수 있습니다.

❷ **일반 레이어(Layer)** : '새 레이어 만들기' 아이콘(🖺)을 클릭하여 일반 레이어를 만들면 투명한 상태로 만들어집니다. 혹은 복사한 이미지를 캔버스에 붙여 넣으면 이미지가 포함된 일반 레이어가 만들어집니다. 이 레이어는 자유롭게 변형하거나 수정할 수 있습니다.

❸ **문자 레이어(Text Layer)** : 문자 툴로 글자를 입력하면 만들어지는 레이어로 'T' 아이콘으로 표시됩니다.

❹ **도형 레이어(Shape Layer)** : 펜 툴이나 도형 툴로 도형을 그렸을 때 만들어지는 레이어로 '▨' 아이콘으로 표시됩니다.

❺ **스마트 오브젝트 레이어(Smart Object Layer)** : 주로 캔버스 위로 이미지를 드래그하여 가져올 때 스마트 오브젝트 레이어가 만들어지며 '작은 사각형' 아이콘(▦)으로 표시되어 일반 레이어와 구분이 가능합니다. 이미지를 왜곡하거나 자유롭게 변형해도 이미지 고유의 해상도가 유지됩니다.

▲ 투명한 레이어　　　　　　　　　　　　　　▲ 이미지가 포함된 레이어

Ps Layers 패널에서 자주 쓰는 기능 살펴보기

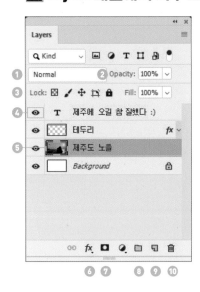

❶ **블렌딩 모드** : 선택한 레이어와 바로 아래에 위치한 레이어를 어떻게 혼합할 것인지 결정합니다.

❷ **Opacity(불투명도)** : 선택한 레이어의 불투명도를 설정합니다. 기본 값은 100%이며 값이 작아질수록 투명해집니다.

❸ **Lock(잠그기)** : 선택한 레이어를 이동하거나 변형할 수 없게 잠급니다.

❹ **눈 아이콘** : 레이어의 '눈' 아이콘(👁)을 클릭하면 아이콘이 사라지며 해당 레이어가 작업 화면에 보이지 않습니다. 눈 아이콘이 있던 자리를 다시 클릭하면 레이어가 활성화됩니다.

❺ **레이어 썸네일** : 레이어 이미지를 축소하여 보여줍니다.

❻ **Add a layer style** : 선택한 레이어에 그림자, 테두리, 엠보싱 효과 등 다양한 스타일을 적용합니다.

❼ **Add a mask** : 선택한 레이어에 마스크 효과를 적용합니다.

❽ **Create a new group** : 새로운 레이어 그룹을 만들어 레이어를 항목별로 관리합니다.

❾ **Create a new layer(Shift + Ctrl + N)** : 새 레이어를 만듭니다. 일반적으로 투명한 상태로 만들어집니다.

❿ **Delete layer** : 선택한 레이어를 삭제합니다. 레이어를 선택한 채로 Delete 를 눌러도 삭제됩니다.

포토샵 레이어 스타일 알아보기

프로그램 **Ps**
버전   CC 2019 이상

레이어 스타일(Layer Style)은 이미지 레이어, 문자 레이어, 도형 레이어에 그림자, 테두리, 엠보싱 효과 등 다양한 효과를 적용할 수 있습니다. 레이어 스타일의 장점은 원본 이미지를 손상 시키지 않고 효과를 적용할 수 있으며 손쉽게 수정하고 삭제할 수도 있습니다.

Ps 레이어 스타일 살펴보기

Layers 패널에서 '레이어 스타일(Add a layer style)' 아이콘(**fx**)을 클릭하면 10가지 종류의 다양한 레이어 스타일을 적용할 수 있습니다. 책에서는 문자 레이어에 레이어 스타일을 적용하여 다양한 효과를 살펴보겠습니다.

01 / Blending Options

'Blending Options'을 실행하면 Layer Style 대화상자가 표시되며 왼쪽에는 레이어 스타일 항목이 표시되고, 오른쪽에는 각 항목에 대한 세부 옵션을 설정할 수 있습니다.

▲ Layer Style 대화상자

02 / Bevel&Emboss(경사와 엠보스)

레이어에 입체감 있는 효과를 적용합니다.

Bevel&Emboss

03 / Stroke(선)

레이어에 테두리를 적용합니다.

Stroke

04 / Inner Shadow(내부 그림자)

레이어 안쪽에 그림자를 적용합니다.

Inner Shadow

05 / Inner Glow(내부 광선)

레이어 안쪽에 광선 효과를 적용합니다. Layers 패널에서 선택한 레이어의 Fill을 '0%'로 지정하면 글자는 투명해지고 글자 안쪽에 광선 효과가 적용된 것을 확인할 수 있습니다.

Inner Glow

06 / Satin(광택)

레이어에 광택 효과를 적용합니다.

Satin

07 / Color Overlay(색상 오버레이)

레이어에 색상을 적용합니다.

Color Overlay

08 / Gradient Overlay(그레이디언트 오버레이)

레이어에 그러데이션 효과를 적용합니다.

Gradient Overlay

09 / Pattern Overlay(패턴 오버레이)

레이어에 패턴을 적용합니다.

Pattern Overlay

10 / Outer Glow(외부 광선)

레이어 바깥쪽에 광선 효과를 적용합니다.

Outer Glow

11 / Drop Shadow(그림자 효과)

레이어에 그림자를 적용합니다.

Drop Shadow

003

이미지 소스 색상 보정하기

찍은 사진이나 영상이 너무 어둡게 나오거나 색상 표현이 제대로 되지 않았을 때 보정 작업을 합니다. 영상 속에 들어갈 이미지 소스도 전체 영상 톤에 맞게 보정하는 것이 좋습니다. 영상 소스로 활용할 이미지를 포토샵에서 정교하게 보정하는 방법을 알아봅니다. 포토샵 색상 보정 기능은 메뉴에서 (Image) → Adjustment에서 사용할 수 있습니다.

프로그램 Ps
버전 CC 2019 이상

⊙ **예제 파일** 02\밤숲.jpg, 꽃.jpg, 나무.jpg, 음식.jpg, 문.jpg, 노을.jpg, 튤립.jpg | ⊙ **완성 파일** 02\색상보정_완성 폴더

Ps 클릭 한 번으로 명도, 대비, 색상 보정하기

간편하게 보정하고 싶을 때 포토샵에서 제공하는 자동 색상 보정 기능으로 손쉽게 보정할 수 있습니다. 자동으로 명도, 대비, 색상을 보정하는 방법을 알아봅니다. Ctrl + O를 눌러 02 폴더에서 '밤숲.jpg' 파일을 불러옵니다.

01 / Auto Tone

메뉴에서 (Image) → Auto Tone (Shift + Ctrl + L)을 실행합니다. 자동으로 명도를 조절하여 이미지가 좀 더 선명해졌습니다.

02 / Auto Contrast

메뉴에서 [Image] → Auto Contrast
([Shift] + [Ctrl] + [L])를 실행합니다. 자
동으로 대비를 조절하여 이미지가 좀
더 밝아졌습니다.

03 / Auto Color

메뉴에서 [Image] → Auto Color
([Shift] + [Ctrl] + [B])를 실행합니다. 자동
으로 색상을 조절하여 이미지의 전체
적인 색상이 자연스러워졌습니다.

Ps 밝기와 콘트라스트 보정하기

명도와 대비를 조절하여 어두운 이미지를 밝고 선명하게 만들 수 있는 세 가지 기능에 대해 알아보겠습
니다. 'Brightness/Contrast'는 비교적 빠르고 간편하게 사진을 밝고 선명하게 보정할 수 있는 기능이고,
'Levles', 'Curves' 기능은 좀 더 세밀하게 사진을 보정할 수 있는 기능입니다. [Ctrl] + [O]를 눌러 02 폴더에
서 '꽃.jpg' 파일을 불러옵니다.

01 / Brightness/Contrast

Brightness/Contrast는 단 두 개의 슬라이더만으로 사진의 밝기를
조절할 수 있습니다.

❶ **Brightness** : 슬라이더를 오른쪽으로 움직이면 이미지가 밝아지고, 왼쪽으로 움직이면 이미지가 어두워집니다.

❷ **Contrast** : 슬라이더를 오른쪽으로 움직이면 밝은 곳은 더 밝게, 어두운 곳은 더 어둡게 표현됩니다.

▲ 원본 이미지   ▲ Brightness '+120', Contrast '−50'으로 보정한 이미지

02 / Levels

Brightness/Contrast가 간편하게 이미지 밝기를 조절할 수 있었다면 Levels은 어두운 톤, 중간 톤, 밝은 톤으로 영역을 구분하여 세밀하게 밝기를 조절할 수 있습니다. [Ctrl]+[O]를 눌러 02 폴더에서 '나무.jpg' 파일을 불러옵니다.

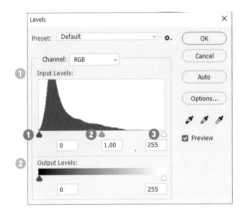

❶ **Input Levels** : 이미지 밝기 정보를 나타내는 히스토그램과 어두운 톤, 중간 톤, 밝은 톤을 조절할 수 있는 슬라이더 조절점이 있습니다. 일반적으로 세 개의 조절점을 움직여 이미지를 보정합니다.

　❶ **Shadow** : 어두운 톤 슬라이더 조절점입니다. 오른쪽으로 움직이면 이미지의 어두운 부분이 더 어두워집니다.

　❷ **Midtone** : 중간 톤 슬라이더 조절점입니다. 왼쪽으로 움직이면 이미지가 전체적으로 밝아지고 오른쪽으로 움직이면 이미지가 전체적으로 어두워집니다.

　❸ **Highlight** : 밝은 톤 슬라이더 조절점입니다. 왼쪽으로 움직이면 이미지에서 밝은 부분이 더 밝아집니다.

❷ **Output Levels** : 이미지의 전체 밝기를 조절합니다.

▲ 원본 이미지

▲ Shadow 슬라이더를 오른쪽으로 드래그하여 어두워진 이미지

▲ Highlight 슬라이더를 왼쪽으로 드래그하여 밝아진 이미지

▲ Midtone 슬라이더를 왼쪽으로 드래그하여 밝아진 이미지

03 / Curves

Curves는 앞서 보았던 슬라이더를 사용한 보정법과는 달리 그래프의 곧은 대각선을 곡선으로 조절하여 이미지의 밝기를 보정합니다. 곡선 위치에 따라 어두운 톤, 중간 톤, 밝은 톤을 조절할 수 있으며, 보다 유연한 보정이 가능합니다. Ctrl + O를 눌러 02 폴더에서 '음식.jpg' 파일을 불러옵니다.

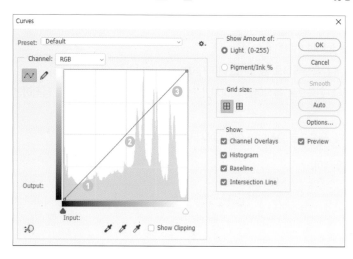

❶ **Shadow 포인트** : 어두운 영역을 조절합니다.

❷ **Midtone 포인트** : 중간 영역을 조절합니다.

❸ **Highlight 포인트** : 밝은 영역을 조절합니다.

▶ 원본 이미지

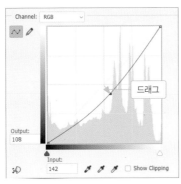

▲ Midtone 포인트를 아래로 드래그하여 어두워진 이미지

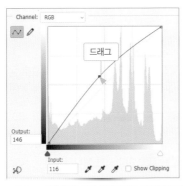

▲ Midtone 포인트를 위로 드래그하여 밝아진 이미지

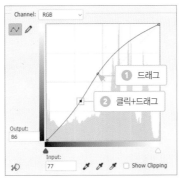

▲ Midtone 포인트를 두 번 드래그하여 선명해진 이미지

TIP

Midtone 포인트를 클릭해 드래그하여 위로 올려준 다음 곡선에 마우스 포인터로 클릭하면 점이 추가됩니다. 새로 추가된 포인트를 아래로 드래그하여 내려줍니다. 이미지의 밝고 어두운 부분이 보정된 것을 확인할 수 있습니다.

Ps 색상 보정 효과 알아두기

색상, 채도, 명도를 조절하여 이미지 전체 혹은 특정 부위의 색상에 변화를 줄 때 사용하는 포토샵 기능을 알아보겠습니다. 채도와 명도를 적절히 사용하여 이미지를 생동감 있게 만들거나, Color Balance 기능을 사용하여 원본과는 다른 분위기가 느껴지는 이미지를 만들 수도 있습니다.

01 / Hue/Saturation

Hue/Saturation은 색의 3요소인 색상, 채도, 명도를 각각 조절하여 색상에 변화를 줍니다. Ctrl + O 를 눌러 02 폴더에서 '문.jpg' 파일을 불러옵니다.

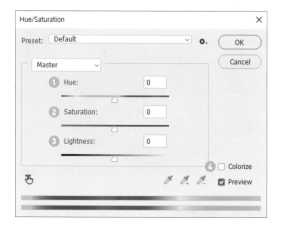

1 **Hue** : 슬라이더를 움직이며 색상을 변경합니다.

2 **Saturation** : 채도를 조절합니다. 슬라이더를 오른쪽으로 움직이면 채도가 높아지고, 왼쪽으로 움직이면 채도가 낮아져 흑백에 가까워집니다.

3 **Lightness** : 이미지 전체의 밝기를 조절합니다. 슬라이더를 오른쪽으로 움직이면 이미지가 밝아지고, 왼쪽으로 움직이면 어두워집니다.

4 **Colorize** : Colorize를 체크 표시하면 특정 색상으로 단일화된 흑백 이미지가 됩니다.

▲ 원본 이미지

▲ 오른쪽 하늘색 벽면을 선택한 다음 Hue 슬라이더로 색상 변경한 이미지

▲ Saturation '+40'으로 설정한 이미지

02 / Color Balance

Color Balance는 이미지의 색감을 조절하여 분위기에 변화를 줄 수 있습니다. Ctrl + O를 눌러 02 폴더에서 '노을.jpg' 파일을 불러옵니다.

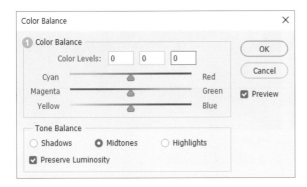

① **Color Balance(색상 균형)** : 세 개의 슬라이더를 움직여 색상 균형을 조절할 수 있습니다. 'Cyan'으로 슬라이더를 움직이면 이미지에 푸른색 색감이 더해지고, 'Red'으로 슬라이더를 움직이면 빨간색 색감이 더해집니다.

▲ 원본 이미지   ▲ Color Levels '+60', '0', '+30'으로 보정한 이미지

Ps 흑백 이미지 만들기

흑백 이미지는 채도를 완전히 제거하여 컬러 이미지와는 다른 세련된 분위기를 더해줍니다. (Ctrl) + (O)를 눌러 02 폴더에서 '튤립.jpg' 파일을 불러옵니다.

01 / Desaturate

메뉴에서 (Images) → Adjustments → Desaturate((Shift) + (Ctrl) + (U))를 실행합니다.

▲ 원본 이미지

▲ 흑백 이미지

TIP

간혹 이미지를 흑백으로 변경했을 때 밝은 영역이 어두운 흑백으로 보이는 현상이 있습니다. 메뉴에서 (Edit) → Fade Desaturate를 실행한 다음 Mode 대화상자에서 Color로 지정하면 보완된 이미지를 얻을 수 있습니다. 이때, Desaturate를 적용한 바로 다음, Fade Desaturate를 실행해야 합니다.

▲ (Edit) → Fade Desaturate를 실행

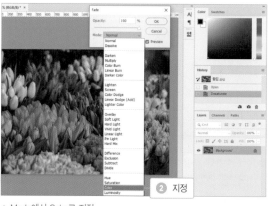

▲ Mode에서 Color로 지정

▲ 원본 이미지

▲ 흑백 이미지(밝은 영역 보완)

CHAPTER 04

영상미 UP!
포토샵으로
영상 소스 만들기

프리미어 프로 영상 작업을 위해 포토샵을 활용하면 영상을 좀 더 돋보이게 디자인할 수 있습니다. 이번 챕터에서는 자막이나 영상 썸네일(Thumbnail)을 만들 때 반드시 필요한 문자 디자인과 도형 디자인, 이미지의 외곽선을 잘라 합성할 수 있는 펜 툴 활용하기 등 고퀄리티 영상 소스를 만들기 위해 자주 사용하는 기능을 익혀봅니다.

포토샵 글자 디자인하기

프로그램 Ps
버전 CC 2019 이상

우리가 영상을 시청할 때 타이틀과 자막 등 다양한 글자 디자인을 접하게 됩니다. 이 글자들은 단순 정보 전달 뿐만 아니라 영상의 분위기를 나타냅니다. 글자를 디자인하는 방법은 아주 다양하지만 영상에서 흔히 사용하는 입체적인 효과와 그림자를 활용한 효과를 표현하는 방법을 살펴보겠습니다.

● **완성 파일** 02\글자 디자인_완성 폴더

글자 입력하기

1. 새 캔버스 만든 다음 글자 입력하기

01 / 메뉴에서 (File) → New(Ctrl + N)를 실행한 다음 New Document 대화상자가 표시되면 (Film & Video) 탭에서 'HDV/HDTV 720p'를 선택합니다. PRESET DETAILS 부분의 파일명을 '글자 입력하기' 로 입력한 다음 〈Create〉 버튼을 클릭해 캔버스를 만듭니다.

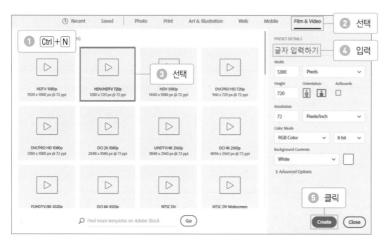

02 / 툴 패널에서 문자 툴(T)을 선택하고 옵션바에서 '중앙 정렬' 아이콘(틀)을 클릭합니다. 그리고 Character 패널에서 아래의 옵션 값을 참고하여 원하는 폰트, 크기, 자간, 색상 등을 지정합니다.

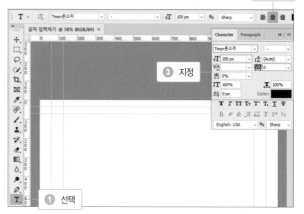

- 폰트 종류 : Tmon 몬소리
- 폰트 크기 : 100px
- 자간 : 0
- 폰트 색상 : 검은색(#000000)

03 / 캔버스에 마우스 왼쪽 버튼을 클릭하여 그림과 같이 '안녕하세요' 글자를 입력하고 [Ctrl] + [Enter]를 누릅니다.

▲ 글자 입력　　　　　　　　　　　　　　　　　▲ [Ctrl] + [Enter]를 누르면 글자 입력 완료

> **TIP**
> 글자를 입력한 다음 Character 패널이 생기거나 확장되는데 오른쪽 상단의 '화살표' 아이콘(◄◄)을 클릭하여 패널을 아이콘(A)으로 축소해 두고 필요할 때마다 확장해서 사용합니다.

04 / 툴 패널에서 이동 툴(✛)을 선택하고 [Ctrl] + [A]를 눌러 전체 선택을 합니다. 옵션바에서 '수평 중앙 정렬' 아이콘(♣)과 '수직 중앙 정렬' 아이콘(♣)을 각각 클릭하여 글자를 중앙 정렬합니다. 정렬을 마쳤으면 [Ctrl] + [D]를 눌러 선택 영역을 해제합니다.

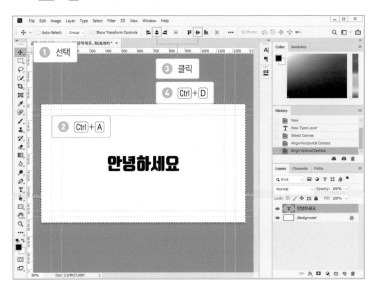

05 / 캔버스의 정중앙에 '안녕하세요' 글자가 만들어졌습니다.

Ps 글자 디자인-테두리 효과와 그러데이션 효과 적용하기

1. 새 캔버스 만든 다음 글자 입력하기

01 / 메뉴에서 [File] → New([Ctrl]+[N])를 실행한 다음 New Document 대화상자가 표시되면 [Film & Video] 탭에서 'HDV/HDTV 720p'를 선택합니다. PRESET DETAILS 부분의 파일명을 '글자 디자인 1'으로 입력한 다음 〈Create〉 버튼을 클릭해 캔버스를 만듭니다.

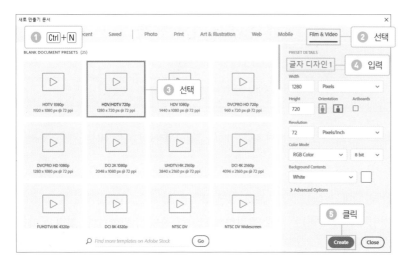

02 / 툴 패널에서 문자 툴([T.])을 선택하고 옵션바에서 '중앙 정렬' 아이콘([≡])을 클릭합니다. Character 패널에서 아래의 옵션 값을 참고하여 원하는 폰트, 크기, 자간, 색상 등을 지정한 다음 '반갑습니다~'를 입력하고 [Ctrl]+[Enter]를 누릅니다.

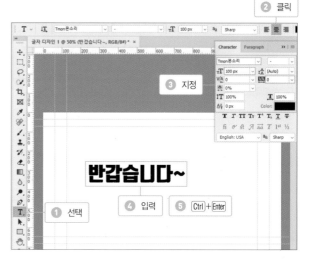

- 폰트 종류 : Tmon 몬소리
- 폰트 크기 : 100px
- 자간 : 0
- 폰트 색상 : 검은색(#000000)
- 내용 : 반갑습니다~

03 / 툴 패널에서 이동 툴([⊕.])을 선택하고 [Ctrl]+[A]를 눌러 전체 선택을 합니다. 옵션바에서 '수평 중앙 정렬' 아이콘([♣])과 '수직 중앙 정렬' 아이콘([⊞])을 각각 클릭하여 글자를 중앙 정렬합니다. 정렬을 마쳤으면 [Ctrl]+[D]를 눌러 선택 영역을 해제합니다.

2. 글자에 테두리 효과 적용하기

01 / Layers 패널에서 '반갑습니다~' 문자 레이어를 선택한 다음 하단의 '레이어 스타일' 아이콘(fx)을 클릭하고 'Stroke'를 실행합니다.

02 / Layer Style 대화상자가 표시되면 아래 옵션 값을 설정합니다.

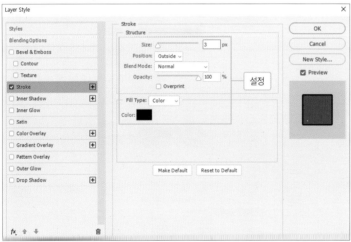

- Size : 3px
- Position : Outside
- Blend Mode : Normal
- Opacity : 100%
- Fill Type : Color
- Color : 검은색(#000000)

TIP

Stroke 옵션 대화상자 살펴보기

Stroke는 레이어에 테두리 효과를 적용합니다.

❶ Size : 테두리 두께를 조절합니다.

❷ Position : 테두리가 만들어지는 위치를 선택합니다. 선택 항목은 바깥쪽(Outside), 안쪽(Inside), 중간(Center)이 있습니다.

❸ Blend Mode : 테두리의 블렌드 모드를 선택합니다.

❹ Opacity : 테두리의 투명도를 조절합니다.

❺ Fill Type : 테두리 색상이 적용되는 형태를 선택합니다. 선택 항목으로 색상(Color), 그레이디언트(Gradient), 패턴(Pattern)이 있습니다.

❻ Color : 테두리 색상을 지정합니다.

3. 글자에 그러데이션 효과 적용하기

01 / Layers Style 대화상자의 왼쪽 항목에서 'Gradient Overlay'를 선택하고 아래 옵션 값을 설정한 다음 Gradient 슬라이더를 클릭합니다.

- Blend Mode : Normal
- Opacity : 100%
- Style : Linear
- Angle : 90°
- Scale : 100%

02 / Gradient Editor 대화상자가 표시되면 'Presets' 항목에서 첫 번째 그레이디언트를 선택하고 하단 그레이디언트 바의 왼쪽 조절점을 더블클릭합니다. Color Picker 대화상자가 표시되면 색상 코드 입력란에 '#d7d7d7'을 입력하고 〈OK〉 버튼을 클릭합니다.

▶ ① 'Presets' 항목에서 첫 번째 그레이디언트 선택
② 하단 그레이디언트 바의 왼쪽 조절점 더블클릭

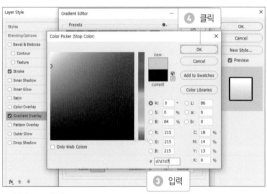

▲ 색상 코드 입력

▲ 왼쪽 그레이디언트 색상 변경 완료

TIP

Gradient Overlay 옵션 대화상자 살펴보기

Gradient Overlay(그레이디언트 오버레이)는 원본 레이어에 손상을 주지 않고 그러데이션 효과를 적용합니다.

❶ **Blend Mode** : 그레이디언트의 블렌드 모드를 선택합니다.
❷ **Opacity** : 그레이디언트의 투명도를 조절합니다.
❸ **Gradient** : 그레이디언트의 색상을 선택합니다.
❹ **Style** : 그레이디언트의 모양을 설정합니다. 선형(Linear), 방사형(Radial), 앵글형(Angle), 반사형(Reflected), 다이아몬드형(Diamond)이 있습니다.
❺ **Angle** : 그레이디언트의 각도를 어느 방향으로 적용할지 설정합니다.
❻ **Scale** : 그레이디언트 색상이 채워지는 크기를 조절합니다.

03 / 그러데이션 효과가 적용되었는지 확인합
니다.

4. PSD 파일로 저장하기

01 / 작업이 완료되었으면 Layers 패널에서 'Background' 레이어의 '눈' 아이콘(◉)을 클릭하여 배경을
화면에서 숨깁니다. 또는 'Background' 레이어를 선택하고 Delete를 눌러 레이어를 삭제합니다. 배경이
투명한 상태가 되었습니다.

02 / 파일 저장을 위해 메뉴에서 〔File〕 → Save 혹은 Ctrl + S를 누릅니다.

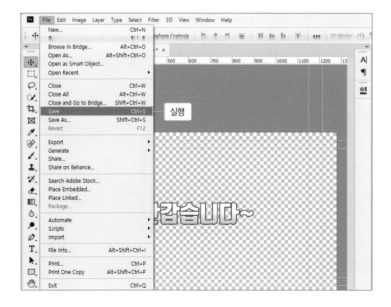

03 / 파일 저장 위치를 지정하고 파일 이름을 '글자 디자인 1_완성'으로 입력, 파일 형식을 'Photoshop(PSD)'으로 지정한 다음 〈저장〉 버튼을 클릭합니다.

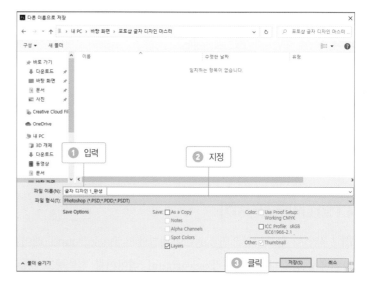

04 / 포토샵 포맷 옵션 대화상자가 표시되면 〈OK〉 버튼을 클릭하여 파일 저장을 마무리합니다.

Ps 글자 디자인-그림자 효과 적용하기

1. 새 캔버스 만든 다음 글자 입력하기

01 / 메뉴에서 (File) → New(Ctrl)+(N))를 실행한 다음 New Document 대화상자가 표시되면 (Film & Video) 탭에서 'HDV/HDTV 720p'를 선택합니다. PRESET DETAILS 부분의 파일명을 '글자 디자인 2'로 입력한 다음 'Background Contents'의 색상을 클릭합니다. Color Picker 대화상자가 표시되면 색상 코드 입력란에 '#dcdcdc'를 입력하고 〈OK〉 버튼을 클릭합니다. 설정을 완료했으면 〈Create〉 버튼을 클릭해 캔버스를 만듭니다.

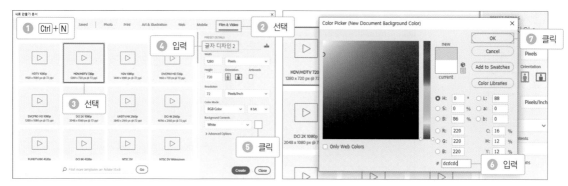

▲ (Film & Video) 탭에서 'HDV/HDTV 720p'를 선택   ▲ 'Background Contents'에서 배경 색상 변경

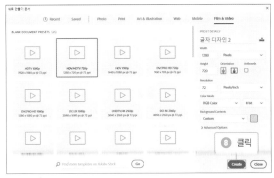

▲ 설정 완료한 다음 〈Create〉 버튼 클릭해 캔버스 만들기

02 / 툴 패널에서 문자 툴(T.)을 선택하고 아래의 옵션 값을 참고하여 '단풍 숲에서의 하루'를 입력하고 [Ctrl] + [Enter]를 누릅니다. 글자를 중앙 정렬합니다.

▲ 글자 입력   ▲ 중앙 정렬 배치

• 폰트 종류 : 에스코어 드림	• 폰트 크기 : 45px	• 폰트 색상 : 흰색(#ffffff)
• 폰트 굵기 : 5 Medium	• 자간 : -30	• 내용 : 단풍 숲에서의 하루

2. 글자에 그림자 효과 적용하기

01 / Layers 패널에서 '단풍 숲에서의 하루' 문자 레이어를 선택하고 하단의 '레이어 스타일' 아이콘(fx.)을 클릭한 다음 'Drop Shadow'를 실행합니다. Layer Style 대화상자가 표시되면 아래 옵션 값을 설정하고 〈OK〉 버튼을 클릭합니다.

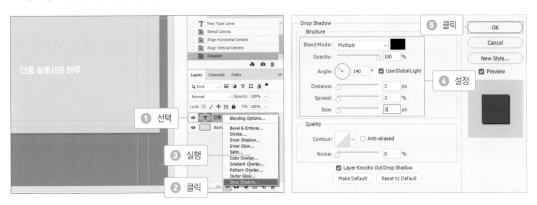

• Blend Mode : Multiply	• Opacity : 100%	• Distance : 3px	· Size : 3px
• Color : 검은색(#000000)	• Angle : 140°	• Spread : 3%	

Drop Shadow 옵션 대화상자 살펴보기

Drop Shadow(그림자 효과)는 레이어에 그림자를 적용합니다.

❶ Blend Mode : 그림자의 블렌드 모드를 선택합니다.

❷ Color : 그림자 색상을 선택합니다.

❸ Opacity : 그림자의 투명도를 조절합니다.

❹ Angle : 그림자 각도를 어느 방향으로 적용할지 설정합니다.

❺ Distance : 그림자의 거리를 조절합니다.

❻ Spread : 그림자가 퍼져나가는 영역을 조절합니다.

❼ Size : 그림자의 크기를 조절합니다.

❽ Contour : 그림자의 모양을 설정합니다. 'Anti-aliased'를 체크 표시하면 그림자가 부드럽게 표현됩니다.

❾ Noise : 그림자에 거친 점 형태의 노이즈를 추가합니다.

02 / 글자에 그림자 효과가 적용되었습니다. 작업이 완료되었으면 Ctrl + S를 눌러 파일명을 '글자 디자인 2_완성'으로 입력하고 PSD 파일로 저장합니다.

Ps 글자 디자인-빛나는 그림자 적용하기

1. 새 캔버스 만든 다음 글자 입력하기

01 / 메뉴에서 (File) → New(Ctrl + N)를 실행한 다음 New Document 대화상자가 표시되면 (Film & Video) 탭에서 'HDV/HDTV 720p'를 선택합니다. PRESET DETAILS 부분의 파일명을 '글자 디자인 3'으로 입력한 다음 'Background Contents'의 색상을 클릭합니다. Color Picker 대화상자가 표시되면 색상 코드 입력란에 '#dcdcdc'를 입력하고 〈OK〉 버튼을 클릭합니다. 설정을 완료했으면 〈Create〉 버튼을 클릭해 캔버스를 만듭니다.

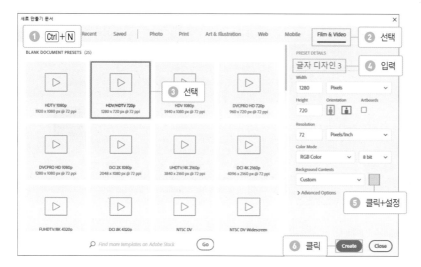

02 / 툴 패널에서 문자 툴(T.)을 선택하고 아래의 옵션 값을 참고하여 '분위기 좋은 카페'를 입력하고 Ctrl + Enter를 누릅니다. 글자를 중앙 정렬합니다.

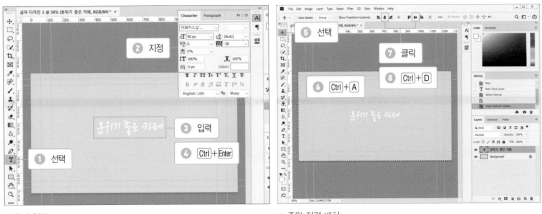

▲ 글자 입력   ▲ 중앙 정렬 배치

• 폰트 종류 : 더페이스샵 잉크립퀴드체	• 자간 : -30	• 내용 : 분위기 좋은 카페
• 폰트 크기 : 90px	• 폰트 색상 : 흰색(#ffffff)	

2. 글자에 테두리 효과 적용하기

01 / Layers 패널에서 '분위기 좋은 카페' 문자 레이어를 선택한 다음 하단의 '레이어 스타일' 아이콘(fx.)을 클릭하고 'Stroke'를 실행합니다. Layer Style 대화상자가 표시되면 아래 옵션 값을 설정합니다.

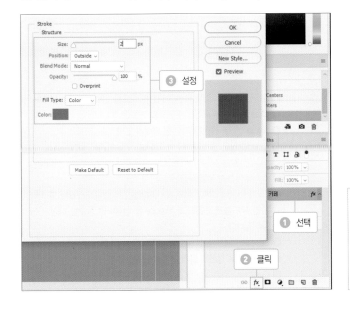

• Size : 2px
• Position : Outside
• Blend Mode : Normal
• Opacity : 100%
• Fill Type : Color
• Color : #f84458

3. 글자에 빛나는 그림자 효과 적용하기

01 / Layers Style 대화상자의 왼쪽 항목에서 'Outer Glow'를 선택하고 아래 옵션 값을 설정한 다음 〈OK〉 버튼을 클릭합니다.

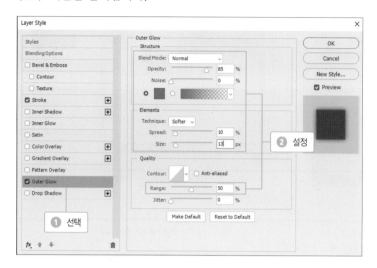

- Blend Mode : Normal
- Opacity : 85%
- Color : #f86979
- Technique : Softer
- Spread : 10%
- Size : 13px
- Range : 50%

02 / 글자에 빛나는 그림자 효과가 적용되었습니다. 작업이 완료되었으면 Ctrl + S를 눌러 파일명을 '글자 디자인 3_완성'으로 입력하고 PSD 파일로 저장합니다.

TIP

Outer Glow 옵션 대화상자 살펴보기

Outer Glow(외부 광선)는 레이어 바깥쪽에 광선 효과를 적용합니다.

❶ Blend Mode : 외부 광선의 블렌드 모드를 선택합니다.
❷ Opacity : 외부 광선의 투명도를 조절합니다.
❸ Noise : 외부 광선에 거친 점 형태의 노이즈를 추가합니다.
❹ Color : 외부 광선의 색상을 선택합니다. 왼쪽의 색상 상자를 선택하면 일반 색상이 적용되고, 오른쪽의 색상 상자를 선택하면 그러데이션 색상이 적용됩니다.
❺ Technique : 외부 광선의 표현 방법을 선택합니다. 'Softer'를 선택하면 부드럽게 표현되고, 'Precise'를 선택하면 정교한 색상이 만들어집니다.
❻ Spread : 외부 광선의 밝기 영역을 조절합니다.
❼ Size : 외부 광선의 밝기 크기를 조절합니다.
❽ Contour : 외부 광선의 모양을 설정합니다. 'Anti-aliased'를 체크 표시하면 Outer Glow의 색감이 부드럽게 표현됩니다.
❾ Range : 외부 광선의 테두리 두께를 조절합니다.
❿ Jitter : 외부 광선을 그러데이션 색상으로 적용한 경우, 그러데이션 색상을 랜덤으로 보여줍니다.

Ps 글자 디자인-입체적인 글자 만들기

1. 새 캔버스 만든 다음 글자 입력하기

01 / 메뉴에서 〔File〕 → New(Ctrl + N)를 실행한 다음 New Document 대화상자가 표시되면 〔Film & Video〕 탭에서 'HDV/HDTV 720p'를 선택합니다. PRESET DETAILS 부분의 파일명을 '글자 디자인 4' 로 입력한 다음 〈Create〉 버튼을 클릭해 캔버스를 만듭니다.

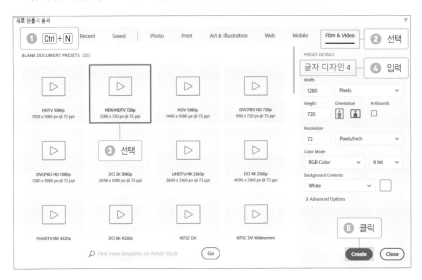

02 / 툴 패널에서 문자 툴(T.)을 선택하고 아래의 옵션 값을 참고하여 '포근한 잠자리'를 입력하고 Ctrl + Enter를 누릅니다. 글자를 중앙 정렬합니다.

▲ 글자 입력   ▲ 중앙 정렬 배치

- 폰트 종류 : 여기어때 잘난체
- 폰트 크기 : 90px
- 자간 : -30
- 폰트 색상 : #ffb722
- 내용 : 포근한 잠자리

---

2. 글자에 테두리 효과 적용하기

01 / Layers 패널에서 '포근한 잠자리' 문자 레이어를 선택한 다음 하단의 '레이어 스타일' 아이콘(🔲)을 클릭하고 'Stroke'를 실행합니다. Layer Style 대화상자가 표시되면 아래 옵션 값을 설정하고 〈OK〉 버튼을 클릭합니다.

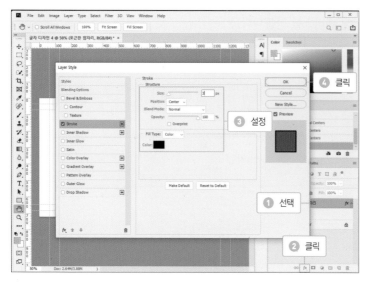

- Size : 3px
- Position : Center
- Blend Mode : Normal
- Opacity : 100%
- Fill Type : Color
- Color : 검은색(#000000)

3. 글자에 입체적인 효과 적용하기

01 / Layers 패널에서 '새 레이어 만들기' 아이콘(🔲)을 클릭하여 새 레이어를 만듭니다. 새로 만든 'Layer 1' 레이어를 '포근한 잠자리' 문자 레이어 아래에 위치하도록 드래그하여 배치합니다.

▲ 새 레이어 만들기　　　　　　　　　　　　　　　　　　▲ 'Layer 1' 레이어를 문자 레이어 아래에 배치

02 / 전경색을 검은색(#000000)으로 지정하고, Ctrl를 누른 채 '포근한 잠자리' 문자 레이어 썸네일을 클릭하면 해당 레이어에 선택 영역이 활성화됩니다.

▲ 전경색 변경

▲ Ctrl를 누른 채 문자 레이어 썸네일을 클릭하여 선택 영역 활성화

03 / 'Layer 1' 레이어를 선택한 다음 Alt + Delete를 눌러 선택 영역에 전경색을 채웁니다.

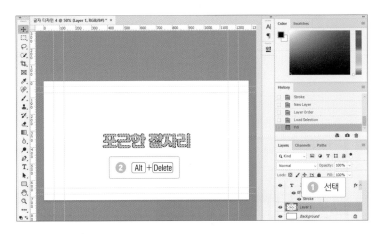

04 / Alt를 누른 채 키보드 방향키 →, ↓를 반복해서 눌러줍니다. 방향키를 한 번 누를 때 선택 영역이 1픽셀씩 이동합니다. 원하는 만큼의 입체감이 생겼으면 Ctrl + D를 눌러 선택 영역을 해제합니다.

▲ Alt를 누른 채 키보드 방향키 →, ↓를 반복

▲ Ctrl + D를 눌러 선택 영역 해제

▲ 확대해서 보기

TIP

섬세하게 작업할 때에는 툴 패널의 돋보기 툴(🔍)을 선택하여 캔버스를 클릭하면 작업 화면의 특정 부분을 확대할 수 있으며 Alt를 누른 채 캔버스를 클릭하면 작업 화면을 축소할 수 있습니다.

• 작업 화면 확대 단축키 : Alt + 마우스 스크롤 위
• 작업 화면 축소 단축키 : Alt + 마우스 스크롤 아래

05 / 'Layer 1' 레이어의 이름을 더블클릭하여 '입체효과'로 변경합니다. 작업이 완료되었으면 Ctrl + S 를 눌러 파일명을 '글자 디자인 4_완성'으로 입력하고 PSD 파일로 저장합니다.

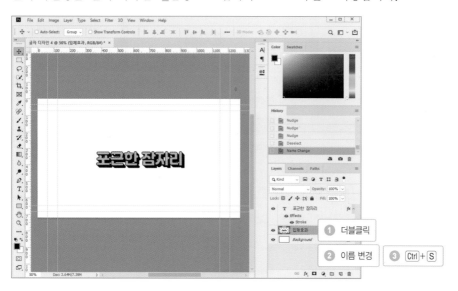

TIP

'문자' 레이어 또는 '입체효과' 레이어에 '레이어 스타일' 효과를 적용하면 다양한 디자인을 연출할 수 있습니다.

▲ '입체효과' 레이어에 그러데이션 효과 적용

▲ '문자' 레이어와 '입체효과' 레이어에 그러데이션 효과 적용

Ps 글자 디자인-입체적인 글자에 클리핑 마스크 효과 활용하기

1. 파일 불러오기

01 / 포토샵을 실행하고 Ctrl + O 를 눌러 02 폴더에서 '글자 디자인 4_완성.psd' 파일을 불러옵니다.

02 / '글자 디자인 4_완성' 작업 파일이 화면에 나타났습니다.

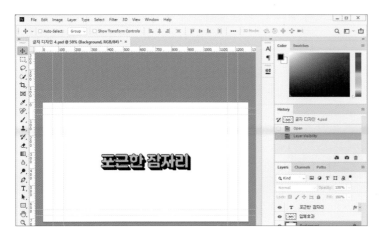

2. 클리핑 마스크 효과 활용하기

01 / Layers 패널 하단에 '새 레이어 만들기' 아이콘()을 클릭하여 새 레이어를 만듭니다. 'Layer 1'을 만들면 레이어를 '문자' 레이어 위로 드래그하여 배치하고 'Layer 1' 레이어 이름을 더블클릭하여 '색상 채우기'로 변경합니다.

▲ 새 레이어 만들기

▲ 'Layer 1' 레이어를 문자 레이어 위로 배치한 다음 이름 변경

02 / 전경색을 클릭한 다음 Color Picker 대화상자가 표시되면 색상 코드 입력란에 '#fff7cf'을 입력하고 〈OK〉 버튼을 클릭합니다.

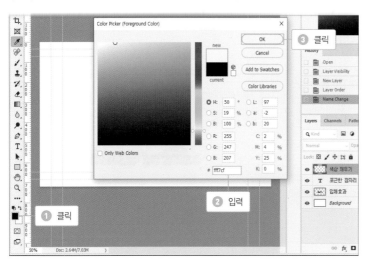

03 / 툴 패널에서 올가미 툴(⌾.)을 선택합니다. 마우스 왼쪽 버튼을 누른 채 '포근한 잠자리' 글자 위로 그림과 같이 물결 무늬를 그려줍니다. 처음 시작 점과 끝 점을 연결했을 때 마우스 왼쪽 버튼을 떼면 선택 영역이 만들어집니다.

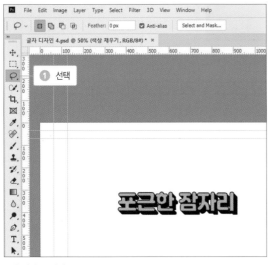

▲ 올가미 툴 선택

▲ 글자 위로 물결 무늬 그리기

▲ 물결 무늬를 그린 다음 끝 점까지 드래그

▲ 선택 영역 만들기

TIP

올가미 툴(Lasso Tool) 살펴보기

캔버스 위를 드래그하여 자유로운 형태의 선택 영역을 만들 수 있습니다. 마우스 포인터로 섬세하게 컨트롤하기는 힘들어서 단순한 형태의 선택 영역을 만들 때 주로 사용합니다. 단축키는 ⒧입니다.

---

04 / Alt + Delete 를 눌러 선택 영역에 색을 채운 다음 Ctrl + D 를 눌러 선택 영역을 해제합니다.

05 / Layers 패널에서 '색상 채우기' 레이어를 선택합니다. 마우스
오른쪽 버튼을 클릭한 다음 'Create Clipping Mask'를 실행합니다.

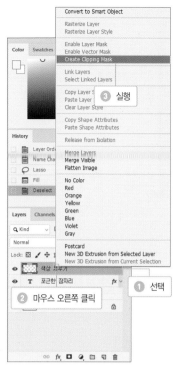

> ▶ 마우스 오른쪽 버튼을 클릭하여 클리핑
> 마스크 실행

TIP

클리핑 마스크(Clipping Mask) 효과 살펴보기

클리핑 마스크(Clipping Mask)는 글자 혹은 도형 속에 특정 이미지를 보이게 하는 효과입니다. 연속되는 두 개의 레이어 중 상위에 위치한 레이어를 선택하고 클리핑 마스크를 실행하면 하위 레이어의 모양대로 이미지를 잘라냅니다.

TIP

또는 '색상 채우기' 레이어와 '포
근한 잠자리' 문자 레이어 사이
에 Alt 를 누른 채 마우스 포인
터를 가져가면 마우스 포인터가
아이콘(■) 모양으로 바뀝니다.
이때, 마우스 왼쪽 버튼을 클릭하
면 클리핑 마스크 효과가 적용됩
니다.

---

06 / 클리핑 마스크(Clipping Mask)가 적용되었습니다. 작
업이 완료되었으면 Shift + Ctrl + S 를 눌러 파일명을 '글자
디자인 5_완성'으로 입력하고 다른 이름으로 저장합니다.

※ 클리핑 마스크 효과글 활용한 응용 이미지

▲ 썸네일 예제

▲ 자막 예제

▲ 파도 이미지 소스를 활용하여 글자에
클리핑 마스크 적용

포토샵 도형 디자인하기

프로그램 Ps
버전 CC 2019 이상

영상에서 도형을 활용하면 다소 허전하게 느껴지던 디자인에 세련된 느낌 더할 수 있고 집중도를 높일 수 있습니다. 도형을 디자인하기에 앞서, 포토샵에서 도형을 그리는 방법에 대해 알아봅니다.

Ps 선택 영역 만들고 색 채우기

도형을 그리는 방법은 크게 두 가지가 있습니다. 먼저 선택 영역을 만든 다음 색을 채우는 방법에 대해 살펴봅니다.

1. 새 캔버스 만들기

01 / 메뉴에서 〔File〕 → New(Ctrl + N)를 실행한 다음 New Document 대화상자가 표시되면 〔Film & Video〕 탭에서 'HDV/HDTV 720p'를 선택합니다. PRESET DETAILS 부분의 파일명을 '도형 그리기 1'로 입력한 다음 〈Create〉 버튼을 클릭해 캔버스를 만듭니다.

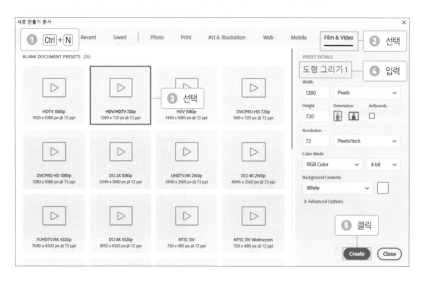

02 / 새 캔버스가 만들어졌습니다.

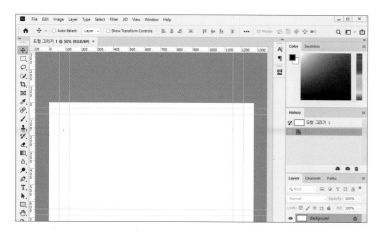

2. 선택 영역 만들기

01 / Layers 패널 하단에 '새 레이어 만들기' 아이콘(🗒)을 클릭하여 새 레이어를 만듭니다. 새 레이어를 더블클릭하여 '사각형'으로 이름을 변경합니다.

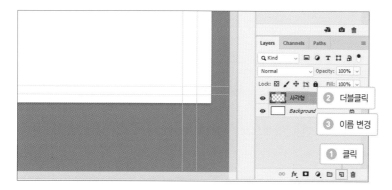

02 / 전경색을 클릭한 다음 Color Picker 대화상자가 표시되면 색상 코드 입력란에 '#7ecef4'를 입력하고 〈OK〉 버튼을 클릭합니다.

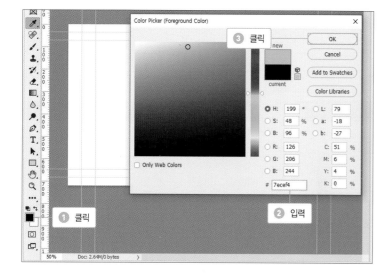

03 / 툴 패널에서 사각형 선택 툴(⬚)을 선택하고 캔버스에 드래그합니다.

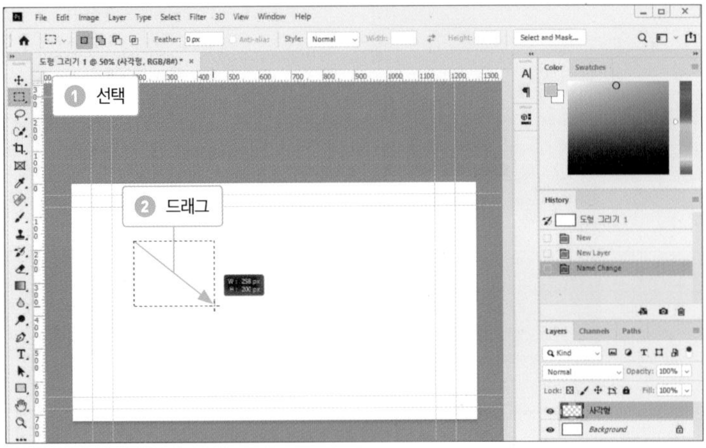

TIP

Shift를 누른 채 드래그하면 정사각형의 선택 영역을 만들 수 있습니다.

04 / 사각형 모양의 선택 영역이 만들어졌습니다.

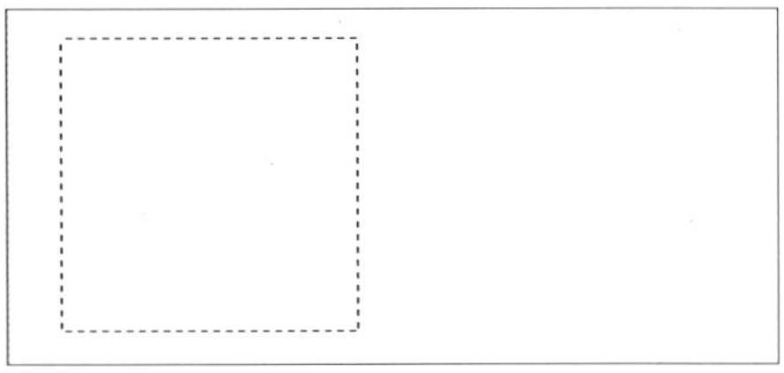

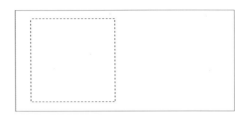

3. 색 채우기

01 / 툴 패널에서 그레이디언트 툴(▮)을 마우스 포인터로 클릭하면 숨은 툴이 펼쳐집니다. 숨은 툴에서 페인트 툴(⬚)을 선택해 선택 영역을 클릭하면 전경색으로 채워집니다. 일반적으로 색을 채우기 위해서는 편리한 Alt + Delete 단축키를 사용합니다.

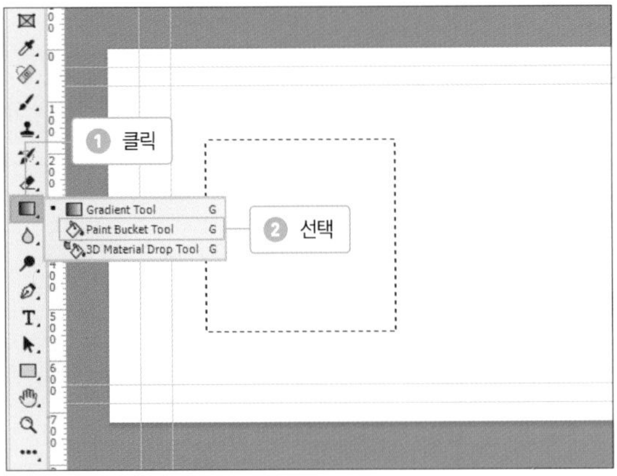

▲ 숨은 툴에서 페인트 툴 선택

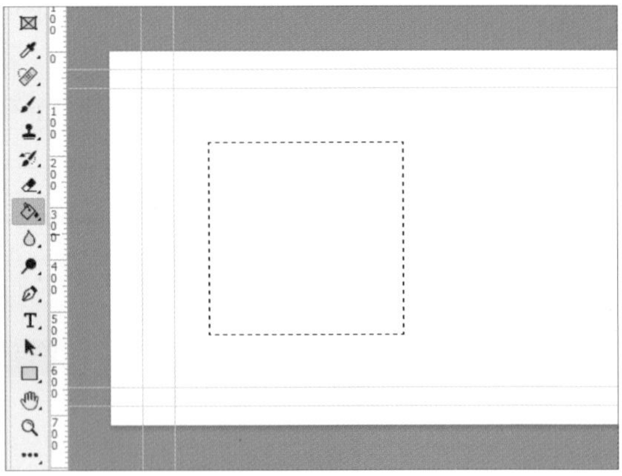

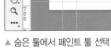

▲ 선택된 페인트 툴

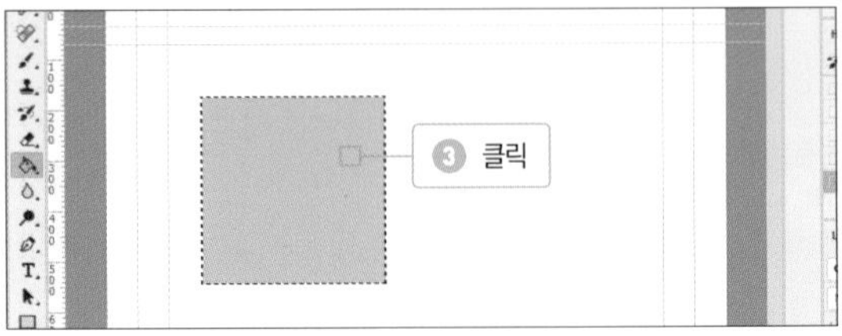

◀ 선택 영역을 클릭하여 전경색 채우기

02 / [Ctrl]+[D]를 눌러 선택 영역을 해제합니다. 캔버스에 사각형이 만들어졌습니다.

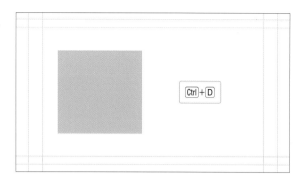

03 / 사각형 선택 툴(▢)의 숨은 툴에서 원형 선택 툴(◯)을 선택한 다음 드래그하여 원형을 만듭니다.

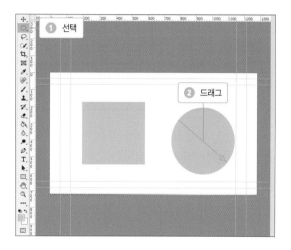

> **TIP**
>
> **숨은 툴 선택하기**
>
>
>
> 툴 패널의 툴 중 오른쪽 아래에 작은 삼각형 표시가 있는 툴을 마우스 포인터로 1초 정도 클릭하거나 마우스 오른쪽 버튼을 클릭하면 비슷한 기능의 숨은 툴이 나타납니다.

Ps 도형 툴 사용하기

1. 새 캔버스 만들기

01 / 포토샵을 실행한 다음 메뉴에서 [File] → New([Ctrl]+[N])를 실행합니다. New Document 대화상자가 표시되면 [Film & Video] 탭에서 'HDV/HDTV 720p'를 선택합니다. PRESET DETAILS 부분의 파일명은 '도형 그리기 2'로 입력한 다음 (Create) 버튼을 클릭해 캔버스를 만듭니다.

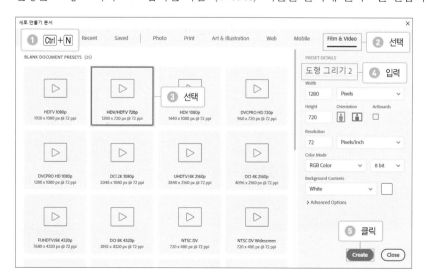

02 / 새 캔버스가 만들어졌습니다.

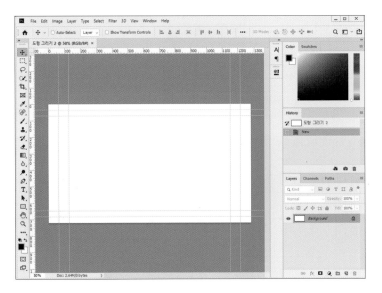

2. 원 그리기

01 / 툴 패널에서 사각형 툴(▢)을 마우스 포인터로 1초 정도 클릭해 숨은 툴이 나타나면 원형 툴(◯)
을 선택합니다.

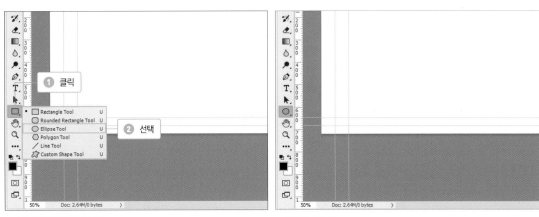

▲ 숨은 툴에서 원형 툴 선택　　　　　　　　　　　　　▲ 선택된 원형 툴

02 / 옵션바에서 아래의 옵션 값을 설정합니다.

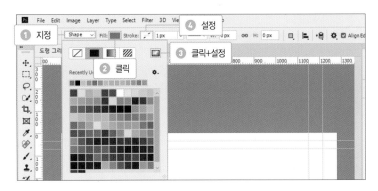

- Shape
- Fill : 'Color Picker' 아이콘(▧)을 클릭
  한 다음 색상 코드 '#8f82bc'를 입력
- Stroke 색상 : 색 없음(▱)

03 / 캔버스에 Shift 를 누른 채 드래그하여 원형을 그린 다음 Enter 를 누릅니다. 도형은 드래그한 크기만큼 만들어집니다.

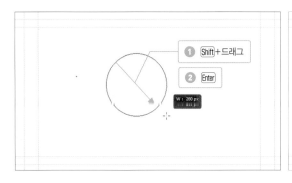

04 / Layers 패널에 도형 레이어(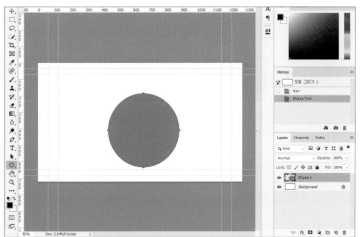)가 만들어짐과 동시에 캔버스에 원형이 그려졌습니다.

> **TIP**
>
> 도형을 만든 다음 Properties 패널이 표시되거나 확장되는데 오른쪽 상단의 '화살표' 아이콘(❮❮)을 클릭하여 패널을 아이콘(▣)으로 축소해두고 필요할 때마다 확장해서 사용합니다.

> **TIP**
>
> 선택 영역을 활용하여 도형을 그릴 때는 '새 레이어 만들기' 아이콘(▣)을 클릭해 레이어를 추가해야 합니다. 문자 툴(T.)이나 도형 툴(▫)을 사용할 때는 자동으로 문자 레이어 또는 도형 레이어가 만들어지기 때문에 새 레이어를 만들 필요가 없습니다.

TIP

도형 툴 옵션바 살펴보기

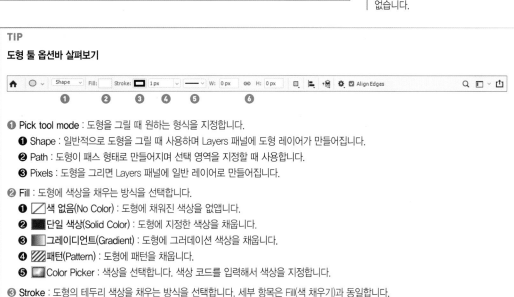

❶ **Pick tool mode** : 도형을 그릴 때 원하는 형식을 지정합니다.
　❶ **Shape** : 일반적으로 도형을 그릴 때 사용하며 Layers 패널에 도형 레이어가 만들어집니다.
　❷ **Path** : 도형이 패스 형태로 만들어지며 선택 영역을 지정할 때 사용합니다.
　❸ **Pixels** : 도형을 그리면 Layers 패널에 일반 레이어로 만들어집니다.

❷ **Fill** : 도형에 색상을 채우는 방식을 선택합니다.
　❶ ▨ **색 없음(No Color)** : 도형에 채워진 색상을 없앱니다.
　❷ ▪ **단일 색상(Solid Color)** : 도형에 지정한 색상을 채웁니다.
　❸ ▪ **그레이디언트(Gradient)** : 도형에 그러데이션 색상을 채웁니다.
　❹ ▨ **패턴(Pattern)** : 도형에 패턴을 채웁니다.
　❺ ▫ **Color Picker** : 색상을 선택합니다. 색상 코드를 입력해서 색상을 지정합니다.

❸ **Stroke** : 도형의 테두리 색상을 채우는 방식을 선택합니다. 세부 항목은 Fill(색 채우기)과 동일합니다.
❹ 도형의 테두리 두께를 설정합니다.
❺ 도형의 테두리 모양을 실선 또는 점선으로 설정합니다.
❻ 도형의 가로, 세로 크기를 설정합니다.

도형 툴을 활용하여 자막 박스 만들기1

프로그램 Ps
버전 CC 2019 이상 | 도형에 테두리 효과를 적용하여 포인트 하단 자막을 만드는 방법에 대해 알아봅니다.

🔵 **완성 파일** 02\자막 박스 1_완성.psd

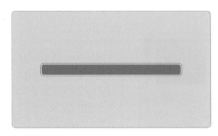

▲ 완성 이미지

▲ 영상 적용 이미지

Ps 새 캔버스 만들기

01 / 메뉴에서 (File) → New(Ctrl + N)를 실행한 다음 New Document 대화상자가 표시되면 (Film & Video) 탭에서 'HDV/HDTV 720p'를 선택합니다. PRESET DETAILS 부분의 파일명을 '자막 박스 1'로 입력한 다음 'Background Contents'의 색상을 클릭합니다. Color Picker 대화상자가 표시되면 색상 코드 입력란에 '#dcdcdc'를 입력하고 〈OK〉 버튼을 클릭합니다. 설정을 완료했으면 〈Create〉 버튼을 클릭해 캔버스를 만듭니다.

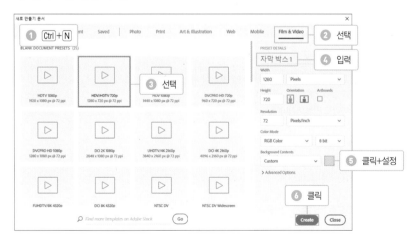

Ps 둥근 사각형 그리기

01 / 툴 패널에서 둥근 사각형 툴(□.)을 선택합니다.

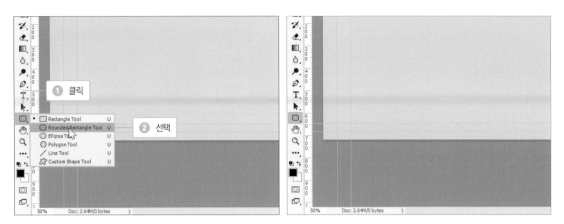

02 / 옵션바에서 아래의 옵션 값을 설정합니다.

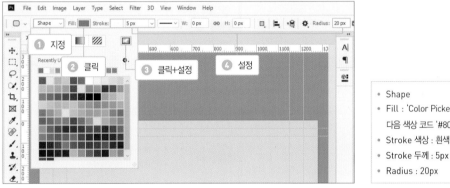

- Shape
- Fill : 'Color Picker' 아이콘(■)을 클릭한 다음 색상 코드 '#806bc8'를 입력
- Stroke 색상 : 흰색(#ffffff)
- Stroke 두께 : 5px
- Radius : 20px

03 / 옵션 값을 설정한 다음 캔버스를 클릭합니다. Create Rectangle 대화상자가 표시되면 Width를 '910', Height를 '75'로 입력하고 〈OK〉 버튼을 클릭합니다. 또는 캔버스를 마우스 왼쪽 클릭한 다음 드래그하여 원하는 크기로 도형을 그립니다.

▲ 캔버스 클릭한 다음 가로, 세로 값 입력

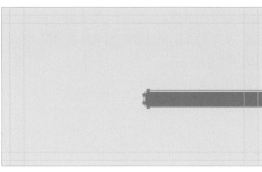

▲ 도형 그리기

135

04 / 캔버스에 모서리가 둥근 긴 모양의 사각형이 그려졌으면 Enter를 눌러 선택을 해제합니다. 도형을 중앙 정렬 배치합니다.

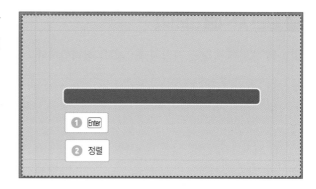

Ps 둥근 사각형에 테두리 효과 적용하기

01 / Layers 패널에서 'Rounded Rectangle 1' 레이어를 선택하고 하단의 '레이어 스타일' 아이콘(fx)을 클릭해서 'Stroke'를 실행합니다. Layer Style 대화상자가 표시되면 아래 옵션 값을 입력하고 〈OK〉 버튼을 클릭합니다.

- Size : 3px
- Position : Outside
- Blend Mode : Normal
- Opacity : 100%
- Fill Type : Color
- Color : #61519c

02 / 간단한 방법으로 자막 박스를 완성했습니다. 작업이 완료되었으면 Ctrl + S를 눌러 파일명을 '자막 박스 1_완성'으로 입력하고 PSD 파일로 저장합니다.

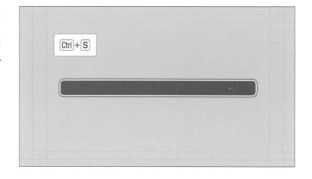

도형 툴을 활용하여
자막 박스 만들기 2

프로그램 Ps
버전 CC 2019 이상 　두 개의 도형을 활용하여 포인트 하단 자막을 만드는 방법에 대해 알아봅니다.

● **완성 파일** 02\자막 박스 2_완성.psd

▲ 완성 이미지

▲ 영상 적용 이미지

Ps 새 캔버스 만들기

01 / 메뉴에서 (File) → New(Ctrl + N)를 실행한 다음 New Document 대화상자가 표시되면 (Film & Video) 탭에서 'HDV/HDTV 720p'를 선택합니다. PRESET DETAILS 부분의 파일명을 '자막 박스 2'로 입력한 다음 'Background Contents'의 색상을 클릭합니다. Color Picker 대화상자가 표시되면 색상 코드 입력란에 '#dcdcdc'를 입력하고 〈OK〉 버튼을 클릭합니다. 설정을 완료했으면 〈Create〉 버튼을 클릭해 캔버스를 만듭니다.

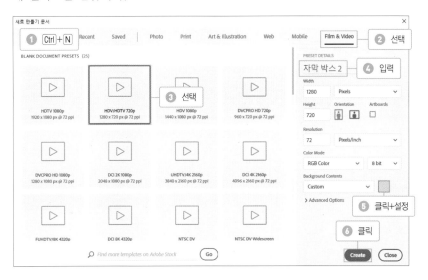

Ps 둥근 사각형 그리기

01 / 툴 패널에서 둥근 사각형 툴(□)을 선택한 다음 옵션바에서 아래의 옵션 값을 설정합니다.

❶ 그레이디언트(▤)를 클릭한 다음 'Gradient' 항목에서 첫 번째 그레이디언트(왼쪽 상단 검은색 → 오른쪽 하단 흰색으로 변하는 그러데이션)를 선택하고 하단 그레이디언트 바의 왼쪽 조절점을 더블클릭합니다. Color Picker 대화상자가 표시되면 색상 코드 입력란에 '#c72018'을 입력하고 〈OK〉 버튼을 클릭합니다. 마찬가지로 오른쪽 조절점을 더블클릭한 다음 '#e23d39' 색상 코드를 입력합니다.

❷ 그레이디언트 방향을 'Linear'로 지정하고 '90°'로 설정합니다.

▲ 그레이디언트를 선택한 다음 'Gradient' 항목에서 첫 번째 그레이디언트를 선택 ▲ 하단 그레이디언트 바의 왼쪽 조절점 더블클릭한 다음 색상 코드 입력

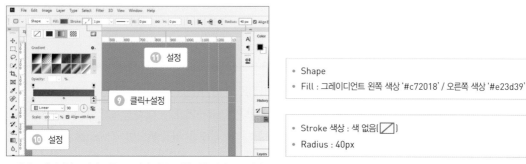

▲ 하단 그레이디언트 바의 오른쪽 조절점 더블클릭한 다음 색상 코드 입력

- Shape
- Fill : 그레이디언트 왼쪽 색상 '#c72018' / 오른쪽 색상 '#e23d39'

- Stroke 색상 : 색 없음(▨)
- Radius : 40px

02 / 옵션 값을 설정한 다음 캔버스를 클릭합니다. Create Rectangle 대화상자가 표시되면 Width를 '1050', Height를 '70'으로 입력하고 〈OK〉 버튼을 클릭합니다. 또는 캔버스를 마우스 왼쪽 클릭한 다음 드래그하여 원하는 크기로 도형을 그립니다.

03 / 캔버스에 모서리가 둥근 긴 모양의 사각형이 그려졌으면 Enter를 눌러 선택을 해제합니다. 도형을 중앙 정렬 배치한 다음 Layers 패널에서 'Rounded Rectangle 1' 레이어 이름을 더블클릭하여 '빨간 배경'으로 이름을 변경합니다.

▲ 도형 중앙 정렬 배치

▲ 레이어 이름 변경

04 / 다른 둥근 사각형을 그리기 위해 Layers 패널에서 '빨간 배경' 도형 레이어를 선택한 다음 Ctrl+J를 눌러 레이어를 복사합니다. '빨간 배경 copy' 도형 레이어가 만들어졌습니다.

05 / '빨간 배경 copy' 레이어 이름을 더블클릭하여 '하얀 배경'으로 변경합니다.

06 / '하얀 배경' 도형 레이어를 선택하고 툴 패널에서 둥근 사각형 툴(□)을 선택합니다. 옵션바에서 아래의 옵션 값으로 설정을 변경하고 Enter를 누릅니다.

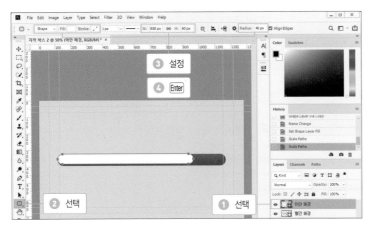

- Shape
- Fill : 흰색(#ffffff)
- Stroke 색상 : 색 없음(□)
- Radius : 40px
- W : 850px
- H : 60px

07 / 툴 패널에서 이동 툴(⊹)을 선택하고 Layers 패널의 '빨간 배경' 도형 레이어를 선택한 다음 Ctrl를 누른 채 '하얀 배경' 도형 레이어를 선택합니다. 옵션바에서 '수직 중앙 정렬' 아이콘(╬)을 클릭하여 '빨간 배경'과 '하얀 배경'의 수직 중앙을 정렬합니다.

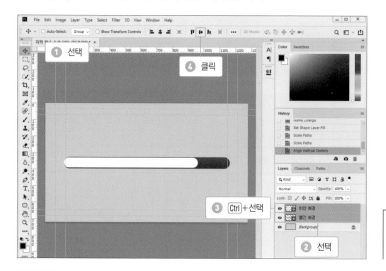

> **TIP**
> 이동 툴(⊹)이 활성화된 상태여야 옵션바에 Align(정렬 기능)이 나타납니다.

TIP

Layers 패널에서 여러 개의 레이어 선택하기

❶ **Ctrl를 누르면?**
'빨간 배경' 도형 레이어를 선택한 다음 Ctrl를 누른 채 '나태한TV' 문자 레이어를 선택하면 '빨간 배경'과 '나태한TV' 각각의 레이어가 선택됩니다.

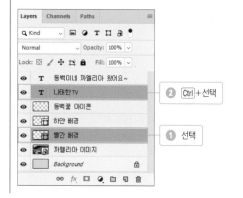

❷ **Shift를 누르면?**
'빨간 배경' 도형 레이어를 선택한 다음 Shift를 누른 채 '나태한TV' 문자 레이어를 선택하면 '빨간 배경'과 '하얀 배경', '동백꽃 아이콘', '나태한TV' 레이어가 연달아 선택됩니다. 즉 '빨간 배경'과 '나태한TV' 레이어 사이에 있는 레이어들도 함께 선택됩니다.

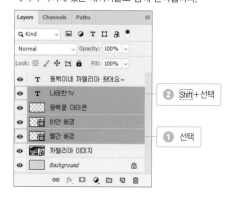

08 / Layers 패널에서 '하얀 배경' 레이어만 선택하고 키보드 방향키를 사용하거나 Shift를 누른 채 마우스 왼쪽 버튼을 클릭한 다음 오른쪽으로 드래그하여 그림과 같이 배치합니다.

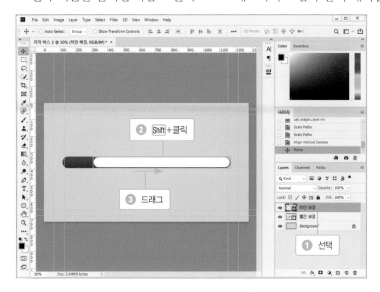

Ps 글자 입력하기

01 / 툴 패널에서 문자 툴(T.)을 선택하고 옵션바에서 '중앙 정렬' 아이콘(≡)을 클릭합니다. Character 패널에서 아래의 옵션 값을 참고하여 원하는 폰트, 크기, 자간, 색상 등을 지정합니다.

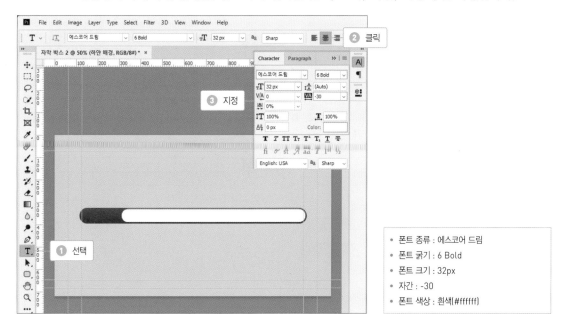

• 폰트 종류 : 에스코어 드림
• 폰트 굵기 : 6 Bold
• 폰트 크기 : 32px
• 자간 : -30
• 폰트 색상 : 흰색(#ffffff)

02 / 캔버스의 빈 공간에 마우스 포인터를 클릭하여 그림과 같이 '나태한 TV'를 입력하고 Ctrl + Enter 를 누릅니다.

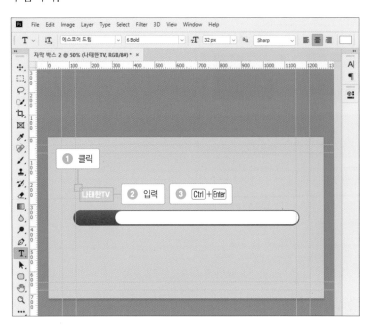

TIP

도형 레이어 위 글자 입력하기

도형 레이어가 선택된 상태로 문자 툴 마우스 포인터를 도형 위에 가져가면 마우스 포인터 주변이 원형으로 표시됩니다. 이때 마우스 왼쪽 버튼을 클릭하여 글자를 입력하면 도형의 크기에 맞추어 글자가 입력되기 때문에 원하는 대로 작업하기가 힘듭니다.

▲ 원형으로 표시된 마우스 포인터   ▲ 도형의 크기에 맞추어 글자가 입력되는 모습

❶ 도형 레이어를 선택했을 때 도형의 패스 선이 활성화되어 있다면 Enter 를 눌러 비활성화한 다음 글자를 입력합니다. 일반적으로 글자를 입력할 때는 마우스 포인터 주변이 사각형으로 표시됩니다. 또는 ❷ 도형 레이어와 겹치지 않는 캔버스 빈 곳에 글자를 입력하고 이동 툴을 사용하여 배치합니다. 책에서는 두 번째 방법으로 작업하였습니다.

▲ 활성화된 파란색 패스선을 Enter 를 눌러 비활성화   ▲ 사각형으로 표시된 마우스 포인터

▲ 원하는 자리에 글자가 입력되는 모습

03 / Layers 패널에서 '나태한TV' 문자 레이어를 선택한 다음 툴 패널에서 이동 툴(✛)을 선택합니다. 글자를 드래그하여 그림과 같이 배치합니다.

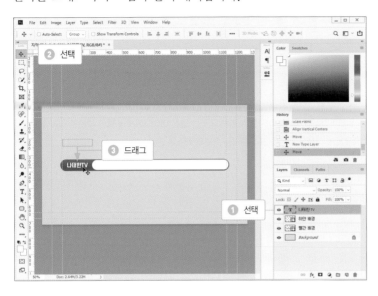

04 / 자막 박스를 완성했습니다. 작업이 완료되었으면 Ctrl + S 를 눌러 파일명을 '자막 박스 2_완성'으로 입력하고 PSD 파일로 저장합니다.

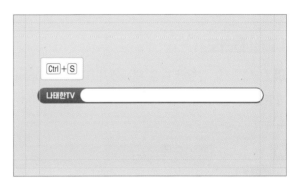

※ 도형 툴을 활용한 응용 이미지

▲ 썸네일 예제

▲ 자막 예제

143

005 포토샵 펜 툴 활용 마스터하기

프로그램 **Ps**
버전 CC 2019 이상

펜 툴로 이미지 외곽선을 정교하게 자르는 작업을 흔히 '누끼 따기'라고 말하는데 '누끼'라는 단어는 '빼다, 제외하다'를 뜻하는 일본어입니다. 즉, '이미지를 누끼 딴다'라는 말은 이미지에서 필요한 부분만 잘라내는 작업입니다. 펜 툴로 자유롭게 직선과 곡선을 그려 원하는 형태의 패스를 만듭니다.

⊕ **예제 파일** 02\펜 툴 연습.jpg | ⊕ **완성 파일** 02\펜 툴 연습_완성.psd

Ps 펜 툴로 그리기

펜 툴을 활용하여 이미지 외곽선을 자르기에 앞서 펜 툴로 패스(Path)를 그리는 연습을 합니다. 펜 툴을 손쉽게 다루기 위해서는 많은 연습이 필요합니다.

1. 파일 불러오기

01 / 포토샵을 실행한 다음 메뉴에서 (File) → Open(Ctrl + O)을 실행하여 02 폴더에서 '펜 툴 연습.jpg' 파일을 불러옵니다.

02 / '펜 툴 연습.jpg' 파일이 열립니다.

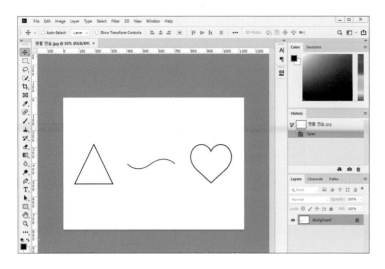

2. 펜 툴로 직선 패스 그리기

01 / 툴 패널에서 돋보기 툴(🔍)을 선택합니다. 마우스 포인터가 돋보기 모양으로 바뀌었습니다. 세 개의 도형 중 첫 번째에 배치되어 있는 삼각형 부분을 클릭해 이미지를 크게 볼 수 있도록 확대합니다.

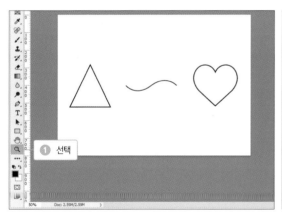

▲ 툴 패널에서 돋보기 툴 선택

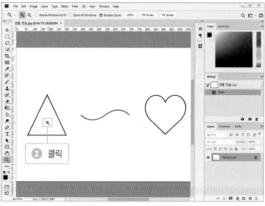

▲ 돋보기 툴로 삼각형 부분 마우스 왼쪽 버튼 클릭

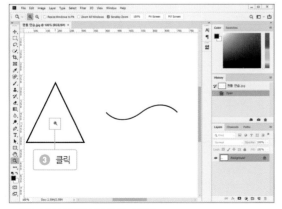

▲ 돋보기 툴로 삼각형 부분 한 번 더 클릭

02 / Spacebar를 누른 상태로 마우스 포인터를 살펴보면 손바닥 모양으로 바뀌었습니다. 마우스 왼쪽 버튼을 클릭한 채 오른쪽으로 드래그하여 작업 화면에 삼각형이 잘 보이도록 이동합니다.

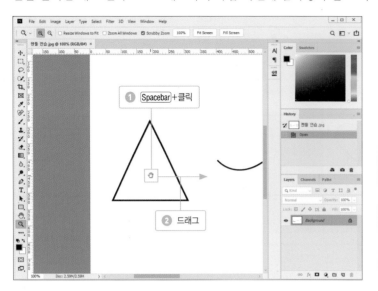

TIP

손바닥 툴( ) 살펴보기

손바닥 툴은 확대된 이미지나 큰 이미지를 이동하여 볼 때 사용합니다. 단축키는 Spacebar 입니다. Spacebar를 누른 상태로 마우스 포인터가 손바닥 모양으로 바뀌면 캔버스를 클릭한 채 드래그하여 화면을 이동할 수 있습니다.

03 / 포토샵 작업 화면에서 Layers 패널과 나란히 위치한 Paths 패널을 클릭합니다.

TIP

Paths 패널은 일반적으로 Layers 패널과 나란히 배치되어 있습니다. 작업 화면에서 Paths 패널을 찾을 수 없다면 메뉴에서 (Window) → Paths를 실행하여 패널을 활성화합니다.

04 / Paths 패널에서 '새 패스 만들기' 아이콘( )을 클릭하여 'Path 1'을 만듭니다.

TIP

Paths 패널 살펴보기

❶ **채움 패스 선택(Fill Paths)** : 패스에 전경색으로 채웁니다.
❷ **외곽선 패스(Stroke Paths)** : 현재 설정되어 있는 브러시로 패스의 외곽선을 그립니다.
❸ **선택 영역 만들기(Make Selection)** : 패스를 선택 영역으로 만듭니다.
❹ **패스 만들기(Make Work Path)** : 선택 영역을 패스로 만듭니다.
❺ **마스크 추가하기(Add Layer Mask)** : 마스크를 추가합니다.
❻ **새 패스 만들기(Create New Path)** : 새로운 패스를 추가합니다.
❼ **패스 삭제(Delete Path)** : 선택된 패스를 삭제합니다.

05 / 툴 패널에서 펜 툴(✏️)을 선택하고 옵션바에서 'Path'를 지정합니다.

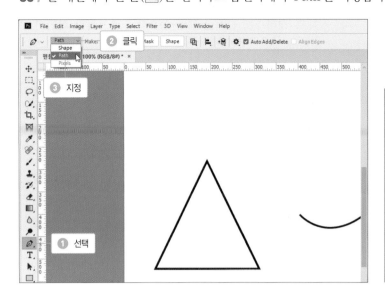

TIP

펜 툴의 옵션바에서 'Shape'을 선택하면 도형이 만들어지며 Layers 패널에 도형 레이어가 만들어집니다.

06 / 펜 툴(✏️)로 책과 같은 부분에 마우스 왼쪽 버튼을 클릭하여 시작 점을 만든 다음 두 번째 지점을 클릭하면 두 기준점을 잇는 직선 패스가 만들어집니다.

07 / 수평의 직선을 그릴 때는 Shift를 누른 채 세 번째 지점을 클릭합니다.

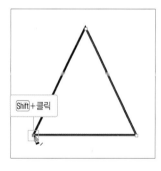

TIP

Shift를 누른 채 마우스 왼쪽 버튼을 클릭하면 수직, 수평, 45°의 직선을 그릴 수 있습니다.

08 / 끝 점을 찍기 위해 처음 클릭한 시작 점에 펜 툴을 가져가면 마우스 포인터에 펜 모양과 함께 동그라미 표시가 나타납니다. 시작 점을 클릭한 다음 Enter를 누릅니다. 시작 점과 끝 점이 만나 삼각형 모양의 닫힌 패스가 완성되었습니다.

3. 펜 툴로 곡선 패스 그리기

01 / 포토샵 작업 화면에서 Spacebar를 누른 상태로 캔버스를 클릭한 채 왼쪽으로 드래그하면 화면이 움직입니다. 작업 화면에 물결 모양이 보이도록 이동합니다.

▲ 손바닥 툴로 캔버스를 클릭한 채 왼쪽으로 드래그

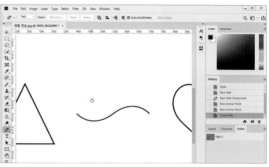

▲ 물결 모양이 보이도록 배치

02 / 두 번째 물결 모양의 패스를 그리기 위해 Paths 패널에서 '새 패스 만들기' 아이콘(⬜)을 클릭하여 'Path 2'를 만듭니다.

03 / 툴 패널에서 펜 툴(◆.)을 선택하고 물결 모양을 클릭하여 시작 점을 만듭니다.

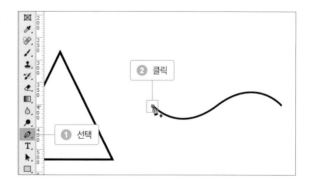

04 / 두 번째 지점에 클릭한 상태로 드래그하여 각도를 조절한 다음 마우스 버튼에서 손을 떼면 곡선 패스가 만들어집니다.

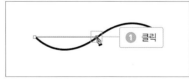

▲ 두 번째 지점 클릭

▲ 드래그하여 각도를 조절

05 / 끝 점을 클릭한 채 드래그하여 각도를 조절한 다음 [Enter]를 누르면 열린 패스가 만들어집니다. 끝 점은 앞에 만든 방향선의 영향을 받아 자연스러운 물결 모양이 만들어지게 되어 비교적 쉽게 곡선을 만들 수 있습니다.

TIP

• **닫힌 패스** : 시작 점과 끝 점이 만난 패스입니다.
  열린 패스 : 시작 점과 끝 점이 만나지 않고 끝난 패스입니다.

TIP

곡선 패스 살펴보기

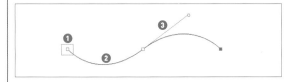

❶ **기준점(Anchor Point)** ❷ **베지어 곡선(Bezier Curve)** ❸ **방향선**
곡선 패스를 그릴 때 방향선의 각도와 길이를 잘 사용해야 합니다. 방향선을 능숙하게 다루기 위해서는 많은 곡선 패스를 그려보는 과정이 필요합니다.

---

4. 펜 툴로 방향선 없는 곡선 패스 그리기

01 / [Spacebar]를 누른 상태로 클릭한 다음 왼쪽으로 드래그하여 작업 화면에 하트 모양이 보이도록 이동합니다.

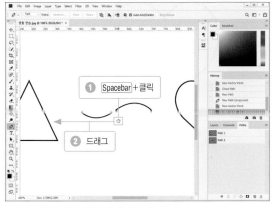

▲ 손바닥 툴로 캔버스를 클릭한 채 왼쪽으로 드래그

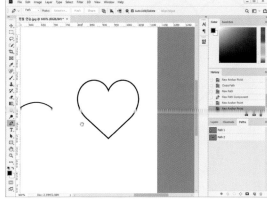

▲ 하트 모양이 보이도록 배치

02 / 세 번째 하트 모양의 패스를 Paths 패널에서 '새 패스 만들기' 아이콘([🗐])을 클릭하여 'Path 3'를 만듭니다.

03 / 툴 패널에서 펜 툴(◢.)을 선택하고 책과 같은 부분에 마우스 왼쪽 버튼을 클릭하여 시작 점을 만듭니다.

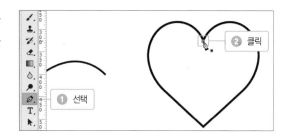

04 / 두 번째 지점을 클릭하고 드래그하여 각도를 조절하며 곡선 패스를 만듭니다. 계속해서 기준점을 만들고 드래그하여 각도를 조절한 다음 하트 모양을 그려줍니다.

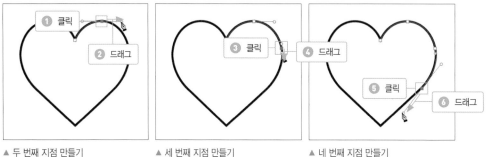

▲ 두 번째 지점 만들기　　　　▲ 세 번째 지점 만들기　　　　▲ 네 번째 지점 만들기

05 / 곡선 패스를 만들다가 직선 패스를 만들어야 할 경우 Alt를 누른 채 방금 만든 기준점에 마우스 왼쪽 버튼을 클릭하면 한쪽 방향선이 제거됩니다. 다음 지점을 클릭해 기준점을 만듭니다.

▲ Alt를 누른 채 기준점 클릭하여　　▲ 다음 지점을 클릭해 기준점 만들기　　▲ 방향선을 제거하지 않은 채 다음 기준점을
　방향선 제거　　　　　　　　　　　　　　　　　　　　　　　　　　　　　만들 경우, 직선 패스가 만들어진 모습

06 / 계속해서 기준점을 만들어 하트 모양을 그립니다. 끝 점을 찍기 위해 처음 만든 시작 점을 클릭한 다음 Enter를 누릅니다. 시작 점과 끝 점이 만나 하트 모양의 닫힌 패스가 완성됩니다.

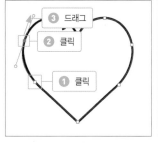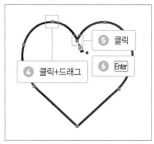

▲ 각도를 조절하며 하트 모양 그리기　　▲ 시작점을 클릭하여 닫힌 패스 완성

TIP

펜 툴로 기준점을 잘못 만들었다면 Ctrl + Z를 눌러 이전 작업으로 되돌립니다. Photoshop CC 2019에서는 Ctrl + Z를 연속해서 누르면 계속해서 되돌리기 기능이 적용됩니다. Photoshop CC 2019 이하 버전에서는 Ctrl + Alt + Z를 누르면 동일하게 적용됩니다. 또는 오른쪽에 위치한 History 패널을 이용하여 작업을 이전 단계로 되돌릴 수 있습니다.

펜 툴로 이미지 외곽선
정교하게 자르기

프로그램 **Ps**
버전 　CC 2019 이상

펜 툴을 활용하여 이미지 외곽선을 정교하게 자르는 작업은 주로 제품 또는 인물 합성 작업에 사용됩니다. 간편하게 이미지 외곽선을 자를 때 툴 패널의 마술봉 툴을 사용하기도 하지만 섬세한 작업은 어렵기 때문에 주로 펜 툴을 사용합니다.

◉ 예제 파일 02\스마트폰.jpg ┃ ◉ 완성 파일 02\스마트폰_완성.psd

Ps 파일 불러오기

01 / 포토샵을 실행하고 Ctrl + O를 눌러 02 폴더에서 '스마트폰.jpg' 파일을 불러옵니다.

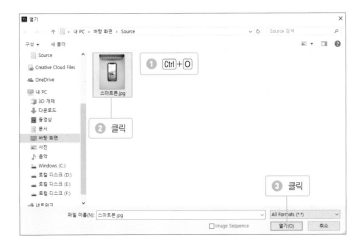

02 / '스마트폰.jpg' 파일이 열립니다.

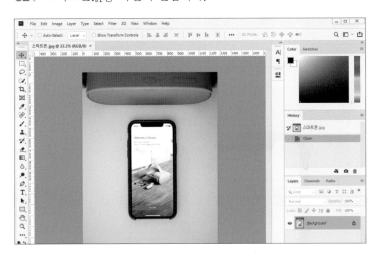

Ps 펜 툴로 이미지 외곽선 그리기

01 / 툴 패널에서 돋보기 툴(🔍)을 선택하여 책과 같은 부분을 클릭해 이미지를 섬세하게 볼 수 있도록
확대합니다.

▲ 툴 패널에서 돋보기 툴 선택

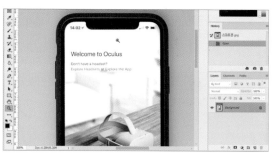

▲ 이미지 확대

02 / 툴 패널에서 펜 툴(✏️)을 선택합니
다. 옵션바에서 'Path'를 지정한 다음 'Path
operations' 아이콘(🔲)을 클릭하여 'Combine
Shapes'를 선택합니다.

TIP

Path operations 살펴보기

❶ Combine Shapes : 만든 Shape 영역에 새로운 Shape 영역을 합칩니다.
❷ Subtract Front Shape : 만든 Shape 영역에 새로운 Shape 영역을 뺍니다.
❸ Intersect Shape Areas : 만든 Shape 영역과 새로운 Shape 영역의 겹치는 부분만 표시합니다.
❹ Exclude Overlapping Shapes : 만든 Shape 영역과 새로운 Shape 영역의 겹치지 않는 부분
만 표시합니다.

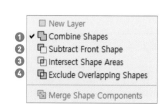

---

03 / 펜 툴(✏️)로 시작 점을 만든 다음 두 번째 지점을 클릭하여 두 기준점을 잇는 직선 패스를 만듭니다.

▲ 펜 툴로 시작 점 만들기

▲ 두 번째 지점 클릭, 직선 패스 만들기

04 / 스마트폰 이미지의 모서리 부분을 그리기 위해 다음 지점을 클릭한 채 드래그하여 곡선 패스를 그립니다.

▲ 세 번째 지점을 클릭한 채 드래그하여 각도 조절   ▲ 네 번째 지점도 동일하게 작업

05 / 곡선 패스에서 직선 패스를 그리기 위해 방향선을 제거합니다. [Alt]를 누른 채 방금 만든 기준점을 클릭합니다. [Spacebar]를 눌러 이미지 하단이 보이게 작업 화면을 배치하고 다음 지점을 클릭하여 직선 패스를 그립니다. 책에서는 스마트폰에 튀어나온 버튼은 생략하여 직선 패스를 만들었습니다.

▲ [Alt]를 누른 채 방금 만든 기준점 클릭   ▲ [Spacebar]를 누른 채 마우스 왼쪽 버튼을 클릭하고
                                                        드래그하여 작업 화면 재배치

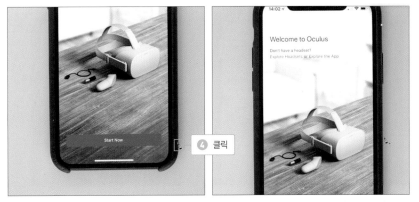

▲ 다음 지점을 클릭하여 직선 패스 만들기   ▲ 책에서는 이미지 속 스마트폰 버튼을 생략한 채
                                                        직선 패스 만들기

TIP
마우스 휠을 움직이면 작업 화면을 위, 아래로 이동할 수 있습니다.

06 / **03 /**번~ **05 /**번 과정을 반복하여 스마트폰의 외곽선을
따라 패스를 만듭니다.

07 / 시작 점과 끝 점이 만나 닫힌 패스를 만들어 작업을 완료합니다. 옵션바에서 'Path operations' 아
이콘(▣)을 클릭하고 'Exclude Overlapping Shapes'를 선택합니다.

▲ 끝 점과 시작 점이 만나 닫힌 패스 완성　　▲ 옵션바에서 'Exclude Overlapping Shapes' 선택

08 / 펜 툴(✐)로 스마트폰 액정 화면에 시작 점을 만들어 **03 /**번~ **07 /**번 과정과 동일하게 외곽선을 그
립니다. 끝 점이 시작 점과 만나면 닫힌 패스가 생성됩니다.

▲ 시작 점 만들기　　　　　　　▲ 다음 지점을 클릭하여 패스 만들기　　　　　　▲ 끝 점과 시작 점이 만나 닫힌 패스 완성

Ps 선택 영역으로 활성화하여 이미지 자르기

01 / 패스 작업이 마무리되면 Ctrl + Enter 를 눌러 패스를
선택 영역으로 만듭니다.

▲ Ctrl + Enter 를 눌러 선택 영역 만들기

02 / Ctrl + J 를 눌러 레이어를 복사합니다. Layers 패널에서 'Background' 레이어의 '눈' 아이콘(◉)을
클릭하면 스마트폰의 외곽선이 정교하게 잘라진 것을 확인할 수 있습니다.

※ 응용 이미지

▲ 썸네일 예제

▲ 자막 예제

유튜브 썸네일 디자인 마스터하기

유튜브, 블로그, 뉴스 기사 등 게시물을 볼 때 타이틀과 이미지 썸네일(Thumbnail)을 보고 클릭합니다. 썸네일은 내용을 연상할 수 있는 일종의 '미리보기' 역할을 합니다. 영상의 내용을 함축적으로 담아 호기심을 불러일으키며 클릭을 유도하는 썸네일을 제작하는 것이 중요합니다. 영상을 편집한 후 가장 강조하고 싶은 내용을 바탕으로 썸네일을 제작해야 합니다.

프로그램 Ps
버전 CC 2019 이상

Ps 통일성 있는 썸네일

유튜브 채널을 개설한 다음 첫 영상을 업로드할 때 현재 영상의 썸네일과 앞으로 업로드할 썸네일의 통일성을 깊이 고민해야 합니다. 썸네일 디자인을 통일하게 되면 구독자들에게 채널 이미지가 각인되고 채널이 깔끔하게 잘 운영되고 있다는 분위기를 줍니다. 혹은 채널에서 콘텐츠가 여러 개일 경우 콘텐츠별로 분류하여 썸네일에 통일감을 주어도 좋습니다. 썸네일을 제작할 때 내 채널의 콘텐츠가 어느 연령대가 가장 많이 시청할 것인지 타깃층을 파악하여 각 연령대가 선호하는 느낌의 썸네일을 제작합니다.

Ps 가독성 높은 폰트 사용

썸네일은 어떤 내용의 영상인지를 한눈에 알아볼 수 있어야 하기 때문에 가독성 높은 폰트를 사용합니다. 가독성 높은 폰트를 선택하고, 폰트의 크기나 굵기, 색상 등으로 강약을 주어 집중해야 할 단어는 가장 먼저 시선이 닿도록 표현합니다. 썸네일에 들어가는 문구는 최대한 간결하게 키워드로 정리하는 것이 좋습니다. 특히 유튜브의 대부분 시청자들은 스마트폰을 통해 시청하기 때문에 모바일에서 볼 경우를 고려하며 작업합니다.

TIP

유튜브 사이트에서 썸네일의 오른쪽 하단에 영상 길이가 표시되기 때문에 겹치지 않도록 오른쪽 하단에 글자를 배치하지 않게 주의하며 제작합니다.

▲ 오른쪽 하단에 제목을 배치했을 때   ▲ 중앙에 제목을 배치했을 때

Ps 화려한 색상 3가지 이상 사용하지 않기

썸네일을 작업할 때 시선을 끌기 위해 유사색이 아닌 화려한 색상을 3가지 이상 사용하면 집중도가 떨어지고 디자인이 조화롭게 느껴지지 않습니다. 색상을 잘 사용하기 위해서 일반적으로 두 가지 방법을 사용합니다. 썸네일에 사용하는 이미지에서 색상을 추출해, 유사색을 사용하여 조화로운 느낌을 줍니다. 다른 방법으로는 메인으로 사용할 색상을 지정한 다음 그 색상의 보색을 사용해 임팩트를 주어 집중도를 높입니다. 또는 색상 조합 사이트를 참고하여 색상을 사용합니다.

TIP

썸네일 디자인 예시

❶ 예능 자막 디자인을 적용한 썸네일
유튜브 크리에이터들이 많이 사용하는 썸네일 형태로 글자를 강조하여 내용을 한눈에 파악할 수 있습니다.

❷ 테두리가 있는 썸네일
썸네일에 테두리 효과를 적용하면 좀 더 집중도가 높아집니다.

❸ 이미지가 돋보이는 썸네일
영상을 잘 표현하는 이미지를 선정하여 얇은 폰트나 필기체로 정보 전달이 아닌 이미지를 꾸미는 용도로 사용합니다. 주로 정적이고 감성적인 영상에 어울리며 이미지 한 장으로 클릭을 유도하는 것이기 때문에 반드시 매력적인 이미지를 사용해야 합니다.

❹ 분할 화면 썸네일
보여주고 싶은 이미지가 많은 일상, 여행 영상 등에 자주 쓰이는 4분할 썸네일입니다. 비교 영상 썸네일을 작업할 때는 2분할로 나누며 왼쪽을 전(Before), 오른쪽을 후(After)로 표현합니다.

008

시선집중!
유튜브 영상 썸네일 만들기

프로그램 Ps

버전 CC 2019 이상

앞서 배웠던 포토샵 기능(글자 디자인, 도형 디자인, 이미지 외곽선 정교하게 자르기 등)을 활용하여 매력적인 유튜브 썸네일을 만듭니다.

● **예제 파일** 02\커피.jpg, 캠핑.jpg, 스테이크.jpg │ ● **완성 파일** 02\썸네일_완성.psd, 썸네일_완성.jpg

▲ 완성 이미지

Ps 새 캔버스 만든 다음 이미지 불러오기

01 / 유튜브 영상 썸네일을 만들기 위해 Photoshop을 실행합니다. 메뉴에서 [File] → New([Ctrl]+[N])를 실행한 다음 New Document 대화상자가 표시되면 [Film & Video] 탭에서 'HDV/HDTV 720p'를 선택합니다. PRESET DETAILS 부분의 파일명을 '썸네일'로 입력한 다음 〈Create〉 버튼을 클릭해 캔버스를 만듭니다.

TIP

유튜브 영상 썸네일 이미지 권장 사이즈는 가로 1280× 세로 720px입니다.

02 / 예제 파일이 저장된 02 폴더에서 '캠핑.jpg' 파일을 선택한 다음 캔버스로 드래그합니다.

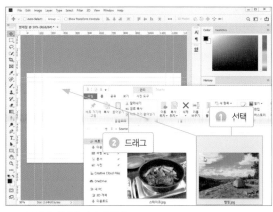

▲ 02 폴더에서 '캠핑' 이미지 선택

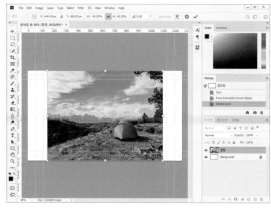

▲ 캔버스로 드래그

TIP

썸네일을 만들 때 주로 편집한 영상의 한 장면을 이미지 파일로 캡처하여 이미지 소스로 활용합니다. '네이버 미디어 플레이어', 'KM Player' 등을 활용하면 화면을 손쉽게 캡처할 수 있습니다.

TIP

네이버 미디어 플레이어에서 화면 캡처하는 법

❶ 동영상 파일을 네이버 미디어 플레이어로 불러옵니다. 원하는 화면에서 〈일시 정지〉 버튼을 클릭합니다. 플레이어 화면에서 오른쪽 마우스 버튼을 클릭한 다음 '화면캡처'를 클릭합니다.

❷ 플레이어 화면 상단에 1, 3, 5 아이콘이 나타나면 '1' 아이콘을 클릭합니다. '1' 아이콘 선택 시 이미지가 한 번 캡처됩니다.

❸ 〈저장하기〉 버튼을 클릭하면 바탕화면에 소스 영상 이미지가 저장됩니다.

---

03 / 이미지가 삽입되면 Shift 나 Alt + Shift 를 누른 채 크기 조절점 모서리 끝을 드래그하여 캔버스에 이미지가 꽉 차게 크기를 조절한 다음 Enter 를 누릅니다.

TIP

Photoshop 2019 이상 버전에서는 이미지 크기를 조절할 때 Shift 를 누르지 않아도 일정 비율이 유지됩니다.

04 / Layers 패널에서 방금 만든 '캠핑' 이미지인 스마트 오브젝트 레이어()가 선택되어 있는 상태에서 마우스 오른쪽 버튼을 클릭하여 'Rasterize Layer'를 실행합니다. '캠핑' 레이어가 일반 레이어로 변경되었습니다.

▶ 스마트 오브젝트 레이어가 일반 레이어로 변경

▶ 마우스 오른쪽 버튼 클릭하여 'Rasterize Layer'를 선택

TIP

스마트 오브젝트 레이어(Smart Object Layer)란?

주로 캔버스 위로 이미지를 드래그하여 가져올 때 스마트 오브젝트 레이어가 만들어지며 '작은 사각형' 아이콘(🔲)으로 표시되어 일반 레이어와 구분이 가능합니다. 이미지를 왜곡하거나 자유롭게 변형해도 이미지 고유의 해상도가 유지됩니다.

Ps 이미지에 테두리 효과 적용하기

01 / Ctrl + A를 눌러 전체 선택을 합니다. 메뉴에서 (Edit) → Stroke를 실행합니다.

02 / Stroke 대화상자에서 아래의 옵션 값을 설정한 다음 〈OK〉 버튼을 클릭합니다.

- Width : 30px
- Color : #f58d03
- Location : Center
- Blending Mode : Normal
- Blending Opacity : 100%

03 / Ctrl + D를 눌러 선택 영역을 해제합니다. 썸네일의 집중도를 높이기 위한 테두리 효과가 적용되었습니다.

Ps 글자 입력하고 테두리 효과 적용하기

01 / 툴 패널에서 문자 툴(T.)을 선택한 다음 Character 패널에서 아래의 옵션 값을 참고하여 지정합니다. 캔버스에 마우스 왼쪽 버튼을 클릭한 다음 커서가 활성화되면 '솔로 캠핑'을 입력하고 Ctrl + Enter 를 누릅니다.

- 폰트 종류 : Black Han Sans
- 폰트 크기 : 140px
- 자간 : -50
- 폰트 색상 : 흰색(#ffffff)
- 내용 : 솔로 캠핑

02 / 툴 패널에서 이동 툴(⊕)을 선택하고 Ctrl + A를 눌러 전체 선택합니다. 옵션바에서 '수평 중앙 정렬' 아이콘(♣)을 클릭하여 '솔로 캠핑' 글자를 가운데로 배치합니다. Ctrl + D를 눌러 선택 영역을 해제하고 키보드의 ↑, ↓ 방향키를 사용하여 위치를 수정합니다.

▲ Ctrl+A 누른 다음 옵션바에서 수평 중앙 정렬 클릭　　　▲ 키보드의 ↑, ↓ 방향키를 사용하여 위치 수정

03 / Layers 패널에서 '솔로 캠핑' 문자 레이어를 선택한 다음 하단의 '레이어 스타일' 아이콘(fx)을 클릭하고 'Stroke'를 실행합니다. Layer Style 대화상자가 표시되면 아래 옵션 값을 설정하고 〈OK〉 버튼을 클릭합니다.

- Size : 8px
- Position : Outside
- Blend Mode : Normal
- Opacity : 100%
- Fill Type : Color
- Color : 검은색(#000000)

04 / 글자에 테두리 효과가 적용되었습니다.

05 / 툴 패널에서 문자 툴(T.)을 선택하고 캔버스에 마우스 왼쪽 버튼을 클릭한 다음 커서가 활성화되면 '역대급 풍경'을 입력하고 Ctrl + Enter를 누릅니다.

06 / Character 패널에서 아래의 옵션 값을 참고하여 지정합니다. 이동 툴(⊕)을 사용하여 글자를 책과 같은 위치에 배치합니다.

▲ 글자 옵션 값 지정　　▲ 글자 배치

• 폰트 종류 : Black Han Sans
• 폰트 크기 : 60px
• 자간 : -50
• 폰트 색상 : 검은색(#000000)

Ps 도형 그리기

01 / 툴 패널에서 사각형 툴(▢)을 선택한 다음 옵션 바에서 아래의 옵션 값을 설정합니다.

• Shape
• Fill : 'Color Picker' 아이콘(◼)을 클릭한 다음 색상 코드 '#f8ac01'를 입력
• Stroke 색상 : 색 없음(⧄)

02 / 옵션 값 설정을 마쳤으면 캔버스 마우스 왼쪽 버튼을 클릭한 채로 드래그하여 책과 같은 크기로 도형을 그린 다음 Enter를 누릅니다. 책에서는 '역대급 풍경' 글자 위에 도형을 그렸습니다.

▲ 드래그하여 도형 그리기

▲ 도형 그리기 완료

03 / Layers 패널에서 'Rectangle 1' 레이어 이름을 더블클릭하여 '주황색 도형'으로 변경합니다. '주황색 도형' 레이어를 선택한 다음 드래그하여 '역대급 풍경' 글자 레이어 아래에 배치합니다. 툴 패널에서 이동 툴(✛)을 선택하여 도형의 위치를 중앙 정렬 배치합니다.

Ps 펜 툴로 이미지 정교하게 그리기

01 / Ctrl+O를 눌러 02 폴더의 '스테이크.jpg' 파일을 불러옵니다. '스테이크' 이미지가 새 캔버스에 생성되었습니다.

▲ '스테이크' 이미지 파일 열기

▲ 새 캔버스에 이미지 생성

02 / 툴 패널에서 돋보기 툴(🔍)을 선택하여 책과
같은 부분을 클릭해 이미지를 섬세하게 볼 수 있도록
확대합니다.

03 / 툴 패널에서 펜 툴(✒.)을 선택
합니다. 옵션바에서 'Path'로 지정한
다음 'Path operations' 아이콘(▣)
을 클릭하여 'Combine Shapes'를 선
택합니다.

04 / 펜 툴로 시작 점을 만들고 두 번째 지점을 클릭한 채
로 드래그하여 각도를 조절한 다음 두 기준점을 잇는 곡선
패스를 만듭니다.

05 / 방향선을 제거하기 위해 Alt를 누른 채 방금 만든 기준점을 클릭합니다. 다음 지점을 클릭하고 각도를 조절하여 패스를 만듭니다. **04 /**번 과정을 반복하여 스테이크가 담겨있는 프라이팬의 외곽선을 따라 패스를 만듭니다.

▲ Alt를 누른 채 방향선 제거

▲ 같은 방법으로 패스 그리기

TIP

화면을 이동할 때에는 Spacebar를 누른 상태로 캔버스를 클릭한 채 드래그합니다.

06 / 시작 점과 끝 점이 만나 닫힌 패스를 만들어 작업을 완료합니다.

▲ 시작 점과 끝 점

▲ 닫힌 패스 만들기

Ps 패스를 선택 영역으로 활성화하여 이미지 자르기

01 / 패스 작업이 마무리되면 Ctrl + Enter를 눌러 패스를 선택 영역으로 만듭니다. Ctrl + C를 눌러 선택 영역을 만든 이미지를 복사합니다.

02 / 파일 이름 탭에서 '썸네일.psd'를 클릭하면 썸네일 작업 화면이 나타납니다.

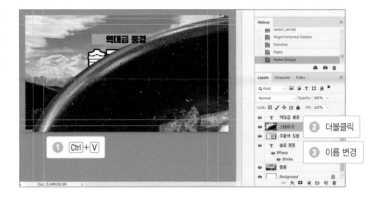

03 / Ctrl + V를 눌러 복사한 '스테이크' 이미지를 붙여 넣습니다. 만들어진 'Layer 1' 레이어 이름을 더블클릭하여 '스테이크'로 변경합니다.

04 / '스테이크' 레이어가 선택된 상태로 Ctrl + T를 누르면 크기 조절점이 나옵니다. Shift나 Alt + Shift를 누른 채 크기 조절점 모서리 끝을 드래그하여 책과 같이 이미지 크기와 위치를 조절한 다음 Enter를 누릅니다.

Ps 이미지에 테두리 효과 적용하기

01 / 하단의 '레이어 스타일' 아이콘(fx)을 클릭하고 'Stroke'를 실행합니다. Layer Style 대화상자가 표시되면 아래 옵션 값을 설정하고 〈OK〉 버튼을 클릭합니다

- Size : 6px
- Position : Outside
- Blend Mode : Normal
- Opacity : 100%
- Fill Type : Color
- Color : 검은색(#000000)

02 / 스테이크 이미지에 검은색 테두리 효과가 적용되었습니다.

Ps 글자 입력하기

01 / 툴 패널에서 문자 툴(T.)을 선택하고 아래의 옵션 값을 참고하여 '스테이크'를 입력한 후, Ctrl + Enter를 누릅니다.

- 폰트 종류 : tvN 즐거운 이야기
- 폰트 굵기 : Bold
- 폰트 크기 : 70px
- 자간 : -50
- 폰트 색상 : #f58d03
- 내용 : 스테이크

02 / 툴 패널에서 이동 툴(✛)을 선택하고 글자를 책과 같이 배치합니다.

03 / Ctrl + O를 눌러 02 폴더에서 '커피.jpg' 파일을 불러와 '스테이크' 이미지처럼 작업합니다.

Ps 이미지 웹용으로 저장하기

01 / 이미지를 저장하기 위해 메뉴에서 (File) → Export → Save for Web(Alt + Shift + Ctrl + S)을 실행합니다.

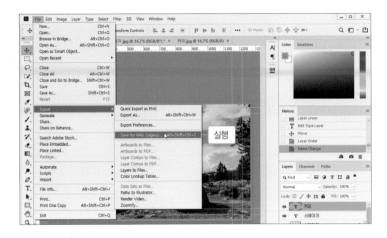

TIP

유튜브 업로드용 썸네일 이미지 파일의 용량은 2MB 미만이어야 합니다.

02 / Save for Web 대화상자가 표시되면 이미지 미리보기 방식을 '2-UP'으로 선택합니다. Preset에서 파일 형식을 'JPEG'로 지정하고 Quality(품질)를 'Maximum'으로 지정한 다음 두 개의 미리보기 화면 중 아래 JPEG 미리보기 화면의 용량을 확인합니다. 저장할 이미지 파일의 용량이 약 '773.5KB'로 2MB를 넘지 않으므로 〈Save〉 버튼을 클릭합니다.

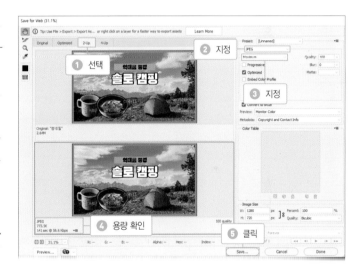

03 / Save Optimized As 대화상자가 표시되면 저장 경로 및 파일 이름을 입력하고 〈저장〉 버튼을 클릭합니다. 유튜브 영상 썸네일 이미지 파일이 저장되었습니다.

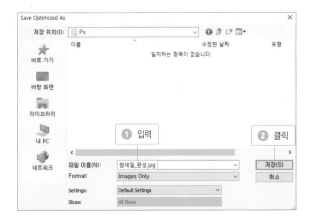

169

프리미어 프로의 기본 기능은 가장 많이 사용되는 기능임으로 어떻게 보면 가장 중요한 부분이라고 할 수 있습니다. 기본적인 편집 기능부터 가장 많이 사용되는 효과와 출력까지 반드시 알아두어야 할 정석 중에 정석입니다.

PART 3

영상 편집을 위한
프리미어 프로

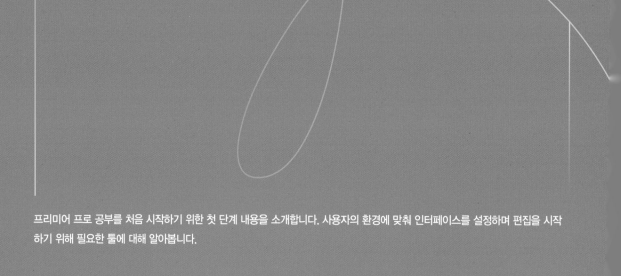

CHAPTER 01
프리미어 프로
구석구석 살펴보기

프리미어 프로 공부를 처음 시작하기 위한 첫 단계 내용을 소개합니다. 사용자의 환경에 맞춰 인터페이스를 설정하며 편집을 시작하기 위해 필요한 툴에 대해 알아봅니다.

시작(Home) 화면 설정하기

프로그램 Pr

버전 CC 2019 이상

프리미어 프로를 실행한 다음 처음으로 나타나는 화면에 대해 알아봅니다. 또한 새로운 프로젝트를 만드는 과정도 함께 알아봅니다.

01 / 시작(Home) 화면 알아보기

프리미어 프로 CC를 시작하면 시작(Home) 화면이 나타나며 새로운 프로젝트를 실행하거나 최근 프로젝트를 불러올 수 있습니다.

▲ 프리미어 프로 CC 시작(Home) 화면

> **TIP**
> 시작(Home) 화면을 없애려면 프리미어 프로의 메뉴에서 (Edit) → Preferences를 실행하고 'General' 항목에서 'At Startup'을 'Open Most Recent'로 지정합니다.

❶ **Home** : 시작(Home) 화면을 엽니다.

❷ **Sync Settings** : 공동 작업을 위한 프로그램 싱크와 계정을 관리합니다.

❸ **New Project** : 새로운 프로젝트를 만듭니다.

❹ **Open Project** : 다른 프로젝트를 불러옵니다.

❺ **Open Premiere Rush Project** : 프리미어 프로 러시 프로젝트를 엽니다.

❻ **Recent** : 가장 최근에 열었던 프로젝트의 이름과 시간 정보를 알려줍니다. 열고자 하는 프로젝트를 선택하면 바로 열 수 있습니다.

❼ **Filter Recent files** : 최근 사용한 프로젝트를 검색합니다.

02 / New Project 대화상자 알아보기

프리미어 프로를 시작하면 반드시 새로운 프로젝트 설정해야 합니다. New Project 대화상자에서는 프로젝트의 Video, Audio, Capture에 관련된 기본적인 옵션과 프로젝트의 저장 위치, 이름 등을 지정할 수 있습니다.

01 | 영상 편집을 위한 사전 설정하기 – General

프로젝트의 Display, Capture에 관련된 기본 설정을 합니다.

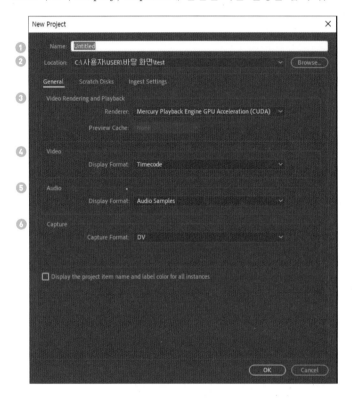

❶ **Name** : 프로젝트의 이름을 지정합니다.

❷ **Location** : 프로젝트를 저장할 위치를 지정합니다. 프로젝트를 시작하면 저장할 위치에 'Adobe Premiere Pro Auto-Save'와 'Adobe Premiere Pro Preview Files' 폴더가 자동으로 만들어집니다.

❸ **Video Rendering and Playback** : 비디오가 재생되거나 렌더링되는 방법을 지정합니다. CS5부터 GPU 방식의 새로운 렌더링 기술을 사용하여 고성능으로 실시간 재생할 수 있도록 개선되었습니다.

❹ **Video** : 각 타임베이스(Timebase)에 해당하는 옵션을 지정할 수 있으며, 이는 작업되는 프로젝트에서 영상이나 이미지의 재생 시간(Duration)의 표시 형식(Display Format)을 나타냅니다.

❺ **Audio** : 타임라인의 오디오 표시 형식(Audio Display Format) 중 일반적으로 많이 쓰이는 Audio Samples와 더 작은 단위인 Milliseconds를 지정할 수 있습니다.

❻ **Capture** : 프리미어에서 바로 캡처받을 수 있는 형식(Capture Format)을 지정할 수 있으며 일반적으로 많이 쓰이는 IEEE1394 카드가 장착된 PC에서는 DV 또는 HDV 형식만으로 캡처받을 수 있습니다. 그 밖에 외장 또는 내장의 비디오 카드나 장치를 설치하여 Capture 하드웨어 옵션으로 설정할 수 있습니다.

02 | 캡처 및 렌더링 위치 지정하기 - Scratch Disks

Capture 또는 Preview 되는 비디오, 오디오 소스를 저장할 위치를 지정합니다. 일반적으로는 'Same as Project'로 지정하여 프로젝트 파일과 같은 위치에 저장되게 하지만 〈Browser〉 버튼을 클릭하면 자신이 저장하려고 하는 위치를 변경할 수 있습니다.

① **Captured Video** : 캡처했을 때 비디오 파일이 저장되는 위치를 지정합니다.

② **Captured Audio** : 캡처했을 때 오디오 파일이 저장되는 위치를 지정합니다.

③ **Video Previews** : 작업한 프로젝트를 렌더링(Rendering)했을 때 비디오 프리뷰 파일이 저장되는 위치를 지정합니다.

④ **Audio Previews** : 작업한 프로젝트를 렌더링(Rendering)했을 때 오디오 프리뷰 파일이 저장되는 위치를 지정합니다.

⑤ **Project Auto Save** : 작업하는 동안 자동으로 저장되는 보조 프로젝트 파일의 저장 위치를 지정합니다. Auto Save의 시간 설정은 메뉴에서 (Edit) → Preferences → Auto Save에서 변경합니다.

⑥ **CC Libraries Downloads** : Adobe Stock을 이용해 다운로드된 에셋을 저장할 위치를 지정합니다. Libraries 패널을 이용해 바로 이미지 또는 동영상 스톡을 검색하고 다운로드할 수 있습니다.

⑦ **Motion Graphics Template Media** : 모션그래픽 템플릿 에셋을 저장할 위치를 지정합니다.

03 | 인제스트 설정하기 - Ingest Settings

인제스트(Ingest)란 사전적인 의미로는 '음식이나 약 등을 삼키다'라고 되어 있지만 영상 용어로는 카메라를 통해 촬영된 소스를 사용자가 편집에 필요한 포맷으로 변환하는 과정 또는 변화된 파일을 스토리지에 저장하는 것을 의미합니다. 프리미어 프로는 소스 파일을 프록시(Proxies) 형태로 매우 편리하게 변환하여 같은 포맷으로 편집할 수 있습니다. 'Ingest'를 체크 표시하고 프로젝트를 실행하면 소스 파일을 불러왔을 때 자동으로 Adobe Media Encoder가 실행되며 미리 설정된 프리셋에 맞춰 소스 파일이 변환됩니다.

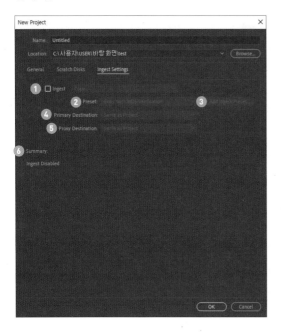

❶ **Ingest** : 체크 표시하면 소스 파일을 불러 왔을 때 자동으로 파일을 변환해주는 인제스트 기능을 활용할 수 있습니다.

　　❶ **Copy** : 소스 파일을 원하는 위치에 복사합니다. Preset에서 'Copy Without Verification'을 지정하면 별도의 코딩 과정 없이 파일을 따로 복사할 수 있습니다.

　　❷ **Transcode** : 소스 파일을 다른 인코딩으로 전환합니다.

　　❸ **Create Proxies** : 작업하기 편한 저용량의 프록시 파일을 만듭니다.

　　❹ **Copy and Create Proxies** : 소스 파일을 복사와 동시에 프록시 파일을 만듭니다.

❷ **Preset** : 인제스트 설정에 맞는 미리 설정된 옵션을 지정합니다.

❸ **Add Ingest Preset** : 사용자가 원하는 인제스트 프리셋 옵션을 저장합니다.

❹ **Primary Destination** : 복사 또는 인코딩되는 파일을 저장할 기본 위치를 지정합니다.

❺ **Proxy Destination** : 프록시 파일을 저장할 위치를 지정합니다.

❻ **Summary** : 복사 또는 변환될 소스 파일의 정보를 요약해서 보여줍니다.

새로운 시퀀스 만들기

프로그램 Pr
버전 CC 2019 이상

프리미어 프로에서 편집을 하려면 반드시 타임라인을 위한 시퀀스(Sequence)를 만들어야 합니다. 시퀀스는 편집을 위해 장면(Scene)을 모아 놓은 최소 단위를 말하며 이 곳에서 실질적인 영상 편집 작업이 이루어집니다. 편집 시작 전 새로운 프로젝트와 시퀀스를 만드는 다양한 방법과 올바른 시퀀스 세팅을 위한 기능을 알아봅니다.

01 / 시작(Home) 화면 새로운 프로젝트 만들기

프리미어 프로를 처음 실행하면 나타나는 시작(Home) 화면에서 〈New Project〉 버튼을 클릭한 다음 New Project 대화상자에서 Name과 Location을 설정합니다. 〈OK〉 버튼을 클릭해 새로운 프로젝트를 시작합니다.

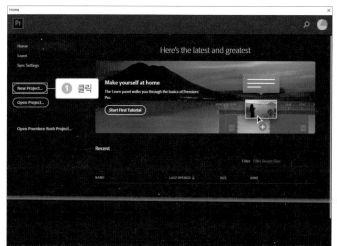

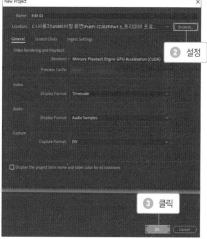

TIP

〈Browse〉 버튼을 클릭해 프로젝트를 저장할 새로운 폴더를 설정할 수 있습니다.

02 / 새로운 시퀀스 만들기

메뉴에서 〔File〕 → New → Sequence(〔Ctrl〕 + 〔N〕)를 실행해 새로운 시퀀스를 만들 수 있습니다. 또한 Project 패널 하단의 'New Item' 아이콘(🎬)을 클릭한 다음 'Sequence'를 실행해 새로운 시퀀스를 만들 수 있습니다.

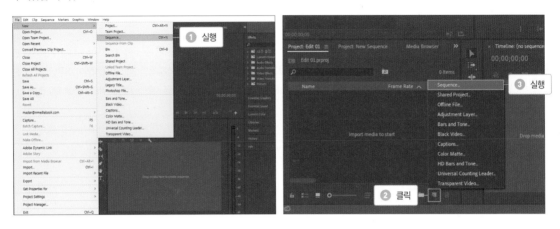

03 / 시퀀스 대화상자 환경 설정하기 - New Settings

하나의 프로젝트에 여러 개의 시퀀스를 만들어 사용할 수 있으며 처음 작업에 필요한 포맷 설정을 완벽히 해야 작업 과정과 출력 과정에서 에러를 방지할 수 있습니다.

01 | Sequence Presets

원하는 표준 영상 포맷 또는 카메라 영상 포맷을 선택해 미리 설정된 시퀀스를 자동으로 만들 수 있는 프리셋 기능입니다.

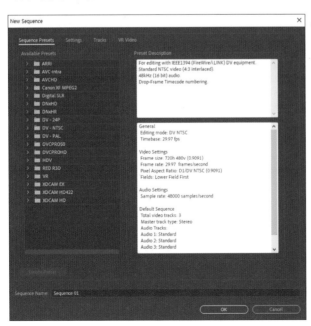

02 | Settings

사용자가 원하는 영상 포맷을 각 옵션별로 설정할 수 있습니다.

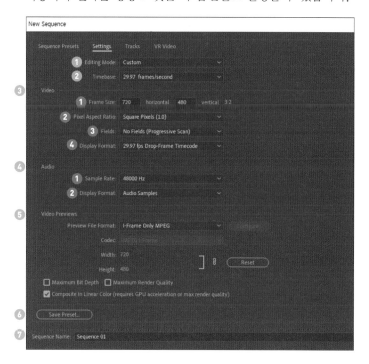

① **Editing Mode** : 편집 유형을 설정하는 옵션으로 미리 설정된 옵션에 따라 기본적인 해상도와 주사 방식 등을 지정합니다. 사용자가 원하는 임의의 포맷을 설정하기 위해서는 Custom으로 지정합니다.

② **Timebase** : 초당 프레임 전송률을 지정합니다.

③ **Video** : 시퀀스의 비디오 형식을 지정합니다.

❶ Frame Size : 가로:세로 해상도를 설정합니다. 단위는 Pixel입니다.

❷ Pixel Aspect Ratio : 픽셀의 사각형 비율을 지정합니다. 픽셀의 가로:세로 비율에 따라 영상의 화면비가 달라질 수 있으므로 정확한 옵션을 선택합니다.

> **TIP**
>
> **Pixel Aspect Ratio란?**
>
> 영상의 해상도는 픽셀의 수로 결정되는데 픽셀이 많으면 많을수록 당연히 화질도 좋아집니다. 하지만 픽셀의 수와 화면비는 일치하지 않습니다. 그 이유는 픽셀은 정사각형으로 흔히들 생각하지만 그렇지 않은 경우도 매우 많기 때문입니다. 예를 들면 NTSC DV 포맷과 NTSC DV Wide Screen 포맷은 720×480로 픽셀 수는 같지만 화면비는 각각 4:3, 16:9로 큰 차이를 보입니다. Pixel Aspect Ratio는 픽셀 하나가 갖는 가로와 세로의 비율을 말합니다. NTSC DV는 Pixel Aspect Ratio가 0.9:1이나 NTSC DV Wide Screen은 Pixel Aspect Ratio가 1.21:1입니다. 그렇기 때문에 같은 픽셀 수를 가지고 있는 포맷이라도 화면비가 달라집니다.

❸ Fields : NTSC 방식의 영상 표준 규격에서 필드 스캔 방식을 지정합니다.

> **TIP**
>
> 영상의 주사(Scan) 방식은 크게 Progressive-Scan(순차 주사)과 Interlace-Scan(격행(비월) 주사)로 나뉩니다. 프로그레시브 스캔 방식은 신호를 위에서부터 아래로 건너뜀이 없이 차례로 주사하는 방식이며, 인터레이스 스캔은 신호가 차례로 주사하는 것이 아니라 한 칸씩 건너뛰면서 홀수 또는 짝수 신호부터 주사합니다. 곧 1개의 프레임에 2개의 필드(Field)를 구성하는 방식입니다. 이때 홀수 또는 짝수를 먼저 주사하는 방식에 따라 Upper Field First, Lower Field First로 나뉘게 됩니다.

④ Display Format : 영상의 시간 표시 단위를 지정합니다.

TIP

Drop-Frame과 Non-Drop-Frame

NTSC 방식에서는 초당 약 29.97개의 비월 주사(Interlaced Scanning)로 프레임이 구성되기 때문에 정확히 30프레임을 기준으로 타임코드(Timecode)를 설정하는 후반 작업에서는 중간에 누락되는 프레임이 생깁니다. 다시 말해, 후반 작업의 타임코드는 초당 30프레임 기준이기 때문에 1초당 0.03프레임의 오차가 생기게 됩니다. 이때 누락되는 타임코드를 보정하는 방법이 Drop-Frame 방식이고 보정 없이 그대로 사용하는 것은 Non-Drop-Frame 방식입니다. Drop-Frame 방식에서 실제로 그림을 제거하면서 보정하는 것이 아니고 타임코드에서 숫자적으로 건너뛰며 오차를 보정합니다.

---

④ Audio : 시퀀스의 오디오를 지정합니다.

    ① Sample Rate : 오디오 샘플링 비율을 지정합니다.

    ② Display Format : 오디오 표시 형식을 지정합니다.

⑤ Video Previews : 비디오가 프리뷰될 때 저장되는 미리보기 파일의 해상도와 코덱을 지정합니다.

TIP

Video Previews는 작업한 영상을 Render Effect in Work Area(Enter)를 실행했을 때 Program 패널에 나타나는 영상의 화질을 결정합니다. 미리 보기 과정에서 렌더링 시간을 단축하여 결과물을 확인하기 위함이며, 현재 시퀀스의 설정보다 낮은 해상도로만 설정할 수 있습니다.

---

⑥ Save Preset : 설정한 Sequence Setting을 Preset으로 저장합니다.

⑦ Sequence Name : 저장할 프로젝트의 이름을 지정합니다.

03 | Tracks

비디오, 오디오 트랙 수와 오디오 속성을 설정합니다.

04 | VR Video

VR(Virtual Reality) 편집 환경을 설정합니다.

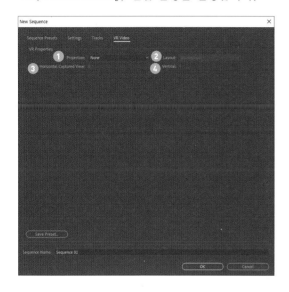

① **Projection** : VR 프로젝션 옵션을 지정합니다. 프리미어 프로 CC 2019 이상 버전에서는 'Equirectangular(등장방형도법)' 한 가지 옵션을 선택할 수 있습니다.

② **Layout** : VR 출력 레이아웃을 지정합니다. 360도 평면 형식 'Monoscopic'과 360도 입체 형식 'Stereoscopic' 옵션을 선택할 수 있습니다. 입체 영상은 상하(Over/Under)방식과 좌우(Side by Side)방식으로 지정할 수 있습니다.

③ **Horizontal Captured View** : 모니터 패널에서 출력되는 가로 각도를 설정합니다.

④ **Vertical** : 모니터 패널에서 출력되는 세로 각도를 설정합니다.

04 / 소스 파일과 같은 포맷의 시퀀스 자동으로 만들기

프리미어 프로에서 가장 편하고 빠르게 프로젝트를 만들 수 있는 방법으로 Project 패널에서 원하는 소스 아이템을 'New Item' 아이콘(🔳)으로 드래그하여 소스 파일과 같은 포맷의 시퀀스를 만들 수 있습니다. 또한 Project 패널에서 원하는 소스 파일을 선택하고 메뉴에서 (File) → New → Sequence From Clip을 실행해도 자동으로 시퀀스가 만들어집니다.

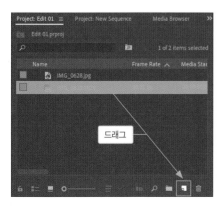

003 자주 사용하는 패널 알아두기

프로그램 Pr
버전　CC 2019 이상

프리미어 프로에는 매우 많은 패널들이 있습니다. 하지만 주로 사용되는 패널들은 중요한 기능을 하기 때문에 어떠한 역할을 하는지 반드시 알아두어야 합니다.

01 / 프리미어 프로 CC의 주요 패널

프리미어 프로는 대부분 작업이 영상, 이미지 또는 오디오와 같은 소스 파일을 가지고 진행됩니다. 따라서 이들을 탐색하고 보여주며 컨트롤하여 효과를 주는 패널들이 많은 사용 빈도를 가지게 되며 그만큼 중요하다고 할 수 있습니다.

❸ Effect Controls 패널(Shift + 5)

비디오 클립의 모션(Motion), 투명도(Opacity) 효과와 오디오 클립의 볼륨(Volume) 효과 등을 한눈에 보면서 제어할 수 있습니다. 키프레임을 만들고 제어하여 애니메이션을 만듭니다.

❻ Project 패널(Shift + 1)

사용하는 소스와 아이템 등을 관리하며 정보를 보여줍니다. 자주 사용하는 새로운 아이템을 만들 수 있습니다.

❼ Tools 패널

클립을 이동, 선택, 잘라내기, 속도 조절 등의 편집 툴과 Timeline 패널을 이동하거나 확대하는 등의 제어 툴이 있습니다.

❽ Timeline 패널

영상 편집이 이루어지는 탐색 및 컨트롤 패널입니다. 크게 Video 트랙과 Audio 트랙으로 나뉘며 키프레임과 Connector Line을 조절하여 효과를 제어합니다.

① 메뉴
① 메뉴

편집 작업에 필요한 명령과 기능을 실행할 수
있습니다.

④ Program Monitor 패널

Timeline에서 편집 기준선이 이동하는 장면을
보여주며 실질적으로 편집되는 최종 결과를 나
타냅니다. 'Button Editor' 아이콘(➕)을 클릭하
여 여러 가지 기능을 선택, 편집해 작업에 이용
할 수 있습니다.

② Workspaces 패널

사용자의 작업 환경 인터페이스를 빠르게 설정합니다. 원하
는 인터페이스 환경을 선택하거나 편집, 저장할 수 있습니다.

⑤ Effects 패널(Shift + 7)

Timeline의 클립에 원하는 각종 효과들을 적용할 수 있습니
다, 한 개의 클립에 중복 삽입이 가능하며 적용 순서에 따라
최종 출력 값이 변화합니다. 사용 방법은 Timeline 패널에서
적용을 원하는 클립을 선택한 다음 효과를 더블클릭하거나
Timeline 패널의 클립에 드래그합니다. •

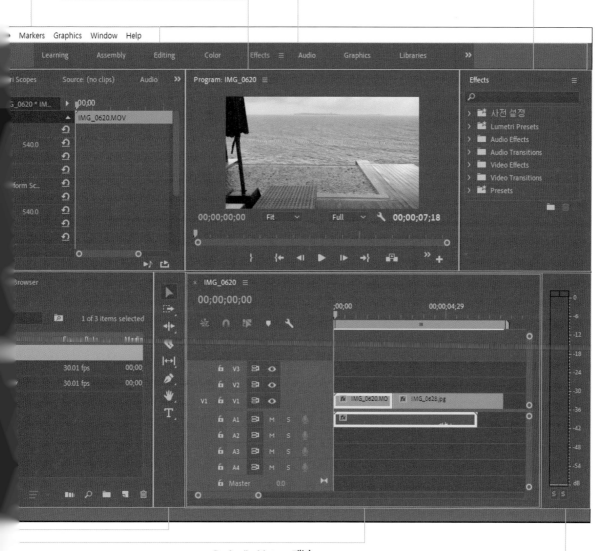

⑨ Audio Meters 패널 •

재생되는 오디오의 전체 음량(Audio Level)을 최고 0데시벨(dB)에서 최하 −∞데시벨
까지 표시합니다. 'Solo Channel' 아이콘(S)을 클릭하여 선택한 채널의 오디오만 들
을 수 있습니다.

프로그램 Pr
버전 CC 2019 이상   가장 기본적이고 중요한 프로젝트 저장하기와 불러오기 방법을 다양하게 실행해 봅니다.

프로젝트 저장하기 불러오기

01 / 작업한 프로젝트 저장하기 - Save

메뉴에서 〔File〕 → Save(Ctrl + S)를 실행하여 프로젝트를 저장합니다.

TIP
'Save All'을 실행하면 현재 열려있는 모든 프로젝트를 저장할 수 있습니다.

02 / 다른 이름으로 저장하기 - Save As

메뉴에서 〔File〕 → Save As(Ctrl + Shift + S)를 실행하여 프로젝트를 다른 이름으로 저장합니다.

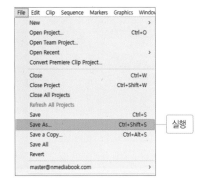

03 / 프로젝트 복사하기 - Save a Copy

메뉴에서 〔File〕 → Save a Copy(Ctrl + Alt + S)를 실행하여 프로젝트를 복사합니다.

04 / 시작(Home) 화면에서 프로젝트 불러오기

프리미어 프로를 시작하면 나타나는 시작(Home) 화면에서 〈Open Project〉 버튼을 클릭하거나 'Recent(최근 사용한 파일)'에서 프로젝트를 선택하여 불러옵니다.

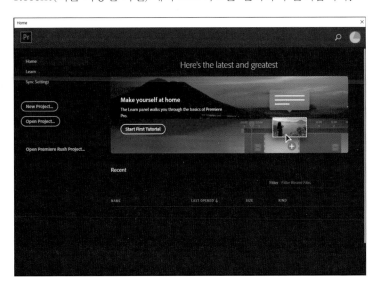

05 / [File] 메뉴에서 프로젝트 불러오기 – Open Project

메뉴에서 [File] → Open Project([Ctrl] + [O])를 실행하여 프로젝트를 불러옵니다.

06 / 최근 작업한 프로젝트 파일 불러오기 – Open Recent

메뉴에서 [File] → Open Recent를 실행해 원하는 프로젝트를 불러옵니다.

TIP

'Open Team Project'를 실행하면 클라우드 서비스로 연동되는 팀 프로젝트 파일을 불러올 수 있습니다.

005 소스 파일 불러오기

프로그램 Pr
버전 CC 이상   편집을 시작하기 전에는 작업에 필요한 동영상, 오디오, 이미지 등의 소스 파일을 불러와야 합니다.

01 / (File) 메뉴에서 소스 파일 불러오기 - Import

메뉴에서 (File) → Import(Ctrl + I)를 실행한 다음 Import 대화상자에서 동영상, 오디오, 이미지 등 원하는 소스 파일을 불러옵니다. Import 대화상자가 열리면 Ctrl 또는 Shift를 눌러 여러 파일을 동시에 선택할 수 있습니다.

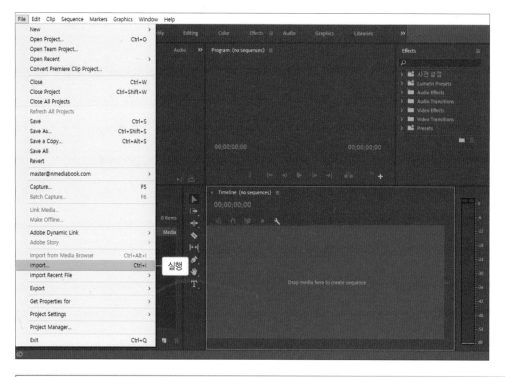

TIP

'Import Recent File'에서는 최근에 사용했던 소스 파일을 선택해 불러올 수 있습니다.

02 / Project 패널에서 소스 파일 불러오기

Project 패널의 빈 공간을 더블클릭한 다음 Import 대화상자에서 원하는 소스 파일을 불러옵니다.

03 / 이미지 시퀀스 파일 불러오기

동영상은 여러 장의 이미지가 연속적으로 보여지는 것입니다. 이미지 시퀀스(Image Sequence)는 jpg, png 등 이미지 확장자를 가진 여러 개의 연속되는 파일을 하나의 동영상으로 사용할 수 있는 파일 형식입니다. 이는 선명한 화질과 코덱에 상관없이 컨트롤하기 쉬운 장점을 가지고 있습니다. 하지만 오디오를 포함할 수 없다는 단점이 있습니다.

Import(Ctrl+I)를 실행한 다음 Import 대화상자에서 이미지 시퀀스 파일 중 첫 번째 파일을 선택합니다. Import 대화상자 아래의 'Image Sequence'를 체크 표시하고 〈열기〉 버튼을 클릭하면 연속되는 이미지 파일을 하나의 동영상으로 불러올 수 있습니다.

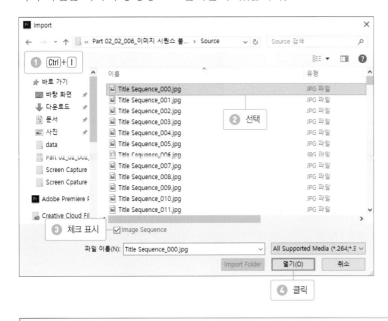

TIP

이미지 시퀀스 파일은 파일명의 끝자리가 반드시 연속되는 숫자로 이루어져 있어야 합니다.

04 / 포토샵 파일 불러오기

여러 개의 레이어가 포함된 포토샵 파일은 옵션에 따라 다양한 형태로 불러와 사용할 수 있습니다. 레이어가 포함된 PSD 파일을 불러오면 Import Layered File : Photoshop 대화상자가 표시됩니다.

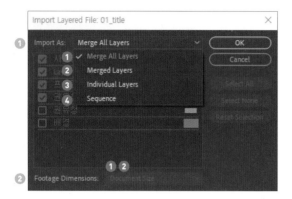

❶ Import As – 레이어 설정 방법

총 4가지 방법으로 포토샵 파일을 불러올 수 있으며 설정 방법에 따라 사용할 수 있는 범위가 달라집니다.

❶ Merge All Layers : 파일에 몇 개의 레이어를 포함하고 있던지 모든 레이어를 합쳐 한 장의 이미지로 불러옵니다.

❷ Merged Layers : 레이어를 선택해서 한 장의 이미지로 불러옵니다. 불필요한 레이어를 제외하고 불러올 수 있습니다.

❸ Individual Layers : 레이어를 선택해서 각자 분리된 레이어의 형태로 불러옵니다. 이때 프로젝트 패널에 Bin(파일)이 자동으로 만들어지고 Bin 안에 레이어들이 삽입됩니다.

❹ Sequence : 프로젝트 패널에 Bin이 추가되고 그 안에 시퀀스가 자동으로 만들어지며 선택된 레이어들이 분리되어 삽입됩니다.

TIP

포토샵 파일을 불러온 다음 Import Layered File 설정을 다시 하려면 Project 패널에서 아이템을 선택하고 메뉴에서 (Clip) → Source Settings 을 실행합니다.

---

❷ Footage Dimensions – 이미지 크기 결정하기

Merge All Layers와 Merged Layers는 한 장의 이미지로 삽입되기 때문에 그 크기가 합병된 이미지의 크기로 결정됩니다. 반면 Individual Layers와 Sequence를 선택했을 때는 레이어들이 따로 분리되어 삽입되기 때문에 전체 크기로 불러올 것인지 레이어 각자의 크기대로 불러올 것인지 결정합니다.

❶ Document Size : 선택된 레이어들이 알파 채널을 포함한 이미지 전체 크기로 삽입되며, 레이어의 위치가 변하지 않습니다.

❷ Layer Size : 각자 레이어의 크기로 삽입됩니다. 모든 레이어들이 본래 위치와 상관없이 중앙으로 옮겨집니다.

CHAPTER 02
프리미어 프로의 핵심!
Timeline 패널

Timeline 패널은 실질적으로 영상 편집이 이루어지는 공간입니다. 클립과 키프레임을 조절하고 트랜지션을 컨트롤하는 것 이외에도
수많은 기능들을 가지고 있는 Timeline 패널의 숨겨진 기능들을 잘 이해하고 있어야 효율적이고 빠른 작업을 진행할 수 있습니다.

Timeline 패널 주요 용어 알아두기

프로그램 **Pr**
버전 CC 2019 이상

Timeline 패널은 편집을 위한 가장 중요한 역할을 하기 때문에 작업의 편리성과 작업 속도를 높이기 위해서 주요 용어들을 알아둡니다.

01 / 탐색 및 컨트롤 패널

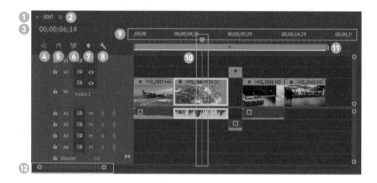

① **Sequence Name** : 현재 작업중인 시퀀스의 이름을 표시합니다.

② **패널 옵션(Expand Panel)** : Timeline Display Settings 이외에 Timeline 패널의 옵션을 설정합니다.

③ **현재 시간(Current Time)** : 편집 기준선이 위치한 시간을 표시합니다. 클릭하여 값을 입력하면 원하는 시간으로 편집 기준선을 이동할 수 있습니다.

④ **Insert and Overwrite Sequences** : Nest Sequence 클립을 Timeline 패널에 삽입 또는 덮어쓸 경우의 옵션을 설정합니다. 활성화하면 Nest Sequence로 붙여지고 비활성화할 경우 Nest Sequence 안의 독립적인 클립들로 붙여집니다.

⑤ **Snap(S)** : 클립을 이동하여 다른 클립 또는 편집 기준선에 붙일 때 자석의 힘에 이끌리듯 경계선이 쉽게 붙도록 합니다.

⑥ **Linked Selection** : 링크된 클립의 선택 옵션을 설정합니다. 비활성화하면 링크된 클립도 독립적으로 선택할 수 있습니다.

⑦ **Add Marker(M)** : 작업 기준선이 놓인 현재 시간 표시자에 마커를 삽입하거나 정보를 입력할 수 있습니다.

⑧ **Timeline Display Settings** : Timeline 패널에서 보여지는 UI의 디스플레이를 설정합니다.

⑨ **시간 표시자(Time Ruler)** : 표시 형식(Display Format)에 따라 Timeline 패널의 시간과 프레임을 표시합니다.

⑩ **편집 기준선 또는 현재 시간 표시자(Current Time Indicator)** : 슬라이더를 좌우로 드래그하여 영상을 탐색하거나 편집의 기준점을 만듭니다.

⑪ **작업 영역 표시자(Work Area Bar)** : 출력 설정 시 허용되는 작업 영역의 시작 점과 끝 점을 설정합니다.

⑫ **타임라인 영역(Timeline Area)** : Timeline 패널의 작업 창 전체 재생 시간 중 화면에 보이는 부분의 길이를 표시합니다. 중간 또는 끝 점을 드래그하여 화면을 이동 또는 확대, 축소할 수 있습니다.

Timelime 확대 / 축소하기

프로그램 **Pr**
버전 CC 이상

Timeline 패널에서 작업 영역을 확대 또는 축소하는 방법은 여러 가지가 있으며 자신에게 편리한 방법을 손에 익혀 작업 속도를 높일 수 있습니다.

01 / 작업 영역 확대/축소하기 1

Timeline 패널 하단의 슬라이더의 왼쪽 또는 오른쪽 끝을 드래그해 작업 영역을 확장하거나 축소할 수 있습니다. 슬라이더의 중앙을 드래그하면 작업 영역을 좌우로 이동할 수 있습니다. 가장 빠르고 편리한 방법으로 단축키 ⊟를 눌러 작업 영역을 축소할 수 있으며, 단축키 ⊞를 눌러 작업 영역을 확대할 수 있습니다.

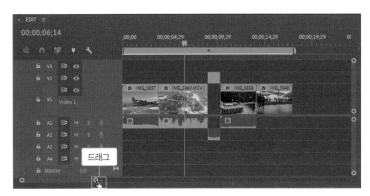

02 / 작업 영역 확대/축소하기 2

Tools 패널에서 돋보기 툴(🔍)을 선택하고 확대를 원하는 위치를 클릭하면 작업 영역이 확대됩니다. Alt 를 누른 채 클릭하면 작업 영역이 축소됩니다. 돋보기 툴(🔍)은 손바닥 툴(✋)을 길게 클릭하고 있으면 선택할 수 있는 팝업 대화상자가 표시됩니다. 단축키 Z를 이용하면 빠르게 사용할 수 있습니다. 또 다른 방법으로는 Alt 를 누른 채 마우스 휠을 돌리면 작업 영역을 확대 또는 축소할 수 있습니다.

03 / 꽉 찬 작업 영역 설정하기

단축키 W를 눌러 Timeline 패널에 모든 클립들이 배치된 꽉 찬 작업 영역을 설정할 수 있습니다.

트랙 넓이 확장/축소하기

프로그램 Pr
버전 CC 이상

모니터 환경 또는 작업 스타일에 따라 트랙의 넓이를 다르게 설정할 수 있습니다. 트랙의 영역을 넓히거나 축소하는 과정은 비디오 트랙과 오디오 트랙이 동일합니다.

01 / 트랙 경계선으로 트랙 넓이 확장/축소하기

Timeline 패널의 트랙 컨트롤 영역의 트랙 경계선을 위 또는 아래로 드래그해 트랙 넓이를 확장/축소할 수 있습니다.

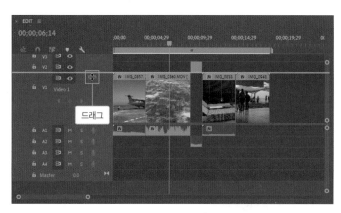

02 / 마우스 휠로 트랙 넓이 확장/축소하기

Timeline 패널의 트랙 컨트롤 영역의 빈 공간에서 Alt를 누른 채 마우스 휠을 위/아래로 돌려 트랙 넓이를 확장/축소할 수 있습니다.

트랙 추가/삭제하기

프로그램 **Pr**
버전   CC 이상

편집 과정과 소스의 양에 따라 비디오 또는 오디오 트랙의 수를 알맞게 설정할 수 있습니다. 지나치게 많은 트랙의 추가는 오히려 편집 작업을 방해하는 요소가 될 수 있으니 적절한 트랙의 수를 유지하는 것이 좋습니다.

01 / 빈 트랙에 클립 이동하여 트랙 추가하기

Timeline 패널의 비디오 또는 오디오 트랙 중 빈 트랙 영역으로 클립을 드래그하면 자동으로 트랙이 추가됩니다. Project 패널의 클립 또는 Timeline 패널의 클립을 이동해 트랙을 추가할 수 있습니다.

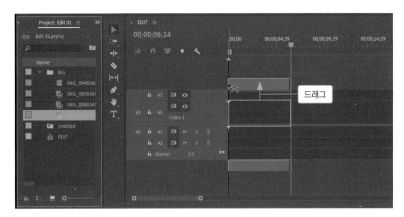

02 / 하나의 트랙 추가하기 - Add Track

현재 활성화된 트랙에서 마우스 오른쪽 버튼을 클릭하여 'Add Track'을 실행하면 오디오 또는 비디오 트랙을 하나씩 추가할 수 있습니다.

03 / 여러 개의 트랙을 한 번에 추가하기 – Add Tracks

빈 트랙 영역에 마우스 오른쪽 버튼을 클릭하여 'Add Tracks'를 실행합니다. Add Tracks 대화상자가 표시되면 Video Tracks 또는 Audio Tracks의 Add에 추가로 원하는 트랙의 수를 입력하여 여러 개의 트랙을 한 번에 추가할 수 있습니다.

> **TIP**
> Placement를 'Before First Track'으로 지정하면 현재 사용 중인 트랙의 앞쪽에 추가 트랙이 만들어집니다.

04 / 하나의 트랙 삭제하기 – Delete Track

삭제하려는 트랙 영역에서 마우스 오른쪽 버튼을 클릭해 'Delete Track'을 실행하면 하나의 비디오 또는 오디오 트랙을 삭제할 수 있습니다.

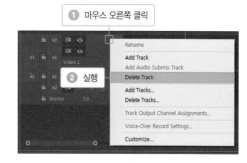

05 / 여러 개의 트랙 한 번에 삭제하기 – Delete Tracks

트랙 영역에서 마우스 오른쪽 버튼을 클릭한 다음 'Delete Tracks'를 실행합니다. Delete Tracks 대화상자에서 'Delete Video Tracks' 또는 'Delete Audio Tracks'를 체크 표시하고 원하는 트랙 옵션을 선택해 한 번에 삭제할 수 있습니다. 'All Empty Tracks'로 지정하면 비어있는 트랙이 모두 삭제됩니다.

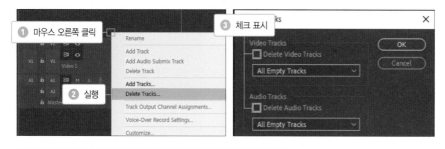

> **TIP**
> Add Tracks와 Delete Tracks 기능은 (Sequence) 메뉴를 이용해 실행할 수도 있습니다.

트랙 잠그기와
비디오/오디오 출력 숨기기

프로그램 **Pr**
버전　CC 이상

여러 개의 트랙을 활용해 편집 작업을 하다보면 작업의 편리를 위해 트랙을 잠그거나 숨겨야 할 때가 있습니다.
이럴 때 사용하는 기능이 트랙 잠그기 또는 숨기기이며 방법을 알아둡니다.

01 / 트랙 잠그기 – Track Lock

자물쇠 모양의 'Track Lock' 아이콘
(🔒)을 클릭해 트랙을 잠그고 해제
할 수 있습니다. 비디오와 오디오 트
랙 모두 적용됩니다.

트랙을 잠그면 해당 트랙과 클립은
이동과 편집 등 어떤 기능도 제어할
수 없습니다. 여러 트랙에 중복하여
적용할 수 있습니다.

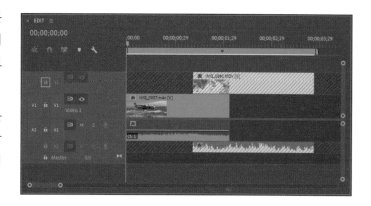

02 / 비디오 트랙 출력 숨기기

'Track Output' 아이콘(👁)을 클릭하면 해당 트랙의 화면 출력을 숨길 수 있습니다. Program Monitor
패널과 파일 출력 시 모두 적용됩니다. 여러 트랙에 중복하여 적용할 수 있습니다.

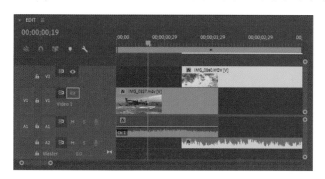

03 / 오디오 트랙 출력 숨기기

'Mute Track' 아이콘(M)을 클릭해 해당 트랙의 오디오 출력을 숨길 수 있습니다. 여러 트랙에 중복하여 적용할 수 있습니다.

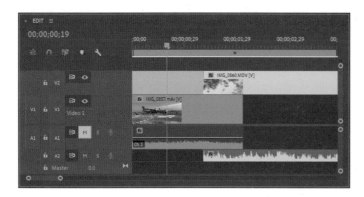

04 / 한 트랙 오디오만 출력하기

오디오 트랙의 'Solo Track' 아이콘(S)을 클릭하면 선택된 트랙의 오디오만 출력할 수 있습니다. 여러 트랙에 중복하여 적용할 수 있습니다.

006 타임코드 변경/활용하기

프로그램 Pr
버전 CC 이상

타임코드는 편집의 프레임 또는 시간의 단위를 숫자로 표현한 개념입니다. 편집 작업에서 매우 중요한 개념이며 Timeline 패널과 Monitor 패널에서 제어가 가능합니다.

01 / 타임코드 개념 이해하기

타임코드는 '시간:분:초:프레임' 단위로 표현되며 Monitor 패널과 Timeline 패널의 파란색 글씨는 현재 시간 표시자가 위치한 시간 단위를 나타냅니다. 타임코드는 Monitor 패널과 Timeline 패널에서 제어 및 활용이 가능합니다.

02 / 원하는 시간으로 이동하기

Timeline 패널의 타임코드를 클릭해 숫자를 입력하면 원하는 시간의 위치로 현재 시간 표시자가 이동합니다. 5초 5프레임으로 이동할 경우 타임코드를 클릭한 다음 '505'를 입력하면 5초 5프레임으로 이동합니다.

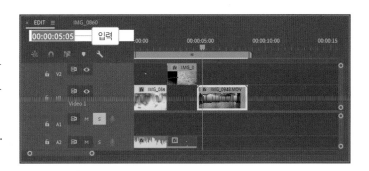

03 / 타임코드 단위 설정하기

Timeline 패널의 타임코드에서 마우스 오른쪽 버튼을 클릭해 시간, Feet, 프레임 등 원하는 방식의 단위로 설정할 수 있습니다.

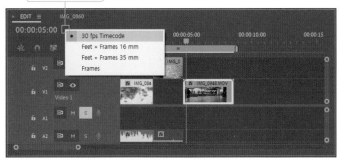

Snap 기능 활용하기

프로그램 **Pr**
버전 CC 이상

Timeline 패널에서 편집 작업의 편리성을 높여주는 기능은 여러 가지가 있습니다. 그 중 Snap은 클립들의 편집 점을 자석처럼 붙여 주는 기능으로 클립의 이동과 편집을 편하게 할 수 있도록 도와줍니다.

01 / Snap 기능 개념 이해하기

Snap 기능은 클립의 이동, 자르기 등 편집 작업 진행 시 편집 점을 정확하게 활용할 수 있도록 자석과 같은 역할을 합니다. 예를 들면, 클립을 이동해 편집 점 뒤로 붙일 경우 착 달라붙게 하거나 자르기 툴(🗡️)로 클립을 자를 때 편집 점을 유도합니다. 속도 조절 툴(📊)과 리플 편집 툴(📊) 등으로 편집할 때도 자석처럼 자연스럽게 편집 점을 찾아줍니다.

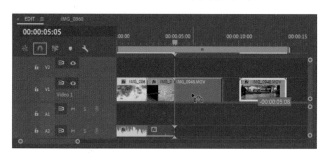

02 / Snap 기능 활성화/비활성화하기

Snap 기능은 Timeline 패널의 'Snap' 아이콘(🧲)을 클릭하거나 단축키 ⑤를 눌러 활성화하거나 비활성화할 수 있습니다. 메뉴에서 〔Sequence〕 → Snap을 실행하거나 취소해 제어할 수 있습니다.

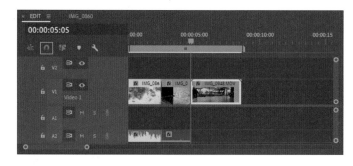

재생 속도/방향 조절하기

프로그램 **Pr**
버전   CC 이상

편집 시 타임라인을 재생하고 멈추는 방법은 Spacebar를 누르는 것으로 매우 간단합니다. 하지만 빠르게 재생하거나 느리게 재생하는 방법은 메뉴나 아이콘이 없어 모르는 경우가 많습니다. 단축키를 이용해 재생 속도를 조절하며 타임라인을 제어하는 방법을 알아둡니다.

01 / 재생/정지 방법 알아보기

일반적으로 타임라인을 재생하거나 멈출 때는 Spacebar를 이용하거나 Program Monitor 패널에서 재생 (▶)/정지(■) 아이콘을 클릭합니다.

02 / 재생 속도와 방향 조절하기

단축키를 이용해 여러 가지 속도와 방향으로 재생을 제어할 수 있습니다.

정속 재생 컨트롤 하기	빠르게 재생하기	느리게 재생하기
재생하기 : L	2배속 재생하기 : L + L	느리게 재생하기 : Shift + L
정지하기 : K	4배속 재생하기 : L + L + L	느리게 역재생하기 : Shift + J
역재생하기 : J	8배속 재생하기 : L + L + L + L	
	2배속 역재생하기 : J + J	
	4배속 역재생하기 : J + J + J	
	8배속 역재생하기 : J + J + J + J	

03 / 영상 반복 재생하기

Program Monitor 패널에서 'Button Editor' 아이콘(➕)을 클릭하고 'Loop Playback' 아이콘(🔁)을 컨트롤 박스의 비어있는 공간으로 드래그하여 등록합니다. 등록된 'Loop Playback' 아이콘(🔁)을 클릭하여 활성화하면 Timeline의 영상을 반복 재생할 수 있습니다.

04 / 특정 영역 반복 재생하기

Timeline 패널 또는 Program Monitor 패널에서 시작 점(Mark In, Ⅰ)과 끝 점(Mark Out, O)을 설정한 다음 'Loop Playback' 아이콘(🔁)을 클릭하면 특정 영역을 반복 재생할 수 있습니다.

빠른 편집을 위한
Tools 패널

Tools 패널은 프리미어 프로에서 편집 시 가장 많이 사용하는 기능을 모아놓은 도구상자입니다. 툴을 잘 사용하면 그만큼 편집을 빠르게 끝낼 수 있습니다. 툴의 기능과 숨겨진 기능까지 익혀서 편집 마스터가 되길 바랍니다.

Tools 패널 살펴보기

프로그램 **Pr**

버전 CC 2019 이상

프리미어 프로 CC 2019를 기준으로 툴은 8개로 줄었습니다. 하지만 하나의 툴에는 2~3개씩 숨겨져 있는 기능이 있기 때문에 모두 합치면 16개가 됩니다. 툴을 사용하기 전 어떤 기능을 하는 것인지 알아봅니다.

01 / 프리미어 Tool 패널

툴을 편리하게 이용하기 위해서는 단축키를 알아두고 사용하기 바랍니다. 툴의 오른쪽 아래에 작은 화살표가 있으면 숨겨진 기능이 있다는 뜻입니다. 예를들어 트랙 선택 툴을 1초이상 클릭하고 있으면 숨겨진 툴의 팝업창이 나타나고 선택하여 사용할 수 있습니다.

▲ 프리미어 프로 CC 2020 Tools 패널

❶ **선택 툴(Selection Tool, Ⓥ)** : 타임라인에서 클립을 선택합니다.

❷ **트랙 선택 툴(Track Select Forward Tool, Ⓐ)** : 클릭한 지점의 모든 트랙 클립들을 선택합니다. Shift를 누른 상태로 클립을 클릭하면 지정한 트랙의 클립들만 선택됩니다.

❶ ▪ ▭▶ Track Select Forward Tool (A)
◀▭ Track Select Backward Tool (Shift+A)

❶ **거꾸로 트랙 선택 툴(Track Select Backward Tool, Shift + Ⓐ)** : 모든 트랙 중 클릭한 지점에서 뒤쪽 클립들을 선택합니다. Shift를 누른 상태로 클립을 클릭하면 지정한 트랙의 뒤쪽 클립들만 선택됩니다.

TIP

트랙 선택 툴을 1초 이상 클릭하고 있으면 팝업창에서 거꾸로 트랙 선택 툴을 발견할 수 있습니다.

③ **리플 편집 툴(Ripple Edit Tool, Ⓑ)** : 빈 공간 없이 클립의 길이를 조절합니다.

❶ **롤링 편집 툴(Rolling Edit Tool, Ⓝ)** : 시퀀스의 재생 시간에 변동없이 이어진 클립들의 길이를 조절합니다.

❷ **속도 조절 툴(Rate Stretch Tool, Ⓡ)** : 클립의 길이를 자유자재로 설정하여 재생 속도를 조절합니다.

④ **자르기 툴(Razor Tool, Ⓒ)** : 클립의 원하는 부분을 클릭하여 자릅니다. Shift를 누른 상태에서 클립을 클릭하면 모든 트랙의 클립들을 자를 수 있습니다.

⑤ **슬립 툴(Slip Tool, Ⓨ)** : 클립의 시작 점과 끝 점 위치를 조절합니다.

❶ **슬라이드 툴(Slid Tool, Ⓤ)** : 선택된 클립의 시작 점과 끝 점을 고정한 채 클립의 위치를 조절합니다. 이때 앞 컷과 뒤 컷의 클립 길이가 함께 조절됩니다.

⑥ **펜 툴(Pen Tool, Ⓟ)** : Program Monitor 패널에 원하는 모양의 패스를 만듭니다. Effect Controls 패널에서 색과 모양을 조절할 수 있습니다. Video 트랙의 Opacity 핸들과 오디오 트랙의 Volume 핸들을 제어합니다.

❶ **사각형 툴(Rectangle Tool)** : Program Monitor 패널에 사각형 모양의 패스를 만듭니다. Shift를 누르고 드래그하여 정사각형 패스를 만듭니다.

❷ **원형 툴(Ellipse Tool)** : Program Monitor 패널에 원형 모양의 패스를 만듭니다. Shift를 누르고 드래그하여 정원형 패스를 만듭니다.

⑦ **손바닥 툴(Hand Tool, Ⓗ)** : Timeline 패널의 작업 화면을 좌우로 제어하며 이동합니다.

❶ **돋보기 툴(Zoom Tool, Ⓩ)** : Timeline 패널의 작업 화면을 확대(클릭) 또는 축소(Alt+클릭)합니다. 화면을 드래그하여 일부를 자세히 볼 수 있습니다.

⑧ **문자 툴(Type Tool, Ⓣ)** : Program Monitor 패널을 클릭하여 글자를 입력할 수 있습니다. Effect Controls 패널에서 색과 폰트, 크기 등을 조절합니다.

❶ **세로 문자 툴(Vertical Type Tool)** : Program Monitor 패널을 클릭하여 세로형 글자를 입력할 수 있습니다. Effect Controls 패널에서 색과 폰트, 크기 등을 조절합니다.

클립 편집의 시작! 선택 툴

프로그램	**Pr**
버전	CC 이상

선택 툴은 여러 툴 중에 가장 많이 사용되는 툴입니다. Timeline 패널에서 클립을 선택하며 Alt, Shift 의 조합으로 편리하게 숨겨진 기능들을 이용할 수 있습니다.

선택 툴(▶)은 선택, 이동, 복제, 클립 길이 조절 등의 기능을 가지고 있으며 가장 많이 활용되기도 하지만 가장 많은 숨겨진 기능을 가지고 있는 툴입니다.

01 / 클립 선택하기

클릭하여 원하는 클립을 선택할 수 있고 선택한 클립은 테두리가 회색으로 변합니다.

02 / 붙어 있는 여러 클립 선택하기

드래그하면 여러 개의 클립을 선택할 수 있습니다.

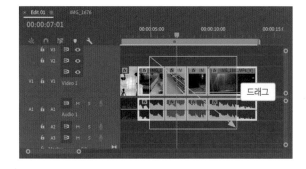

03 / 떨어져 있는 여러 클립 선택하기

Shift를 누르고 클립을 선택하면 서로 떨어져 있는 여러 개의 클립을 선택할 수 있습니다.

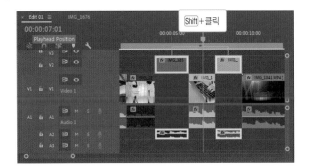

04 / 비디오 또는 오디오 클립만 선택하기

Alt를 누르고 링크된 클립을 선택하면 Video 또는 Audio 클립을 각각 선택할 수 있습니다.

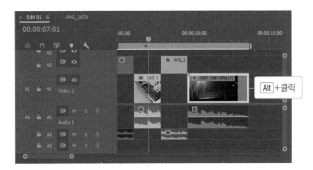

TIP

비디오와 오디오가 함께 묶여 있는 클립을 '링크(Link)'된 클립이라고 표현합니다. Alt를 누르면 링크된 클립이라도 각각 비디오나 오디오 클립을 선택할 수 있습니다. 또한 링크를 해지하기 위해서는 링크된 클립을 선택하고 메뉴에서 (Edit) → Unlink를 실행합니다.

05 / 여러 개의 비디오 또는 오디오 클립 선택하기

Shift + Alt를 누르고 클립을 선택하면 링크된 클립이어도 Unlink 상태로 여러 개의 클립을 선택할 수 있습니다.

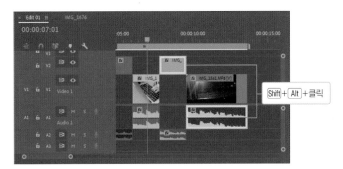

06 / 클립 길이 조절하기

클립의 끝을 잡고 오른쪽 또는 왼쪽으로 드래그하면
클립의 길이를 조절할 수 있습니다.

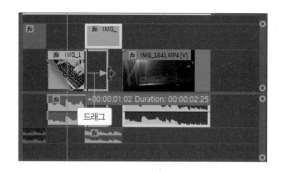

TIP

클립의 길이를 조절하면 Timeline 패널의 회색 상자에 변화된 클립의 길이와 전체 Duration이 표시됩니다.

07 / 클립 위치 이동하기

선택된 클립들을 드래그하면 원하는 위치로 이동할
수 있습니다.

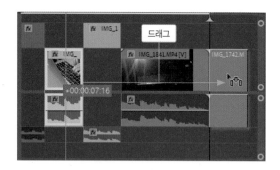

08 / 선택된 클립 복사하기

선택된 클립을 Alt 를 누른 채 드래그하면 복사할 수
있습니다.

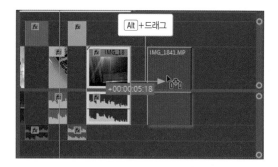

09 / 비디오 또는 오디오 클립만 복사하기

아무것도 선택하지 않은 상태에서 Alt 를 누른 채 원
하는 비디오 또는 오디오 클립을 드래그하여 이동하
면 Unlink 상태로 클립을 복사할 수 있습니다.

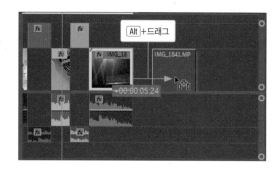

트랙 선택을 위한 트랙 선택 툴

프로그램 **Pr**
버전　CC 이상

트랙 선택 툴은 한 개 또는 여러 트랙의 클립들을 모두 선택할 수 있으며 편집 작업 시 매우 많이 활용됩니다.
Shift의 조합으로 숨겨진 기능까지 알아봅니다.

트랙 선택 툴()은 여러 트랙 또는 한 개 트랙의 클립들을 모두 선택하거나 이동, 복제할 수 있는 툴입니다. 거꾸로 트랙 선택 툴(■)도 역방향의 똑같은 기능입니다.

01 / 모든 트랙의 클립 선택하기

원하는 위치의 클립을 클릭하면 타임라인 앞쪽(오른쪽)의 클립들이 모두 선택됩니다.

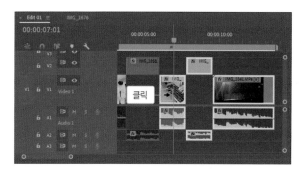

> **TIP**
> 프리미어 프로 CC 이전 버전에서 클립을 선택하면 한 개 트랙의
> 클립들만 선택됩니다.

02 / 한 트랙의 클립 선택하기

Shift를 누른 상태로 클립을 클릭하면 원하는 트랙의 앞쪽 클립들이 모두 선택됩니다.

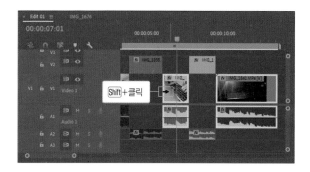

> **TIP**
> 프리미어 프로 CC 이전 버전에서 Shift를 누른 채 클립을 선택
> 하면 한 개 트랙의 클립들이 선택됩니다.

03 / 한 트랙의 비디오 또는 오디오 클립 선택하기

Shift + Alt 를 누른 상태로 클립을 클릭하면
Unlink 상태로 한 개 트랙의 비디오 또는 오디
오 클립들이 선택됩니다.

04 / 모든 트랙의 클립 이동하기

트랙 선택 툴(🔘)로 선택된 클립들을 드래그하
면 원하는 위치 또는 트랙으로 이동할 수 있습
니다.

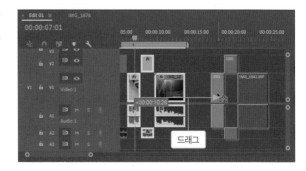

05 / 모든 트랙의 클립 복사하기

Alt 를 누른 채 원하는 클립을 드래그하면 선택
된 모든 클립을 복사할 수 있습니다.

06 / 거꾸로 트랙 선택 툴 선택하기

트랙 선택 툴을 오래 클릭하고 있으
면 거꾸로 트랙 선택 툴(🔘)을 선택
할 수 있습니다. 사용 방법은 트랙
선택 툴(🔘)과 같습니다.

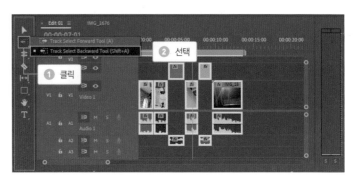

작업 시간 단축을 위한 리플 편집 툴

프로그램 **Pr**
버전 CC 이상

공간 없이 편집 점의 위치를 조절할 수 있는 리플 편집 툴은 초기 편집 시 클립을 자르고 잘린 클립을 선택하여 삭제하는 여러 과정을 줄일 수 있어 사용에 익숙해지면 작업 시간을 단축할 수 있습니다.

리플 편집 툴(◆)은 늘어나거나 줄어든 편집 점의 길이만큼 뒤쪽의 클립들을 편집 점에 맞춰 자동으로 이동하는 툴입니다. 조절하는 편집 점의 길이만큼 원본 클립의 데이터가 있어야 활용할 수 있습니다. [Alt] 를 눌러 숨은 기능도 알아둡니다.

01 / 조절된 클립의 길이만큼 모든 클립 밀어내거나 당기기

클립의 끝을 드래그하면 길이를 조절할 수 있고 뒤쪽의 모든 클립들이 조절된 길이만큼 앞으로 당겨지거나 뒤로 밀려납니다.

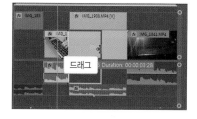

> **TIP**
> 타임라인에서 리플 편집 툴을 사용하면 Program Monitor 패널에 앞 장면과 뒤 장면이 보여지며 변화하는 타임코드가 표시됩니다.

02 / 비디오 또는 오디오 클립의 길이 조절하며 모든 클립 밀어내거나 당기기

[Alt]를 누른 상태로 클립의 끝을 드래그하면 Unlink 상태로 클립의 길이를 각각 조절할 수 있습니다.

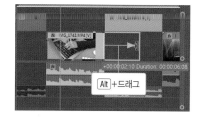

03 / 여러 개의 클립 길이 동시에 조절하며 모든 클립 밀어내거나 당기기

두 개 이상의 클립을 선택한 다음 드래그하면 여러 개의 클립 길이를 조절할 수 있습니다.

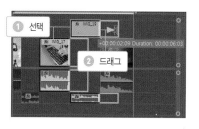

005

클립 속도 조절을 위한 속도 조절 툴

프로그램 Pr

버전 CC 2019 이상

클립의 속도를 조절할 수 있는 방법은 여러 가지가 있지만 가장 빠르고 편리하게 작업할 수 있는 것이 속도 조절 툴을 이용하는 것입니다. 정확도는 다소 부족할 수 있지만 매우 편리하게 사용할 수 있습니다.

속도 조절 툴(▧)은 매우 빠르고 편리하게 원하는 클립의 길이를 늘리거나 줄여 재생 속도를 조절할 수 있습니다. Alt 를 눌러 숨겨진 기능도 알아둡니다.

01 / 속도 조절 툴 선택하기

Tools 패널에서 리플 편집 툴(▧)을 오래 클릭하고 있으면 속도 조절 툴(▧)을 선택할 수 있습니다. 하지만 빠른 편집 작업을 위해 단축키 R 을 사용하면 더 편리합니다.

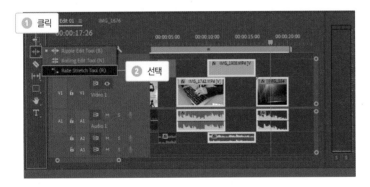

> **TIP**
> 프리미어 프로 CC 이전 버전에서 속도 조절 툴의 단축키는 X 입니다.

02 / 영상 속도 느리게 하기

클립의 끝을 오른쪽으로 드래그하면 재생 속도를 느리게 할 수 있습니다. 이때 클립의 길이는 늘어나게 됩니다.

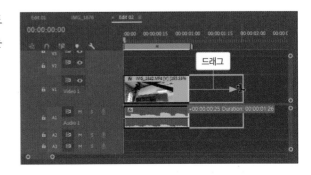

03 / 영상 속도 빠르게 하기

클립의 끝을 왼쪽으로 드래그하면 재생 속도를 빠르게 할 수 있습니다.

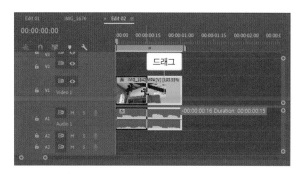

04 / 비디오 속도만 빠르게 하기

[Alt]를 누른 상태에서 클립의 끝을 드래그하면 Unlink 상태에서 비디오 또는 오디오 클립의 재생 속도를 각각 조절할 수 있습니다.

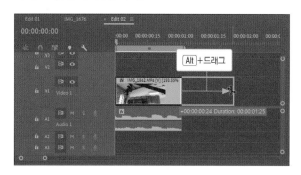

006

클립을 자르재! 자르기 툴

프로그램 Pr
버전 CC 이상

자르기 툴 또한 편집 작업에서 가장 많이 활용되며 클립을 잘라 편집할 수 있습니다. Shift 와 Alt 를 활용해 작업 속도를 높일 수 있습니다.

자르기 툴(◆)은 클립의 원하는 부분을 클릭하여 잘라 편집에 활용합니다.

01 / 클립 자르기

클립을 클릭하면 두 개의 클립으로 나뉩니다.

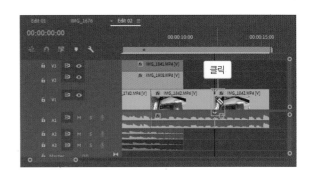

02 / 모든 트랙 클립 자르기

Shift 를 누른 상태에서 클립을 클릭하면 모든 트랙의 클립들이 잘립니다.

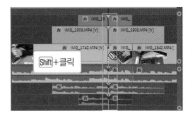

03 / 비디오 또는 오디오 클립만 자르기

Alt 를 누른 상태에서 클립을 클릭하면 Unlink 상태로 클립을 자를 수 있습니다.

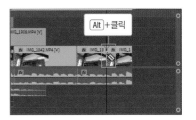

도형과 컨트롤 라인
조절을 위한 펜 툴

프로그램 Pr
버전 CC 이상

펜 툴의 기능은 크게 두 가지 기능이 있습니다. Program Monitor 패널에 원하는 모양의 도형을 만들 수 있고 Timeline 패널에서 비디오와 오디오의 컨트롤 라인을 조절할 때 사용합니다. 여기서는 Program Monitor 패널에 원하는 모양의 도형을 그리는 방법을 알아봅니다.

펜 툴(🖊)을 이용해 화면에 여러 형태의 재미있는 모양을 만들 수 있습니다.

01 / 다각형 모양의 도형 만들기

펜 툴(🖊)을 선택하고 Program Monitor 패널을 클릭하여 치음 시작 점까지 돌아가면 다각형의 도형을 그릴 수 있습니다.

02 / 곡선 모양의 도형 만들기

Program Monitor 패널에서 점을 클릭하고 드래그하면 베지어 곡선(Bezier Curves)이 만들어져 곡선 모양으로 도형을 그릴 수 있습니다.

▲ 점을 클릭하고 드래그한 모습

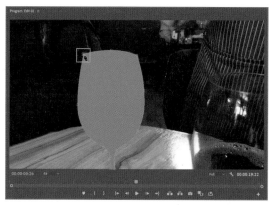

▲ 곡선형 도형을 끝까지 연결한 모습

213

03 / 완성된 도형 다듬기

도형이 완성된 다음 패스의 점(Path Point)을 클릭하여 점의 위치를 이동하거나 베지어 곡선을 조절하여 정교하게 도형의 모양을 다듬을 수 있습니다.

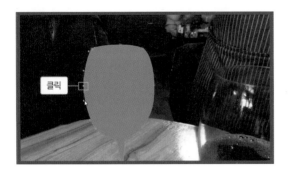

04 / 패스 포인트 추가하기

완성된 도형의 라인에 마우스 포인터를 가져가면 '+' 펜 툴로 변합니다. Program Monitor 패널을 클릭하여 점을 추가하면 도형을 다듬을 수 있습니다.

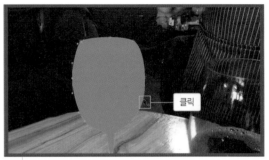

05 / 도형의 색 바꾸기

Effect Controls 패널에서 'Shape' 항목의 Appearance → Fill 색상 상자를 클릭해 도형의 색을 바꿀 수 있습니다. 스포이드 아이콘(🖊)을 클릭하면 주변의 색을 추출하여 도형에 적용할 수 있습니다.

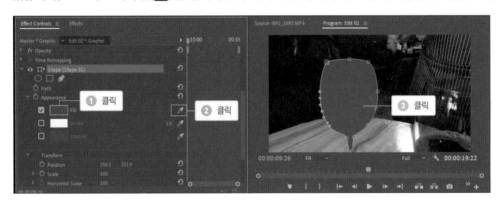

06 / 도형의 크기와 위치 변경하기

'Transform' 항목의 Position, Scale 등을 조절하여 도형의 위치, 크기, 회전, 투명도 등을 조절할 수 있습니다.

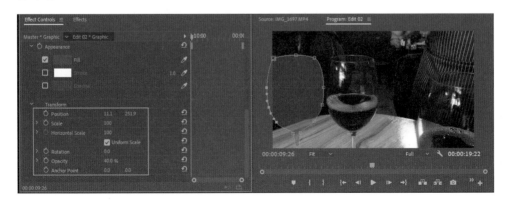

008

영상 문자 입력을 위한 문자 툴

프로그램 `Pr`
버전 CC 2018 이상

문자 툴은 CC 2018 버전부터 새로 생긴 기능입니다. 간단한 문자 내용을 Program Monitor 패널에 바로 입력할 수 있습니다. 입력한 문자는 색, 크기, 위치 등을 설정할 수 있으며 애니메이션도 적용할 수 있습니다.

문자 툴(T)을 이용해 화면에 원하는 스타일의 글자를 입력할 수 있습니다.

01 / 화면에 글자 넣기

Tools 패널에서 문자 툴(T)을 선택하고 Program Monitor 패널을 클릭하면 화면에 글자를 입력힐 수 있습니다.

02 / 폰트와 글자 색 바꾸기

Tools 패널에서 선택 툴(▶)을 선택합니다. Effect Controls 패널의 'Text' 항목 왼쪽 화살표를 클릭한뒤 Source Text와 Fill 설정을 변경하면 폰트와 글자 색을 바꿀 수 있습니다.

03 / 글자 크기와 위치 변경하기

'Text' 항목의 Transform에서 Position(글자 위치), Scale(글자 크기), Opacity(투명도) 등을 설정하여 글자의 위치, 크기 등을 변경할 수 있습니다. 키프레임을 만들어 애니메이션도 적용할 수 있습니다.

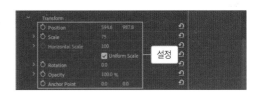

프리미어 프로에서 영상 편집의 실직적인 단계는 시퀀스 설정(작업 화면 설정), 컷 편집, 효과 작업, 자막 작업, 사운드 작업, 색 보정 작업, 출력 등으로 구성됩니다. 이번 파트에서는 실전에 활용되는 영상 편집 과정을 직접 따라하면서 영상 편집의 프로세스와 가장 필요한 기능들을 알아봅니다.

PART 4

영상 편집 단계와
실전 마스터하기

CHAPTER 01

시작의 정석!
화면 해상도 설정하기

영상 편집을 위해 프리미어 프로를 실행하면 가장 먼저 작업 환경에 맞는 영상 제작 환경을 설정합니다. 영상 제작 환경은 화면비, 해상도, 프레임 레이트, 오디오 환경 등 여러 가지 어려운 설정 과정이 있지만 프리미어 프로에서는 초보자도 쉽게 작업할 수 있는 환경을 빠르게 설정할 수 있습니다. 먼저 각각의 영상 프로젝트에 맞는 환경 설정 방법을 알아봅니다.

소스와 같은 크기의 화면 설정하기

프로그램 Pr
버전 CC 이상

화면의 크기와 프레임 레이트, 오디오 포맷 등의 작업 환경을 설정하는 것을 시퀀스 설정이라고 합니다. 매체별 특성에 맞춰 설정하기도 하지만 영상 편집은 대부분 촬영한 소스의 화면 크기와 옵션으로 설정합니다. 먼저 촬영된 소스의 포맷에 맞춰 작업을 하면 이후 출력 설정에서 원하는 포맷으로 변경하여 출력할 수 있습니다.

01 / 간편하게 소스 파일과 일치하는 시퀀스 만들기

Project 패널에서 원하는 아이템을 선택하고 'New Item' 아이콘
( )으로 드래그하면 소스 아이템과 동일한 포맷의 시퀀스가 만들어집니다.

▲ Project 패널에서 원하는 소스 파일 선택하기

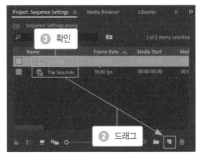

▲ 소스 파일과 같은 포맷의 시퀀스 확인하기

원하는 시퀀스를 만든 다음 Project 패널에서 시퀀스 이름을 클릭해 프로젝트 환경에 맞춰 이름을 변경하면 더 수월하게 작업을 진행할 수 있습니다.

▶ Project 패널에서 시퀀스 이름 변경하기

02 / 메뉴에서 소스 파일과 일치하는 시퀀스 만들기

Project 패널에서 원하는 소스 아이템을 선택하고 메뉴에서 [File] → New → Sequence From Clip을 실행하면 소스 파일과 동일한 해상도, 프레임, 오디오 등의 환경이 자동 설정된 시퀀스를 만들 수 있습니다. 소스 파일은 이미지, 동영상, Bin 등에 상관없이 선택할 수 있으며 여러 개의 소스 파일을 동시에 선택하면 처음 선택한 아이템과 같은 포맷으로 시퀀스가 설정됩니다.

▲ Project 패널에서 원하는 소스 파일 선택

▲ 메뉴에서 Sequence From Clip 실행하기

Full HD 유튜브 영상 화면 설정하기

프로그램 **Pr**
버전 CC 이상

유튜브에 업로드하기 위한 영상의 포맷은 여러 가지가 있지만 한국에서 보편적으로 가장 많이 사용하는 포맷인 Full HD 영상 포맷(1080p)의 작업 환경을 설정하는 방법을 알아봅니다.

일반적으로 촬영된 소스 환경에 맞춰 작업 시퀀스를 설정하는 것이 보편적이지만 이번에는 강제적으로 유튜브 영상 편집 환경 중 Full HD에 해당하는 1080p(1902×1080) 작업 환경 설정 방법을 알아봅니다.

01 / 새로운 시퀀스 만들기

프리미어 프로에서 새 프로젝트를 만들고 시작(Home) 화면 또는 메뉴에서 〔File〕 → New → Sequence(Ctrl + N)를 실행합니다.

02 / 사용자 정의 시퀀스 환경 설정하기

New Sequence 대화상자가 표시되면 〔Settings〕 탭에서 Editing Mode를 'Custom'으로 지정합니다. Timebase는 '29.97 frames/second'로 지정합니다. Timebase는 흔히 fps(Frames Per Second)로 불리우며 1초에 몇 장의 프레임을 사용하는 것인지 결정합니다. 한국의 TV 표준으로 29.97fps를 사용하고 있으며 영화나 광고는 24fps를 사용합니다.

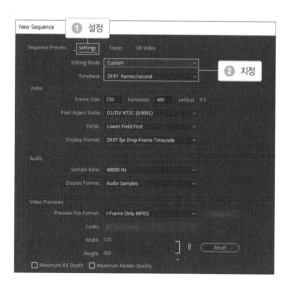

03 / 비디오 해상도 설정하기

Frame Size를 가로(Horizontal)를 '1920', 세로 (Vertical)를 '1080'으로 설정합니다. 오른쪽에 16:9 화면비가 구성된 것을 확인합니다. Pixel Aspect Ratio는 픽셀의 가로와 세로 비율을 설정하는 옵션으로 정사각형인 'Square Pixels (1.0)'로 지정입니다. Fields는 주사선 옵션을 설정하는 것으로 'No Fields(Progressive Scan)'으로 지정합니다. 보통 TV 방송이 아닌 경우 No Fields로 지정합니다. Display Format은 '29.97 fps Drop-Frame Timecode'로 지정합니다.

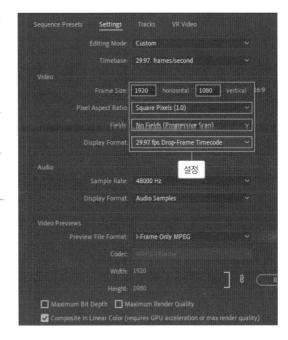

04 / 오디오 옵션 설정하기

오디오 설정은 오디오의 품질을 위해서 샘플링 비율이 중요한데 일반적으로 44100 Hz 또는 48000 Hz 정도면 무난하게 좋은 오디오 품질을 구현할 수 있습니다. 여기서는 '48000 Hz'로 지정합니다. Video Previews는 편집 시 프리뷰 파일이 만들어지는 환경을 설정하는 옵션인데 보통은 시퀀스 환경에 맞춰 알아서 설정됩니다.

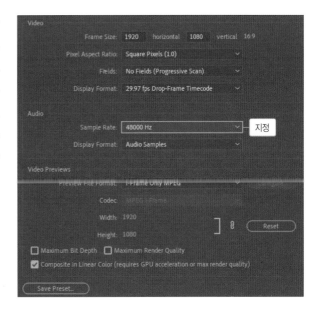

05 / 1080p 편집 시퀀스 환경 설정 완료하기

하단 Sequence Name에 편집하려는 시퀀스의 이름을 입력하고 〈OK〉버튼을 클릭해 환경 설정을 완료합니다.

인스타그램 화면 설정하기

프로그램 **Pr**
버전 CC 이상

인스타그램은 보통 가로와 세로 비율이 1:1인 정방형의 비디오 포맷을 활용합니다. 물론 다른 비율의 영상 포맷을 사용할 수 있지만 여기서는 가장 많이 활용되는 정방형 비디오 포맷을 만드는 방법을 알아봅니다.

비디오 소스의 환경에 맞춰 작업 환경을 설정해야 하지만 인스타그램의 정방형 화면은 일반적인 영상의 비율이 아니기 때문에 임의로 작업 환경을 설정합니다. 이때 화면의 크기는 동영상 소스의 세로 크기에 맞춰 가로 크기도 맞춰 주는 것이 중요합니다. 예를 들어 동영상의 해상도가 1920×1080이라면 작업 화면의 크기는 1080×1080으로 맞춰야 하며, 동영상의 해상도가 1280×720이라면 작업 화면의 크기는 720×720으로 설정해야 합니다. 여기서는 1080×1080 크기의 편집 환경 설정 방법을 알아봅니다.

01 / 새로운 시퀀스 만들기

새 프로젝트를 만들고 시작(Home) 화면 또는 메뉴에서 (File) → New → Sequence(Ctrl + N)를 실행합니다.

02 / 사용자 정의 시퀀스 환경 설정하기

New Sequence 대화상자가 표시되면 (Settings) 탭에서 Editing Mode를 'Custom'으로 지정하고 Timebase를 '29.97 frames/second'으로 지정합니다. Frame Size의 가로를 '1080', 세로를 '1080'으로 입력해 1:1 화면비의 작업 화면을 설정합니다. 나머지 옵션을 그림과 같이 설정하고 Sequence Name을 입력한 다음 〈OK〉

버튼을 클릭합니다. Program Monitor 패널에서 정방형 화면이 설정된 것을 확인합니다.

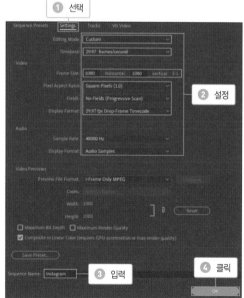

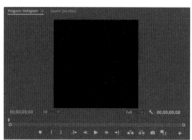

▲ 정방형 크기의 화면

CHAPTER 02

편집의 시작!
컷 편집 활용하기

영상 편집의 기초와 완성은 장면 자르기(Cut)와 장면을 연결해 붙이는 작업입니다. 컷 편집이 잘못되면 아무리 좋은 촬영 소스가 있어도 어색한 영상이 될 수 있습니다. 영상을 편집하기 위한 기초적인 단계이면서 완성 단계라고 할 수 있는 장면을 자르고, 붙이고, 늘리는 등의 가장 중요한 기능 활용 방법을 알아봅니다.

클립 자르기와 붙이기

프로그램 Pr
버전 CC 이상

'Cut'이라는 말의 의미는 '자르다'로 해석하지만 영상에서는 편집의 가장 작은 단위로 사용하며 한 작품을 완성하기 위한 가장 필수적이고 중요한 작업입니다. 한 장면으로 연결된 파일을 클립(Clip)이라고 표현하며 이를 자르고 붙이며 영상을 완성합니다.

◉ **예제 파일** 04\Clip_001.mp4 | ◉ **완성 파일** 04\Edit_001.prproj

01 / 소스 파일 불러오기

새 프로젝트를 만들고 메뉴에서 〔File〕 →
Import(Ctrl + I)를 실행해 04 폴더에서
'Clip_001.mp4' 파일을 불러옵니다.

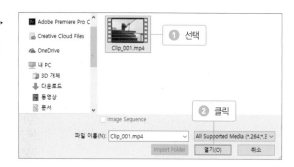

02 / 소스 파일과 같은 포맷의 시퀀스 만들기

Project 패널에 삽입한 소스 클립을 'New Item' 아이콘
(▣)으로 드래그해 소스 파일과 같은 포맷의 시퀀스를
만듭니다.

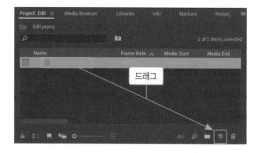

03 / 편집 위치로 이동하기

Timeline 패널에서 현재 시간 표시자를 드래그
해 00:00:03:00 편집 점 위치로 이동합니다.

04 / 클립 자르기

Tools 패널에서 자르기 툴(✂)을 선택하고 클립을 클릭해 자릅니다. 하나의 클립이 두 개로 나뉩니다.

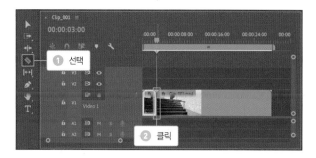

05 / 필요 없는 클립 삭제하기

Tools 패널에서 선택 툴(▶)을 선택하고 Timeline 패널의 잘린 첫 번째 클립을 클릭합니다. 키보드의 Delete 또는 Backspace를 눌러 선택된 클립을 삭제합니다.

06 / 빈 공간 삭제하기

삭제된 클립 위치에 비어있는 공간을 채우기 위해 삭제된 클립의 자리에서 마우스 오른쪽 버튼을 클릭해 'Ripple Delete'를 실행합니다. 뒤쪽 클립이 앞으로 당겨지면서 빈 공간이 채워집니다.

▲ 빈 공간이 채워진 모습

002

클립 복사/붙여 넣기

프로그램 **Pr**
버전   CC 이상

영상 편집 과정에서 같은 장면을 여러 번 사용할 경우가 많기 때문에 프리미어 프로에서 최소 장면 단위의 클립을 복사하고 원하는 위치에 붙여 넣는 방법과 다른 트랙에 붙여 넣는 방법도 함께 알아봅니다.

● **예제 파일** 04\Clip_002.mp4, Clip_003.mp4 | ● **완성 파일** 04\Edit_002.prproj

01 / 소스 파일 불러오기

새 프로젝트를 만들고 메뉴에서 [File] →
Import([Ctrl]+[I])를 실행해 04 폴더에서
'Clip_002.mp4', 'Clip_003.mp4' 파일을 같
이 선택해 불러옵니다.

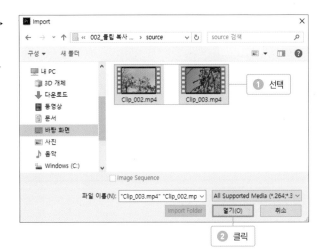

02 / 소스 파일과 같은 포맷의 시퀀스 만들기

Project 패널에 삽입한 두 개의 소스 클립을 [Ctrl]을 누른 채 차례
로 모두 선택한 다음 'New Item' 아이콘(▤)으로 드래그해 소스
파일과 같은 포맷의 시퀀스를 만듭니다. 먼저 선택한 클립이 편집
타임라인의 앞쪽에 놓이게 되므로 'Clip_002.mp4' 클립을 먼저
선택하고 'Clip_003.mp4' 클립을 나중에 선택합니다.

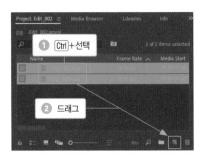

03 / 복사할 클립 자르기

Timeline 패널에서 현재 시간 표시자를 드래
그해 00:00:02:00 편집 점 위치로 이동합니다.
Tools 패널에서 자르기 툴(◢)을 선택하고 첫 번
째 클립을 자릅니다.

04 / 클립 복사하기 - Copy

Tools 패널에서 선택 툴(▶)을 선택하고 맨 앞의
클립을 선택해 Ctrl+C를 눌러 복사합니다.

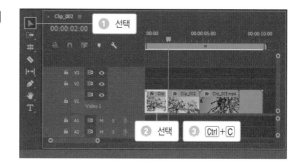

05 / 클립 붙여 넣기 - Paste

현재 시간 표시자를 클립을 붙여 넣기할 위치 00:00:10:10으로 이동합니다. Ctrl+V를 눌러 복사한 클
립을 붙여 넣습니다.

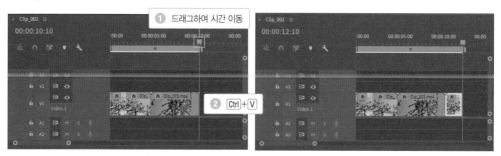

▲ 복사한 클립을 붙여 넣은 모습

06 / 클립 사이에 복사된 클립 삽입하기 – Insert

현재 시간 표시자를 00:00:07:00으로 이동합니다. Ctrl + Shift + V를 눌러 Clip_003.mp4 클립의 중앙에 복사된 클립을 삽입합니다.

▲ 클립 사이에 복사된 클립이 삽입된 모습

> **TIP**
>
> Insert는 제자리에 덮어 씌우는 붙여 넣기(Paste)와 다른 기능으로 편집 점을 기준으로 뒤쪽 클립들을 밀어내면서 복사된 클립을 삽입하는 기능입니다.

07 / 여러 개의 클립 복사하기

타임라인을 드래그해 앞쪽의 세 개 클립을 선택하고 Ctrl + C를 눌러 복사합니다.

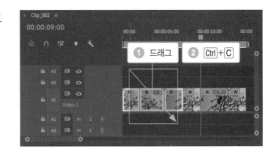

08 / 다른 트랙으로 붙여 넣기

Timeline 패널에서 V1 트랙의 선택을 해제하고 V2 트랙을 선택합니다. Ctrl + V를 눌러 **07**/번 과정에서 복사한 세 개 클립을 V2 트랙에 붙여 넣습니다.

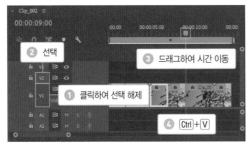

▲ V2 트랙에 세 개 클립을 붙여 넣는 모습

클립 복사하기

클립을 복사하는 과정은 앞서 공부한 복사/붙여 넣기 기능을 이용해 적용할 수 있지만 매우 빠르고 간편한 단축 기능을 사용해 Timeline 패널에서 활용할 수 있습니다. 클립의 복사는 편집 공간인 타임라인뿐만 아니라 Project 패널에서도 함께 사용할 수 있습니다.

프로그램 Pr
버전 CC 이상

🔵 **예제 파일** 04\Clip_004.mp4, Clip_005.mp4 | 🔵 **완성 파일** 04\Edit_003.prproj

01 / 소스 파일 불러오기

새 프로젝트를 만들고 메뉴에서 〔File〕 → Import(Ctrl + I)를 실행해 04 폴더에서 'Clip_004.mp4', 'Clip_005.mp4' 파일을 같이 선택해 불러옵니다.

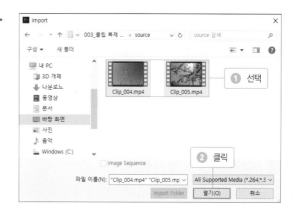

02 / 소스 파일과 같은 포맷의 시퀀스 만들기

Project 패널에 삽입한 두 개의 소스 클립을 Ctrl를 누른 채 차례로 모두 선택한 다음 'New Item' 아이콘(🔳)으로 드래그해 소스 파일과 같은 포맷의 시퀀스를 만듭니다. 이때 먼저 선택한 클립이 편집 타임라인의 앞쪽에 놓이게 되므로 'Clip_004.mp4' 클립을 먼저 선택하고 'Clip_005.mp4'를 나중에 선택합니다.

03 / 편집 점 이동하기

Timeline 패널에서 현재 시간 표시자를 드래그해
00:00:10:21 편집 점 위치로 이동합니다.

> **TIP**
> 방향키 ↑, ↓를 이용하면 클립간의 편집 점을 빠르게 이동할 수 있
> 습니다. 다만 방향키를 활용한 클립간 편집 점 이동은 선택된 트랙의
> 클립에만 적용됩니다.

04 / 클립 복제하기

Alt를 누른 채 첫 번째 클립을 편집 점의 위치로 드래그하여 복제합니다.

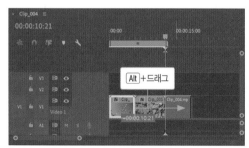 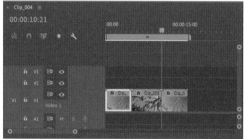

▲ 첫 번째 클립이 복제된 모습

05 / 여러 개의 클립 선택하기

드래그하여 Timeline 패널에 있는 3개의 클립들을 모
두 선택합니다.

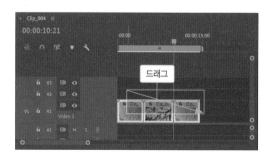

06 / 여러 개의 클립 한 번에 복제하기

Alt를 누른 채 선택된 클립을 V3 트랙으로 드래그하여 한 번에 복제합니다.

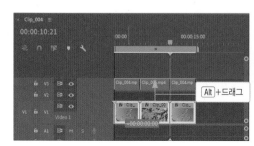 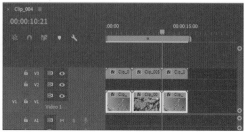

▲ 여러 개의 클립을 한 번에 복제한 모습

07 / Project 패널에서 소스 아이템 선택하기

Project 패널에서 불러온 소스 아이템 두 개를 선택합니다.

08 / Project 패널의 소스 아이템 복제하기

메뉴에서 (Edit) → Duplicate(Ctrl + Shift + /)를 실행합니다. Project 패널에서 소스 아이템이 복사된 것을 확인합니다.

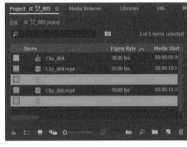

▲ Project 패널에서 복제된 소스 아이템

09 / 아이템 라벨 색 변경하기

복제 전 아이템과 복제한 아이템을 구분하기 위해 라벨 색을 변경합니다. 복제한 아이템에 마우스 오른쪽 버튼을 클릭해 Label에서 원하는 색을 선택합니다. Project 패널에서 변경된 라벨 색을 확인합니다.

① 마우스 오른쪽 클릭

② 실행

클립 속성 복사하기

프로그램 Pr
버전 CC 이상

클립의 속성은 Motion, Opacity, Volume, Effect 등 다양한 옵션으로 나뉘어져 있습니다. 프리미어 프로에서는 하나의 클립이 갖고 있는 속성을 다른 클립에 복사해 붙여 넣을 수 있습니다. 종류별로 하나 또는 여러 속성을 같이 선택하여 적용할 수 있어 영상 편집 시 매우 편리하게 활용합니다.

● **예제 파일** 04\Clip_002.mp4 ~ Clip_005.mp4 ┃ ● **완성 파일** 04\Edit_004.prproj

01 / 소스 파일 불러오기

새 프로젝트를 만들고 메뉴에서 〔File〕 → Import(Ctrl + I)를 실행해 04 폴더에서 'Clip_002.mp4'부터 'Clip_005.mp4'까지 4개의 파일을 같이 선택해 불러옵니다.

02 / 소스 파일과 같은 포맷의 시퀀스 만들기

Project 패널에 삽입한 4개의 소스 클립을 'New Item' 아이콘(■)으로 드래그해 소스 파일과 같은 포맷의 시퀀스를 만듭니다.

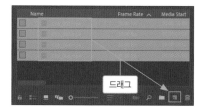

03 / 클립 속성 변경하기

Timeline 패널의 첫 번째 클립을 선택한 상태에서 Effect Controls 패널의 Scale을 '200', Rotation을 '90°'로 설정합니다. 'Opacity' 항목을 열어 Opacity를 '50%'로 설정합니다. 선택한 화면의 크기, 방향, 투명도가 달라집니다.

04 / 클립의 일부 속성 복사하기

Effect Controls 패널의 'Motion' 항목을 클릭하고 Ctrl + C
를 눌러 Motion 속성을 복사합니다.

05 / 클립 일부 속성 붙여 넣기

Timeline 패널에서 두 번째 클립을 선택하고 Ctrl + V를 눌러 복사한 'Motion' 항목을 붙여 넣습니다.
Program Monitor 패널에서 영상의 크기가 2배가 되고 90도 회전되었지만 투명도는 그대로인 것을 확
인합니다.

06 / 클립 전체 속성 복사하기

Timeline 패널에서 첫 번째 클립을 선택하고 Ctrl + C를 눌러 속성을 복사합니다.

07 / 여러 개의 클립 선택하기

Timeline 패널에서 세 번째와 네 번째 클립을 드래그해
선택하고 (Ctrl)+(Alt)+(V)를 눌러 속성을 붙여 넣습니다.

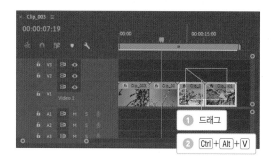

TIP

'Paste Attributes' 기능은 (Edit) 메뉴에서도 실행할 수 있습니다.

08 / 클립의 전체 속성 붙여 넣기

Paste Attributes 대화상자가 표시되면 〈OK〉 버튼을 클릭합니다. **06** / 번 과정에서 복사한 첫 번째 클립
의 모든 속성이 선택한 두 개 클립에 적용된 것을 확인합니다.

▲ 복사한 클립의 속성 모두가 선택한 클립에 적용된 모습

TIP

Paste Attributes 대화상자에서는 붙여 넣으려는 속성을 선택해서 적용할 수 있는 옵션이 있습니다.
원하는 옵션에 체크 표시하면 임의로 선택, 적용할 수 있습니다.

09 / 클립 속성 되돌리기

Timeline 패널에서 속성을 원래대로 되돌리려는 네 번째 클립을 선택합니다. Effrect Controls 패널에
서 'Motion' 항목과 'Opacity' 항목의 'Reset Effect' 아이콘(🔄)을 클릭해 변경된 속성을 원래대로 되돌
립니다.

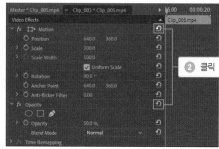

이전 작업으로 되돌리기

프로그램 **Pr**
버전 CC 이상

편집 과정은 매우 복잡하고 여러 기능들을 활용해 이루어집니다. 하지만 실수로 인해 이전 과정으로 편집 과정을 되돌려야 하는 경우가 많이 발생합니다. 작업 과정을 이전으로 되돌리거나 프로젝트 자체를 이전 과정으로 되돌리는 방법을 배워봅니다.

💠 **예제 파일** 04\Clip_002.mp4, Clip_003.mp4 │ 💠 **완성 파일** 04\Edit_005.prproj

01 / 소스 파일 불러오기

새 프로젝트를 만들고 메뉴에서 〔File〕 → Import(Ctrl+I)를 실행해 04 폴더에서 'Clip_002.mp4', 'Clip_003.mp4' 파일을 같이 선택해 불러옵니다.

02 / 소스 파일과 같은 포맷의 시퀀스 만들기

Project 패널에 삽입한 두 개의 소스 클립을 'New Item' 아이콘(🔳)으로 드래그해 소스 파일과 같은 포맷의 시퀀스를 만듭니다.

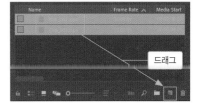

03 / 영상 편집하기

Tools 패널에서 자르기 툴(🔪)를 선택하고 첫 번째 클립의 가운데를 자릅니다. Tools 패널에서 선택 툴(▶)를 선택하고 잘린 두 번째 클립을 선택한 다음 Delete를 눌러 삭제합니다.

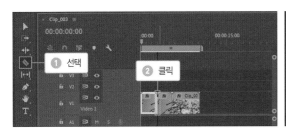
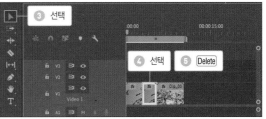

04 / 이전 작업으로 되돌리기

이전 작업으로 되돌리기 위해 메뉴에서 〔Edit〕 → Undo(Ctrl + Z)를 실행합니다.

05 / 앞 작업으로 다시 돌아가기

메뉴에서 〔Edit〕 → Redo(Ctrl + Shift + Z)를 실행하면 다시 앞 작업으로 돌아갈 수 있습니다.

06 / 프로젝트 자동 저장 옵션 설정하기

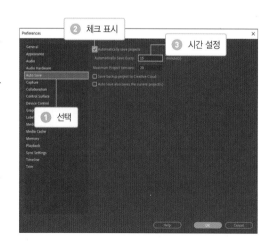

한 번 실행된 프로젝트 환경은 이전 작업으로 되돌릴 수 있지만 프로젝트가 종료된 다음에 다시 실행하면 이전 작업으로 되돌릴 수 없습니다. 따라서 프로젝트는 다른 이름으로 저장하기(Ctrl + Shift + S)를 실행해 버전별 순차적으로 저장합니다. 자동으로 저장되는 Auto Save 기능을 활용하면 실수나 에러로 인한 작업 환경을 이전으로 되돌릴 수 있습니다. Auto Save 환경 설정은 메뉴에서 〔Edit〕 → Preference → Auto Save 대화상자에서 설정할 수 있으며, 자동으로 저장된 프로젝트 파일은 'Adobe Premiere Pro Auto-Save' 폴더에 쌓여 필요 시에 불러올 수 있습니다.

04 영상 편집 단계별 실전 마스터하기

영상 속도 조절하기

프로그램 Pr
버전 CC 이상

영상 편집 과정에서 영상의 속도를 조절하는 기능은 매우 필요한 기능입니다. 촬영한 소스의 재생 속도를 연출 의도에 맞춰 자유자재로 변경할 수 있는 여러 가지 방법을 알아봅니다.

⊙ **예제 파일** 04\Clip_001.mp4 | ⊙ **완성 파일** 04\Edit_006.prproj

01 / 소스 파일 불러오기

새 프로젝트를 만들고 메뉴에서 〔File〕 → Import(Ctrl + I)를 실행해 04 폴더에서 'Clip_001.mp4' 파일을 불러옵니다.

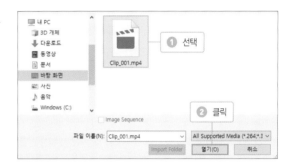

02 / 소스 파일과 같은 포맷의 시퀀스 만들기

Project 패널에 삽입한 소스 클립을 'New Item' 아이콘(▮)으로 드래그해 소스 파일과 같은 포맷의 시퀀스를 만듭니다.

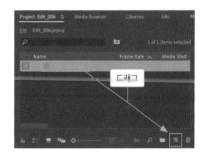

03 / 클립 자르기

Timeline 패널에서 편집 점을 00:00:18:00으로 이동합니다. Tools 패널에서 자르기 툴(◈)를 선택하고 클립을 자릅니다.

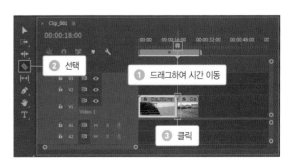

237

04 / 영상 속도 10배 빠르게 하기

Tools 패널에서 선택 툴(▶)를 선택하고 Timeline 패널의 첫 번째 클립을 선택합니다. 메뉴에서 〔Clip〕 → 'Speed/Duration(Ctrl + R)'을 실행합니다. Clip Speed/Duration 대화상자가 표시되면 Speed를 '1000%'로 설정하고 'Ripple Edit, Shifting Trailing Clips'를 체크 표시합니다. 〈OK〉 버튼을 클릭한 다음 타임라인에서 영상을 재생해 속도가 10배 빨라진 것을 확인합니다.

TIP

'Ripple Edit, Shifting Trailing Clips'는 속도를 조절하면서 발생한 편집 공간을 자동으로 당겨주거나 밀어주는 역할을 합니다. 속도를 빠르게 조절하면 변화한 시간만큼 뒤쪽 클립들을 앞으로 당겨주고, 속도를 느리게 조절하면 변화한 시간만큼 뒤쪽 클립의 위치를 뒤로 밀어줍니다.

05 / 영상 속도 두 배 느리게 하기

첫 번째 클립을 선택하고 메뉴에서 〔Clip〕 → 'Speed/Duration(Ctrl + R)'을 실행합니다. Clip Speed/Duration 대화상자가 표시되면 Speed를 '50%'로 설정하고 〈OK〉 버튼을 클릭합니다. 영상을 재생해 속도가 처음 속도의 두 배만큼 느려진 것을 확인합니다.

▲ 두 배 느린 속도로 재생되는 장면 확인

06 / 거꾸로 재생되는 영상 만들기

첫 번째 클립을 선택하고 메뉴에서 [Clip] → 'Speed/Duration([Ctrl] + [R])'을 실행합니다. Clip Speed/Duration 대화상자가 표시되면 Speed를 '500%'로 설정하고 'Reverse Speed'를 체크 표시합니다. 〈OK〉 버튼을 클릭하여 첫 번째 영상이 거꾸로 재생되는 것을 확인합니다.

▲ 거꾸로 재생되는 영상 확인

TIP

영상을 거꾸로 재생하기 위해서는 'Reverse Speed'를 체크하는 방법말고 Speed 값을 '-' 값으로 설정해도 됩니다.

07 / 영상 속도 원위치 시키기

첫 번째 클립이 선택된 상태에서 [Ctrl]+[R]을 누릅니다. Clip Speed/Duration 대화상자가 표시되면 Speed를 '100%'로 설정하고 'Reverse Speed'를 체크 해제합니다. 〈OK〉 버튼을 클릭해 클립의 재생 속도를 원래대로 되돌립니다.

08 / 속도 조절 툴 선택하기

Tools 패널에서 리플 편집 툴(⬌)을 길게 클릭해 속도 조절 툴(⬌)을 선택합니다.

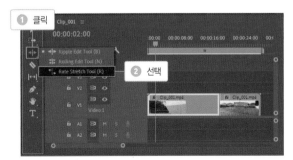

TIP

프리미어 프로 CC 2018 이전 버전의 경우 속도 조절 툴을 바로 선택할 수 있습니다. CC 2018 이상의 경우 단축키 [R]을 이용하면 쉽게 선택할 수 있습니다.

09 / 영상 속도 빠르게 조절하기

현재 시간 표시자를 00:00:02:00으로 이동합니다. 첫 번째 클립의 오른쪽 끝을 편집 점 위치까지 드래그해 클립의 길이를 조절합니다.

10 / 빈 공간 삭제하기

클립과 클립 사이의 빈 공간을 클릭해 선택한 다음 Delete를 눌러 두 번째 클립을 앞으로 붙입니다. 영상을 재생해 첫 번째 클립의 재생 속도가 빠르게 변경된 것을 확인합니다.

▲ 재생 속도 확인하기

11 / 영상 속도 느리게 조절하기

현재 시간 표시자를 00:00:20:00으로 이동합니다. 두 번째 클립의 오른쪽 끝은 편집 점까지 드래그하여 클립의 길이를 늘립니다. 영상을 재생하여 두 번째 클립의 속도가 느려진 것을 확인합니다.

▲ 재생 속도 확인하기

정지 화면 만들기

프로그램 Pr
버전 CC 이상

영상 편집 과정에서 정지 화면을 사용하는 일은 매우 자주 있는 작업 과정입니다. 영상의 한 장면을 이미지로 출력하여 정지 화면 만드는 방법을 알아봅니다.

⊕ **예제 파일** 04\Clip_006.mp4 | ⊕ **완성 파일** 04\정지 화면 만들기_완성.mp4

01 / 소스 파일 불러오기

새 프로젝트를 만들고 메뉴에서 (File) → Import((Ctrl) + (I))를 실행해 04 폴더에서 'Clip_006.mp4' 파일을 불러옵니다.

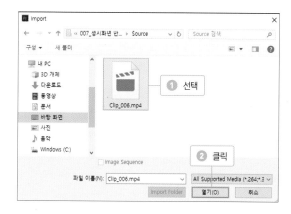

02 / 소스 파일과 같은 포맷의 시퀀스 만들기

Project 패널에 삽입한 소스 클립을 'New Item' 아이콘(⬛)으로 드래그해 소스 파일과 같은 포맷의 시퀀스를 만듭니다.

03 / 스틸 이미지 출력하기

Timeline 패널에서 편집 점을 클립의 끝으로 이동하고 Program Monitor 패널에서 'Export Frame' 아이콘(📷, Shift + Ctrl + E)을 클릭합니다.

04 / 출력 옵션 설정하기

Export Frame 대화상자가 표시되면 Name에서 파일 이름을 입력하고 Format을 'JPEG'로 지정합니다. 'Import into project'를 체크 표시하고 〈Browser〉 버튼을 클릭해 이미지 파일을 저장할 위치를 설정합니다. 〈OK〉 버튼을 클릭해 이미지를 출력합니다.

05 / 스틸 이미지 삽입하기

Project 패널에 자동으로 불러온 '스틸 이미지'를 Timeline 패널의 클립 뒤로 드래그합니다.

06 / 흑백 효과 적용하기

Effects 패널의 검색창에 'tint'를 검색해 '스틸 이미지' 클립에 드래그합니다. 정지 화면 그림이 흑백으로
바뀝니다.

TIP

'Tint' 효과는 영상의 색을 밝은 영역과 어두운 영역의 두 가지 톤으로 지정하여 표현할 수 있는 기능으로 흑백 영상 또는 세피아 톤과 같은 효
과를 낼 때 많이 사용합니다.

07 / 애니메이션 키프레임 설정하기

편집 점을 스틸 이미지의 첫 프레임으로 이동합니다. Effect Controls 패널에서 Motion → Scale을 '110',
Tint → Amount to Tint를 '0%'로 설정하고 'Scale'과 'Amount to Tint'의 '스톱워치' 아이콘(🔘)을 클
릭해 키프레임을 만듭니다.

08 / 흑백으로 변하는 애니메이션 완성하기

편집 점을 00:00:12:00으로 이동한 다음 Effect Controls 패널에서 Tint → Amount to Tint를 '100%'로 설정합니다. 점점 흑백으로 변하는 애니메이션이 완성됩니다.

09 / Scale 애니메이션 완성하기

편집 점을 영상의 끝으로 이동하고 Scale을 '120'으로 설정합니다. 화면이 점점 커지는 애니메이션이 완성됩니다.

10 / 정지 화면 영상 확인하기

타임라인을 재생해 마지막 정지 화면이 점점 커지면서 흑백으로 변하는 모습을 확인합니다.

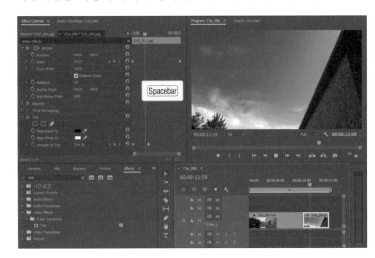

008

타임 리맵핑으로
영상 속도 조절하기

프로그램 **Pr**
버전 CC 이상

타임 리맵핑은 영상의 속도를 빠르게 또는 느리게 조절하는 효과입니다. 앞에서 공부한 Stretch, Speed/ Duration과 달리 가속도를 표현할 수 있는 기능으로 좀 더 섬세한 편집 기법을 적용할 수 있는 고급 기술입니다.

🔵 **예제 파일** 04\Clip_006.mp4 | 🔵 **완성 파일** 04\타임 리맵핑_완성.mp4

01 / 소스 파일 불러오기

새 프로젝트를 만들고 메뉴에서 〔File〕 → Import(Ctrl + I)를 실행해 04 폴더에서 'Clip_006.mp4' 파일을 불러옵니다.

02 / 소스 파일과 같은 포맷의 시퀀스 만들기

Project 패널에 삽입한 소스 클립을 'New Item' 아이콘( )으로 드래그해 소스 파일과 같은 포맷의 시퀀스를 만듭니다.

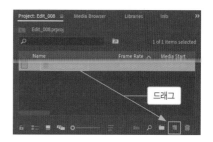

03 / 타임 리맵핑 실행하기

Timeline 패널에 적용한 클립의 왼쪽 상단 'fx' 아이콘(*fx*)에서 마우스 오른쪽 버튼을 클릭합니다. Time Remapping → Speed를 실행합니다.

04 / 시작 키프레임 설정하기

영상에서 카메라가 틸트 업(Tilt Up)되는 시작 점인
00:00:03:24로 현재 시간 표시자를 이동합니다. Ctrl
를 누른 상태에서 연결선(Connector Line)을 클릭해
키프레임을 만듭니다.

TIP
잘못 만들어진 키프레임은 Ctrl + Z 로 되돌리거나 키프레임을 선택한 다음 Delete 를 눌러 삭제할 수 있습니다.

05 / 엔드 키프레임 설정하기

설정된 키프레임을 자세히 보면 두 개로 나누어져 있는
것을 확인할 수 있습니다. 두 개의 키프레임 중 오른쪽
키프레임을 카메라의 틸트 업이 끝나는 00:00:09:00
까지 드래그하여 이동합니다.

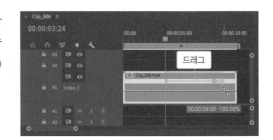

06 / 점점 빨라지는 가속도 적용하기

엔드 키프레임의 오른쪽 연결선에 마우스 포인터를 가져가면 마우스 포인터 모양이 바뀝니다. 이때 위로
드래그하여 속도를 빠르게 올릴 수 있습니다(반대로 내리면 속도를 느리게 할 수 있습니다). 최대한 올려
서 속도를 빠르게 합니다. 여러 번 반복해서 '1000%'가 되도록 설정합니다.

▲ 연결선에 마우스 포인터를 이동했을 때 모습

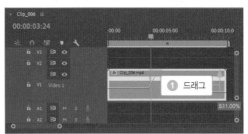

▲ 마우스 포인터를 최대한 위로 올렸을 때 모습

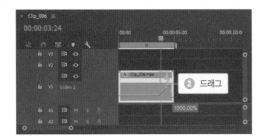

▲ 두 번 위로 올려 '1000%'로 설정한 모습

07 / 정지 화면 설정하기 1

편집 점을 영상의 끝 점인 00:00:04:20으로 이동합니다. 작업이 편하도록 〓를 여러 번 눌러 타임라인을 확대합니다. Ctrl을 누른 채 연결선을 클릭하여 키프레임을 만듭니다.

08 / 정지 화면 설정하기 2

Ctrl + Alt를 누른 채 키프레임을 오른쪽으로 드래그합니다. 드래그한 만큼 정지 프레임이 생겨납니다.

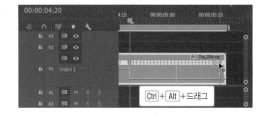

09 / 정지 화면 설정하기 3

Alt를 누른 채 오른쪽 키프레임을 드래그하면 정지 프레임의 길이를 원하는 만큼 늘릴 수 있습니다.

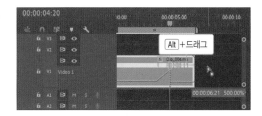

10 / 속도가 변화된 영상 확인하기

영상을 재생해 빠르게 틸트 업되었다가 멈춰진 것을 확인합니다.

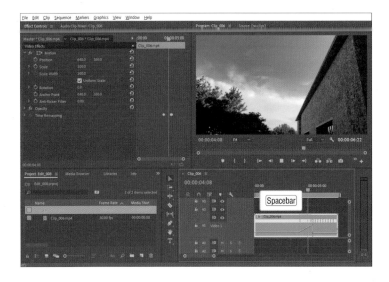

CHAPTER 03
장면 전환과
특수 효과 사용하기

컷 편집 작업이 끝나면 영상의 크기, 위치, 투명도 등을 설정해 화면의 레이아웃과 모션 애니메이션을 정리합니다. 그 다음에 장면
전환 효과와 특수 효과 등을 적용합니다. 전체 구성과 화면 레이아웃이 완성되어야 자막 작업을 시작할 수 있습니다.

영상의 모션과 투명도 조절하기

프로그램 **Pr**
버전 CC 이상

편집 작업 시 영상의 크기, 위치, 회전, 투명도의 조절이 필요한 경우는 매우 많습니다. Effect Controls 패널에서 쉽게 설정하고 키프레임 작업을 통해 애니메이션을 만들 수 있습니다. 기본적으로 Motion(움직임)과 Opacity(투명도)를 이해하고 적용하는 방법을 알아봅니다.

예제 파일 04\M_001.mp4 | **완성 파일** 04\Motion&Opacity_완성.mp4

Pr Effect Controls 패널 알아보기

Effect Controls 패널은 선택된 이미지, 비디오, 오디오 클립의 속성을 제어할 수 있습니다. 기본적으로 동영상 클립의 위치, 크기, 회전 등에 관한 모션 값과 투명도를 조절할 수 있으며 새롭게 적용되는 효과의 설정 값을 변경, 제어할 수 있습니다.

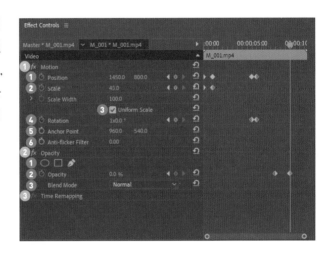

① Motion

비디오 클립의 기본적인 효과 설정 화면으로 비디오의 위치(Position), 크기(Scale), 투명도(Opacity)를 설정할 수 있습니다. 각 항목의 '스톱워치' 아이콘(◯)을 클릭해 키프레임을 만들고 애니메이션을 적용할 수 있습니다. 'Effect On/Off' 아이콘(_fx_)을 클릭해 효과의 적용 전과 후를 비교할 수 있으며 'Reset Effect' 아이콘(↩)을 클릭하면 모든 옵션이 원래대로 돌아갑니다.

❶ **Positon** : 비디오의 가로, 세로 위치를 픽셀 단위로 조절합니다. 왼쪽 파란 숫자는 수평 방향, 오른쪽 숫자는 수직 방향을 조절합니다.

❷ **Scale** : 비디오의 크기를 % 단위로 조절합니다.

❸ **Uniform Scale** : 체크 해제하면 가로와 세로의 비율을 다르게 설정할 수 있습니다.

❹ **Rotation** : 비디오를 회전할 수 있으며 단위는 '회전 수×회전 각도'로 표시합니다.

❺ **Anchor Point** : 비디오의 중심축을 설정합니다. 앵커 포인트의 위치를 확인하기 위해서는 Effect Controls 패널에서 'Motion' 항목을 클릭하고 Program Monitor 패널의 앵커 포인트를 살펴봅니다.

⑥ Anti-fliker Filter : 영상이 깜빡거리는 플리커(Flicker) 현상이 있을 때 0~1까지 데이터를 조절하여 노이즈를 없애는 효과를 설정합니다.

> **TIP**
>
> 애니메이션이 적용된 상태에서 Effect Controls 패널의 'Motion' 항목을 클릭하면 Program Monitor 패널에 와이어 프레임과 기준점이 표시되며, 모션 패스, 베지어 곡선, 방향선을 드래그하여 이동하거나 크기, 회전 등을 설정할 수 있습니다.

---

② Opacity

영상의 투명도와 중첩 효과를 설정합니다.

① 마스크 툴 : 원형 마스크(Ellipse Mask), 사각형 마스크(4-point polygon Mask), 펜 툴 마스크(Free draw bezier)를 통해 다양한 모양의 마스크를 만들 수 있습니다.

② Opacity : % 단위로 클립의 투명도를 조절합니다. '스톱워치' 아이콘(◌)을 활성화하여 투명도 애니메이션을 적용할 수 있습니다.

③ Blend Mode : 'Color', 'Contrast', 'Bright', 'Alpha' 등 채널별 속성에 따라 아래 트랙의 비디오와 중첩 화면을 구성합니다. 각 속성별 중첩 모드를 이용해 다양한 분위기의 영상을 표현할 수 있습니다.

③ Time Remapping

영상 속도에 관련된 옵션을 정교하게 제어할 수 있습니다. Time Remapping을 활성화하려면 Timeline 패널에서 클립의 왼쪽 상단 'fx' 아이콘(fx)을 클릭해 Time Remapping → Speed를 실행해야 합니다.

Pr 크기(Scale) 애니메이션 적용하기

짧은 예제를 통해 크기가 변하는 애니메이션 제작 과정을 알아봅니다.

01 / 소스 파일과 일치하는 시퀀스 만들기

새 프로젝트를 만들고 Ctrl + O 를 눌러 04 폴더에서 'M_001.mp4' 파일을 불러옵니다. 프리미어 프로에서 불러온 파일을 Project 패널의 'New Item' 아이콘(■)으로 드래그하여 그림과 같이 새로운 시퀀스를 만듭니다.

02 / 클립 복제하기

Timeline 패널에서 [Alt]를 누른 채 클립을 위로 드래
그하여 같은 클립을 복제합니다.

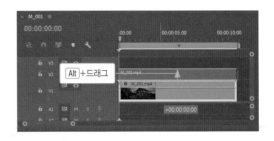

03 / 키프레임 만들기

V2 트랙의 클립을 선택하고 Effect Controls 패널에서
Motion → Scale의 '스톱워치' 아이콘(Ŏ)을 클릭해 시작 점
에서 키프레임을 만듭니다.

> **TIP**
>
> **키프레임(Key Frame)이란?**
>
> 키프레임은 위치, 크기 등을 변화시키는 기준점을 말합니다. 예를 들어 5초부터 10초까지 크기가 변하는 애니메이션을 만들기 위해서는 5
> 초와 10초에 각각 키프레임이 존재해야 합니다. 두 개의 키프레임 사이에는 자동으로 애니메이션이 적용됩니다.

04 / 크기 변화하기

현재 시간 표시자를 00:00:01:00으로 이동하고 Scale을 '45'로 설정합니다. 1초 동안 점점 작아지는 애
니메이션이 완성됩니다.

> **TIP**
>
> Effect Controls 패널의 'Uniform Scale'을 체크 해제하면 가로와 세로 비율을 자유자재로 조절할 수 있습니다.

05 / 블러(Blur) 효과 적용하기

배경화면과 모션 화면의 구분을 쉽게 하기 위해 배경을 뿌옇게 합니다. Effects 패널에서 'Camera Blur'를 V1 트랙의 클립에 드래그합니다. 배경화면이 뿌옇게 흐려집니다.

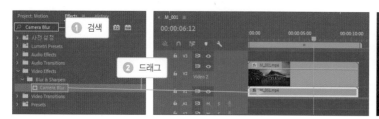

> **TIP**
>
> Blur 효과는 화면을 흐리게 하는 효과로 프리미어 프로의 버전이 낮아 'Camera Blur'가 없을 경우 'Gaussian Blur'로 대체합니다.

06 / 블러 효과 농도 조절하기

Effect Controls 패널에서 Camera Blur → Percent Blur를 '10'으로 설정합니다.

Pr 위치(Position) 애니메이션 적용하기

크기 조절에 이어 화면의 위치가 이동하는 간단한 애니메이션을 만듭니다.

01 / Position 키프레임 만들기

영상의 시작 점(0초)에서 V2 트랙의 클립을 선택하고 Position의 '스톱워치' 아이콘(⌖)을 클릭합니다. 키프레임이 만들어집니다.

02 / Position 애니메이션 만들기

00:00:01:00에서 Position을 '500/300'으로 설정합니다. 설정한 화면이 왼쪽 상단으로 이동합니다.

03 / 현재 시간 표시자를 00:00:05:00으로 이동합니다. Position의 'Add Keyframe' 아이콘(◉)을 클릭해 키프레임을 만듭니다.

04 / 현재 시간 표시자를 00:00:05:15로 이동합니다. Position을 '1450/800'으로 설정하면 작은 화면이 오른쪽 아래로 이동합니다.

05 / 움직임 경로 확인하기

Effect Controls 패널에서 'Motion' 항목을 클릭해 애니메이션 경로를 확인할 수 있습니다. Program Monitor 패널에서 선택된 클립의 조절 박스를 조절해 직접 위치와 크기, 회전 값을 변경할 수 있습니다.

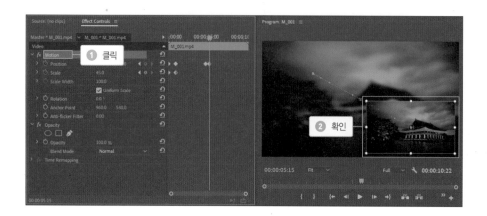

Pr 회전(Rotation) 애니메이션 적용하기

화면을 회전하는 Rotation은 숫자를 드래그하거나 클릭해 입력할 수 있습니다. 360˚ 이상이 되어 1바퀴를 넘어가면 바퀴×각도의 옵션으로 설정이 가능합니다. 빠르게 회전하는 간단한 애니메이션을 만들어 봅니다.

01 / 키프레임 만들기

현재 시간 표시자를 00:00:05:00으로 이동하고 Effect Controls 패널의 Rotation의 '스톱워치' 아이콘 (🕐)을 클릭해 키프레임을 만듭니다.

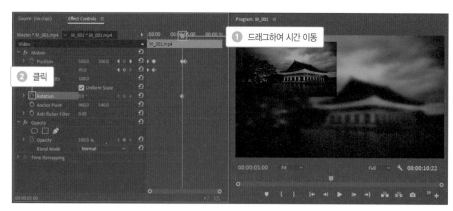

02 / 회전 애니메이션 만들기

현재 시간 표시자를 00:00:05:15로 이동하고 Rotation을 '360°'로 입력합니다. Enter를 누르면 자동으로 1×0.0°로 설정되며 회전하는 애니메이션이 완성되었습니다.

🅿🆁 투명도(Opacity) 애니메이션 적용하기

영상의 투명도를 조절하기 위한 옵션으로 Opacity를 사용합니다. 키프레임을 사용해 애니메이션을 적용할 수 있으며 Blend Mode를 통해 중첩 효과도 사용할 수 있습니다. Opacity 값을 설정해 간단한 투명도 애니메이션을 만듭니다.

01 / 키프레임 만들기

현재 시간 표시자를 00:00:07:15로 이동합니다. Opacity의 'Add Keyframe' 아이콘(◉)을 클릭해 키프레임을 적용합니다.

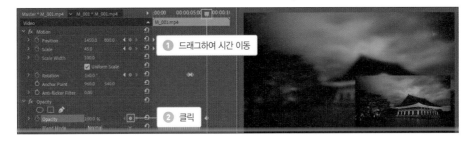

02 / 투명도 애니메이션 만들기

현재 시간 표시자를 00:00:09:00으로 이동합니다. Effect Controls 패널의 Opacity를 '0%'로 설정합니다. 점점 사라지는 애니메이션이 적용됩니다.

장면 전환(Transition) 효과 활용하기

프로그램 **Pr**
버전 CC 이상

장면 전환은 컷(Cut)으로 연결할 때 자연스럽지 않거나 연출적으로 더 효과적인 장면간의 변화를 주기 위해 사용하는 기술입니다. 디졸브, 페이드 인/아웃 등 특수 기능들이 많이 있지만 특정한 목적 없이 과도하게 사용하는 것은 반드시 피해야 합니다. 누가 뭐라고 해도 가장 자연스러운 장면 전환은 컷 전환이기 때문입니다.

01 / 장면 전환 효과 선택하기

장면 전환 효과는 Effects 패널의 Video Transitions에서 원하는 기능을 선택할 수 있습니다.

02 / 장면 전환 효과 적용하기

원하는 장면 전환 효과를 Timeline 패널의 클립과 클립 사이 또는 클립의 인/아웃 점에 드래그하여 적용할 수 있습니다.

03 / 장면 전환 효과 길이 조절하기

Timeline 패널에서 Transition 효과의 끝을 좌우로 드래그하면 효과 애니메이션 길이를 조절할 수 있습니다. 또한 효과를 더블클릭하면 정확한 효과 적용 시간을 설정할 수 있습니다.

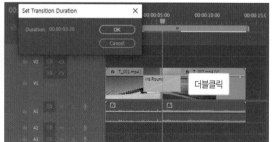

▲ 효과 상자 끝 점 드래그 하기 　　　　▲ 효과 상자 더블클릭하기

04 / 장면 전환 효과 옵션 설정하기

Timeline 패널에서 Transition 효과를 클릭하면 Effect Controls 패널에서 클립의 길이 시작/끝 점 등
원하는 옵션을 조절할 수 있습니다.

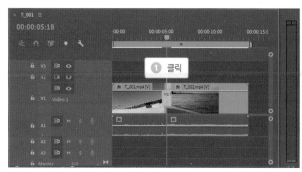
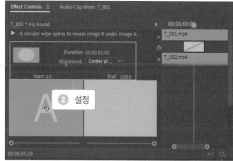

05 / 디폴트 장면 전환 효과 적용하기

디폴트 장면 전환 효과는 자주 사용하는 효과
를 지정해 단축키 또는 마우스 오른쪽 버튼만
으로 쉽게 적용할 수 있는 기능입니다. 디폴트
장면 전환 효과가 적용되기 원하는 지점(클립
의 끝 점 또는 클립과 클립 사이)을 클릭한 다음
마우스 오른쪽 버튼을 클릭해 'Apply Default
Transitions(Ctrl + D)'을 실행하여 기본으로 설
정된 장면 전환 효과를 적용할 수 있습니다.

06 / 디폴트 장면 전환 효과 변경하기

Effects 패널에서 원하는 장면 전환 효과를 선택한 다음 마우스 오른쪽 버튼을 클릭해 'Set Selected as
Default Transition'을 실행하면 디폴트 장면 전환 효과를 변경할 수 있습니다.

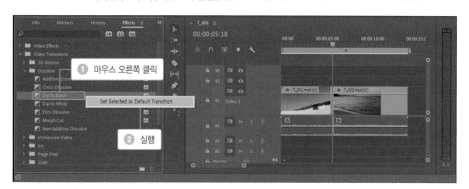

003

오버랩 효과로 장면 전환하기

프로그램 Pr
버전   CC 이상

오버랩(Overlap) 장면 전환은 하나의 장면이 끝나기 전에 다음 장면이 중첩되며 서서히 나타나는 효과를 말합니다. 이는 영화나 드라마에서 많이 활용되는 효과로 장면을 부드럽게 전환하기 위한 좋은 기능입니다. 오버랩 효과를 만들 수 있는 여러 방법들이 있지만 비디오 트랜지션(Video Transition) 효과를 적용하여 오버랩과 페이드 인/아웃(Fade In/Out) 효과를 적용하는 방법을 알아봅니다.

⊙ 예제 파일 04\T_001.mp4, T_002.mp4 | ⊙ 완성 파일 04\Overlap_완성.mp4

01 / 소스 파일 불러오기

새 프로젝트를 만들고 Ctrl+I를 눌러 04 폴더에서 'T_001.mp4', 'T_002.mp4' 파일을 선택해 불러옵니다.

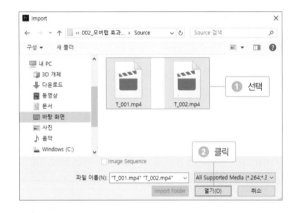

02 / 매칭 시퀀스 만들기

소스 파일과 같은 포맷의 시퀀스를 만들기 위해 'T_001.mp4' 클립을 'New Item' 아이콘(▣)으로 드래그합니다.

03 / 아웃 점 편집하기

현재 시간 표시자를 00:00:06:00으로 이동하고 Project 패널의 'T_002.mp4'를 편집 점 위치로 드래그합니다.

04 / 디졸브 장면 전환 적용하기

Effects 패널에서 'Cross Dissolve'를 검색해 Timeline 패널의 두 클립 사이로 드래그합니다.

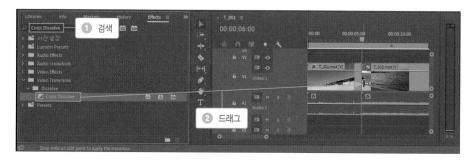

05 / 장면 전환 효과 길이 조절하기

Timeline 패널에서 'Cross Dissolve'를 클릭합니다. Effect Controls 패널에서 끝 점을 오른쪽으로 드래그하여 장면 전환 효과의 길이를 최대한 늘려줍니다.

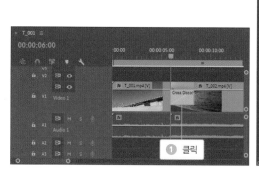

06 / 페이드 인 효과 적용하기

Effects 패널에서 'Cross Dissolve'를 Timeline 패널에서 전체 영상의 시작 점으로 드래그합니다.

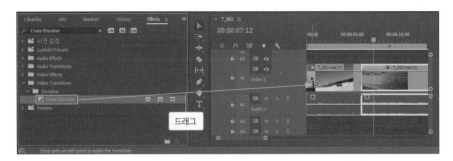

07 / 페이드 인 길이 조절하기

06 / 번 과정에서 적용한 'Cross Dissolve'를 클릭합니다. Effect Controls 패널에서 Duration을 클릭해 '200'을 입력하고 Enter를 누릅니다. 페이드 인 효과가 2초로 늘어납니다.

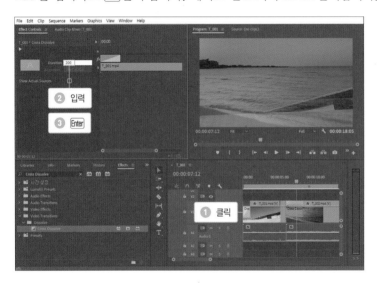

08 / 페이드 아웃 효과 적용하기

Effects 패널에서 'Cross Dissolve'를 Timeline 패널에서 전체 영상의 끝 점으로 드래그합니다.

09 / 페이드 아웃 길이 조절하기

08 /번 과정에서 적용한 'Cross Dissolve'를 클릭합니다. Effect Controls 패널에서 Duration을 클릭해 '200'을 입력하고 Enter를 누릅니다. 페이드 아웃 효과가 2초로 늘어납니다.

10 / 오버랩 효과 확인하기

영상을 재생해 페이드 인으로 시작해 다음 장면으로 오버랩되고 페이드 아웃으로 마무리되는 영상을 확인합니다.

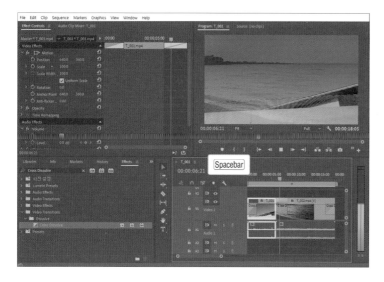

퀵 슬라이드 장면 전환 완성하기

영상에서 장면 전환 효과는 시간 또는 장면을 점프하기 위한 수단으로 컷 편집만으로 점프하기 어려울때나 특별한 연출 방법이 필요할때 사용합니다. 퀵 슬라이드 장면 전환은 빠르게 카메라가 패닝(Panning) 또는 틸팅(Tilting)되는 효과를 활용한 트릭으로 서로 다른 장면을 연결할 수 있습니다.

프로그램 Pr
버전 CC 이상

● **예제 파일** 04\T_003.mp4, T_004.mp4 | ● **완성 파일** 04\Quick Slide_완성.mp4

01 / 소스 파일 배열하기

새 프로젝트를 만들고 Ctrl + I를 눌러 04 폴더에서 'T_003.mp4', 'T_004.mp4' 파일을 열어 그림과 같은 순서로 타임라인에 배열합니다.

02 / 기본 편집하기

첫 번째 장면에서 카메라 패닝이 시작되는 장면인 00:00:02:15로 현재 시간 표시자를 이동해 Tools 패널에서 자르기 툴(✎)을 선택하고 클립을 자릅니다.

03 / Tools 패널에서 선택 툴(▶)을 선택하고 잘린 두 번째 클립을 선택합니다. 메뉴에서 〔Clip〕 → 'Speed/Duration(Ctrl + R)'을 실행합니다.

04 / Clip Speed/Duration에서 Duration을 '15' 프레임으로 설정합니다. 'Ripple Edit, Shifting Trailing Clips'을 체크 표시하고 〈OK〉 버튼을 클릭합니다.

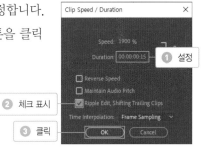

05 / 00:00:02:21 위치로 현재 시간 표시자를 이동하고 'T_004.mp4' 클립을 드래그하여 시작 점이 편집 점에 위치하도록 합니다.

06 / Slide 장면 전환 효과 적용하기

Effects 패널의 검색창에서 'Slide'를 검색해 그림과 같이 편집 점을 기준으로 오른쪽에 드래그합니다.

07 / Slide 효과 길이 조절하기

'Slide'를 더블클릭하여 Duration을 '5' 프레임으로 설
정하고 〈OK〉 버튼을 클릭합니다.

08 / Slide 효과 방향 바꾸기

카메라의 움직임 방향과 Slide 효과 방향이 일치하도록하기 위해 'Slide' 효과를 클릭합니다. Effect
Controls 패널에서 Transition 효과의 방향 표시 중 오른쪽에 있는 'East to West' 화살표를 클릭해 방
향을 바꿉니다.

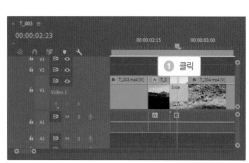
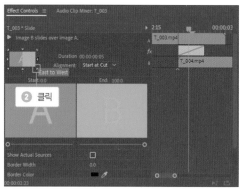

09 / Slide 효과 위치 조절하기

Effect Controls 패널의 타임라인에서 'Slide'를 왼쪽으로 끝까지 드래그하여 그림과 같이 만듭니다.

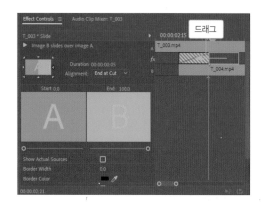

10 / 조정 레이어 만들기

Project 패널 아래 'New Item' 아이콘(▣)을 클릭해 'Adjustment Layer'를 실행합니다. Adjustment Layer 대화상자가 표시되면 〈OK〉 버튼을 클릭합니다.

> **TIP**
> Adjustment Layer는 하위 트랙에 있는 클립에 영향을 주는 아이템으로 주로 컬러 또는 효과 등을 일괄적으로 조정하기 위해 사용합니다.

11 / 조정 레이어 편집하기

'조정 레이어(Adjustment Layer)'를 V2 트랙의 00:00:02:15로 드래그합니다.

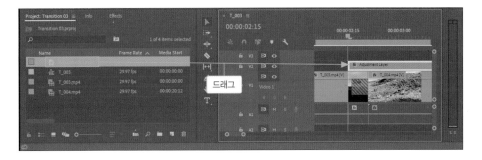

12 / Tools 패널에서 자르기 툴(◈)을 선택하고 00:00:02:22에서 조정 레이어를 자릅니다. 선택 툴(▶)을 선택하고 잘린 오른쪽 클립을 선택하고 Delete 를 눌러 삭제합니다.

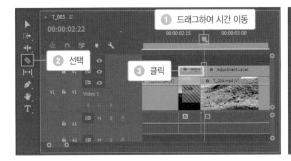
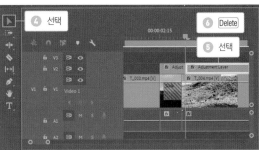

13 / Directional Blur 적용하기

Effects 패널에서 'Directional Blur'를 검색해 '조정 레이어'에 드래그합니다.

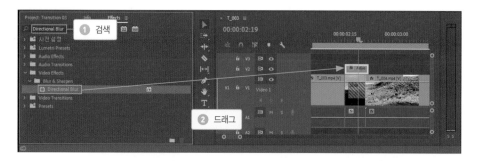

14 / Directional Blur 애니메이션 만들기

현재 시간 표시자를 00:00:02:17로 이동합니다. 조정 레이어를 선택한 상태에서 Effect Controls 패널의 Direction을 '90°', Blur Length를 '50'으로 설정합니다. Blur Length의 '스톱워치' 아이콘(🕐)을 클릭해 키프레임을 만듭니다.

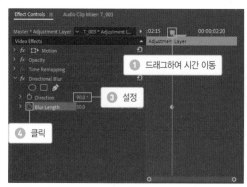
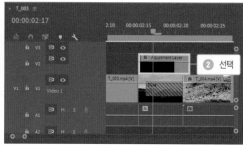

> **TIP**
>
> Directional Blur는 특정 방향으로 일그러지는 블러 효과를 만들 수 있습니다. Direction에서는 방향을 설정하며 Blur Length에서는 블러의 강도를 설정합니다.

15 / 현재 시간 표시자를 00:00:02:20으로 이동하고 Blur Length의 'Add Keyframe' 아이콘(🔘)을 클릭합니다.

16 / 현재 시간 표시자를 조정 레이어의 시작 (00:00:02:15) 위치로 이동해 Blur Length 값을 '0'으로 설정합니다.

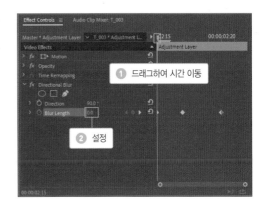

17 / 현재 시간 표시자를 조정 레이어의 끝(00:00:02:22) 위치로 이동해 Blur Length 값을 '0'으로 설정합니다.

18 / 영상을 재생하여 빠르게 슬라이드되는 장면 전환 효과를 확인합니다.

005 시계 효과 장면 전환 완성하기

프로그램 Pr Ps
버전 CC 이상

이번 예제에서 장면 전환은 영상의 한 장면을 스틸 이미지로 만든 다음 포토샵에서 서브 타이틀을 만들어 연결하는 방법을 배워봅니다. 영상끼리의 단순한 장면 전환 이외에 포토샵을 이용해 다양한 스킬을 접목합니다.

● **예제 파일** 04\T_005.mp4 | ● **완성 파일** 04\Clock Transition_완성.mp4

◀ 완성 이미지

Pr 스틸 이미지 만들어 포토샵으로 연결하기

01 / 소스 파일과 일치하는 시퀀스 만들기

새 프로젝트를 만들고 Ctrl + I 를 눌러 04 폴더에서 'T_005.mp4' 파일을 불러와 Project 패널의 'New Item' 아이콘( )으로 드래그하여 소스 파일과 일치하는 시퀀스를 만듭니다.

02 / 스틸 이미지 출력하기

편집 점이 되는 00:00:02:00으로 현재 시간 표시자를 이동합니다. Program Monitor 패널에서 'Export Frame' 아이콘(, Ctrl + Shift + E)을 클릭합니다.

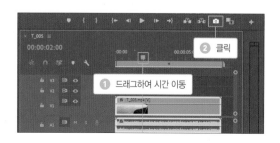

03 / Export Frame 대화상자에서 파일 이름을 입력하고 Format을 'PNG'로 지정합니다. 'Import into project'를 체크 표시한 다음 〈Browse〉 버튼을 클릭해 이미지 파일을 저장할 위치를 지정하고 〈OK〉 버튼을 클릭합니다.

04 / 기본 편집하기

Tools 패널에서 자르기 툴(◆)을 선택하고 편집 점에서 클립을 자릅니다. Tools 패널에서 선택 툴(▶) 을 선택하고 오른쪽 클립을 선택한 다음 Delete를 눌러 삭제합니다.

05 / Project 패널에서 **03 /** 번 과정에서 만든 스틸 프레임을 편집 점으로 드래그합니다.

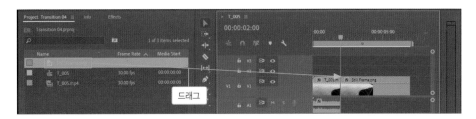

06 / 포토샵으로 연결하기

드래그한 이미지 클립을 선택하고 메뉴에서 〔Edit〕 → 'Edit in Adobe Photoshop'을 실행하여 포토샵으로 연결합니다.

Ps 펜 툴로 이미지 외곽선 그리기

01 / 포토샵이 실행된 다음 작업 화면에 'Still Frame.png' 이미지 파일이 열렸습니다.

02 / 툴 패널에서 돋보기 툴(🔍)을 선택하고 이미지를 섬세하게 볼 수 있도록 클릭하여 확대합니다.

03 / 툴 패널에서 펜 툴(✎)을 선택합니다. 옵션바에서 Path를 지정한 다음 'Path operations' 아이콘(🔳)을 클릭하여 'Combine Shapes'를 선택합니다.

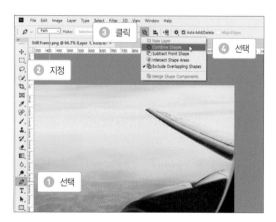

04 / 펜 툴()로 시작 점을 만든 다음 두 번째 지점을 클릭한 상태로 드래그하여 곡선을 만듭니다.

05 / 다음 지점을 클릭하여 비행기의 외곽선을 그립니다. 곡선에서 직선을 그릴 때 Alt를 누른 채 방금 만든 기준점을 클릭하면 한쪽 방향선이 제거되며 다음 기준점이 곡선의 영향을 받지 않고 직선을 그릴 수 있습니다.

Ps 이미지 외곽선 자르기

01 / 끝 점과 시작 점이 만나 패스 작업이 마무리되면 Ctrl + Enter를 눌러 패스를 선택 영역으로 만듭니다.

02 / Ctrl + J를 눌러 레이어를 복사합니다.

03 / Layers 패널에서 'Layer 1' 레이어의 '눈' 아이콘(👁)을 클릭하면 비행기의 외곽선이 잘라진 것을 확인할 수 있습니다.

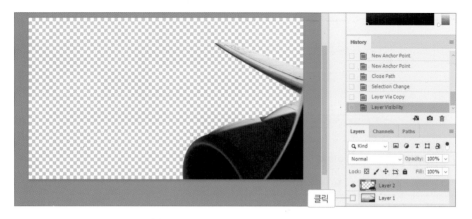

Ps 배경 채색하기

01 / 전경색을 클릭한 다음 Color Picker 대화상자가 표시되면 색상 코드 입력란에 '#84ccc9'를 입력하고 〈OK〉 버튼을 클릭합니다.

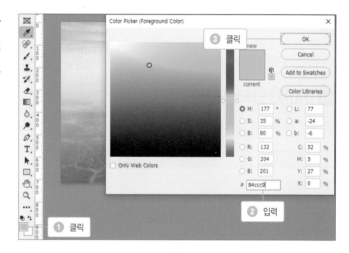

02 / Layers 패널에서 'Layer 1' 레이어를 선택하고 Alt + Delete 를 눌러 배경색을 채웁니다.

Ps 배경에 테두리 만들기

01 / 'Layer 1' 레이어를 선택하고 메뉴에서 [Edit] → Stroke를 실행합니다.

02 / Stroke 대화상자가 나타나면 아래 옵션 값을 설정한 다음 〈OK〉 버튼을 클릭합니다.

- Width : 80px
- Color : #4bbbb6
- Location : Center

03 / 'Layer 1' 레이어에 굵은 테두리가 만들어졌습니다.

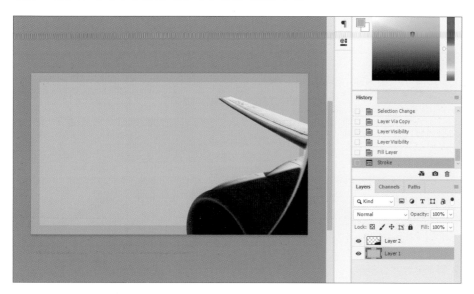

Ps 글자 입력하기

01 / 툴 패널에서 문자 툴(T.)을 선택하고 옵션바에서 '왼쪽 정렬' 아이콘(▤)을 클릭합니다. 그리고 Character 패널에서 아래의 옵션 값을 지정합니다.

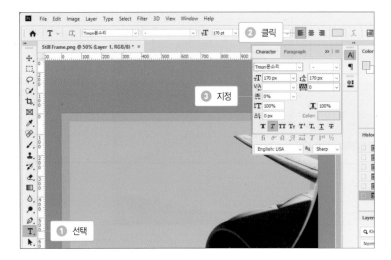

- 폰트 종류 : Tmon 몬소리
- 폰트 크기 : 170px
- 행간 : 170px
- 자간 : 0
- 폰트 색상 : #bae8e6
- 문자 기울기(T)

02 / 캔버스에 마우스 왼쪽 버튼을 클릭하여 책과 같이 '떠나요 제주로' 글자를 입력합니다.

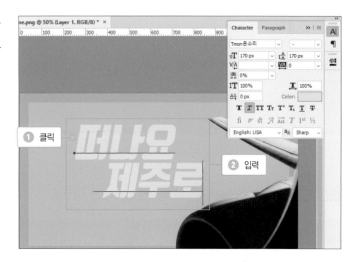

03 / '떠나요' 글자를 드래그하여 선택한 다음 Character 패널에서 폰트 크기를 '150px'로 변경합니다.

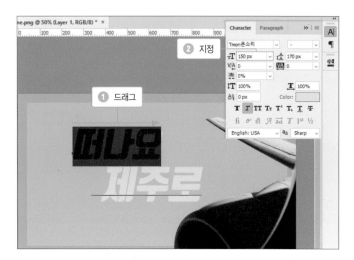

04 / '제주' 글자를 드래그하여 선택한 다음 폰트 색상을 '흰색(#ffffff)'으로 변경하고 [Ctrl] + [Enter]를 누릅니다.

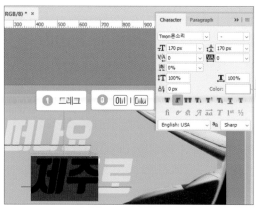 

Ps 글자 변형하기

01 / '떠나요 제주로' 문자 레이어가 선택된 상태에서 [Ctrl] + [T]를 눌러 조절점을 활성화합니다. 글자 위에 마우스 오른쪽 버튼을 클릭하여 'Skew'를 실행합니다.

TIP

Transform([Ctrl] + [T]) 옵션 살펴보기

❶ Scale : 조절점을 드래그하여 이미지(또는 문자, 도형 등) 크기를 확대하거나 축소합니다.
❷ Rotate : 조절점을 드래그하여 이미지를 회전합니다.
❸ Skew : 조절점을 드래그하여 이미지를 수평 또는 수직으로 움직이며 기울기를 조절합니다.
❹ Distort : 조절점을 드래그하여 이미지의 모양을 자유롭게 변형합니다.
❺ Perspective : 조절점을 드래그하여 이미지를 대칭으로 움직인 다음 원근감을 만듭니다.
❻ Warp : 조절점이 추가되며 조절점을 드래그하여 이미지를 곡선 형태로 왜곡합니다.

02 / 오른쪽 중간 조절점을 클릭하여 위로 드
래그하면 글자의 기울기가 변형됩니다. 적당한
기울기로 조절한 다음 Enter를 누릅니다.

03 / 툴 패널에서 이동 툴(⊕)을 선택하고 글자를 누른 채 드래그하여 책과 같이 배치합니다.

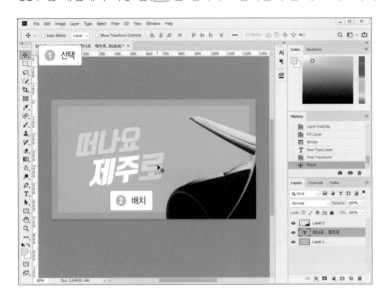

Ps 글자에 Layer Style 적용하기

01 / Layers 패널에서 '떠나요 제주도' 문자 레이어를 선택한 다음 하단의 '레
이어 스타일' 아이콘(fx)을 클릭하고 'Stroke'를 실행합니다.

02 / Layer Style 대화상자가 표시되면 아래 옵션 값을 설정합니다.

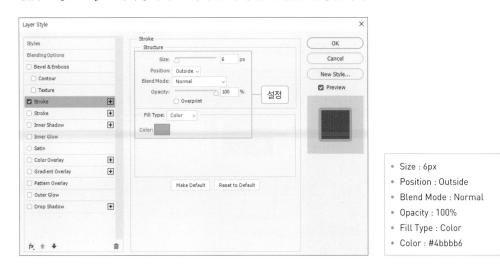

- Size : 6px
- Position : Outside
- Blend Mode : Normal
- Opacity : 100%
- Fill Type : Color
- Color : #4bbbb6

03 / Layers Style 대화상자의 왼쪽 항목에서 'Drop Shadow'를 체크 표시하고 아래 옵션 값을 설정한 다음 〈OK〉 버튼을 클릭합니다.

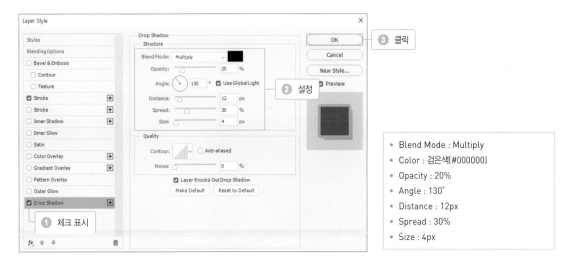

- Blend Mode : Multiply
- Color : 검은색(#000000)
- Opacity : 20%
- Angle : 130°
- Distance : 12px
- Spread : 30%
- Size : 4px

04 / 글자에 테두리 효과와 그림자 효과가 적용되었습니다.

Ps 도형 그리기

01 / Layers 패널에서 'Layer 1' 레이어를 선택하고 툴 패널에서 사각형 툴(□)을 마우스 포인터로 1초 정도 클릭해 숨은 툴이 나타나면 원형 툴(○)을 선택합니다.

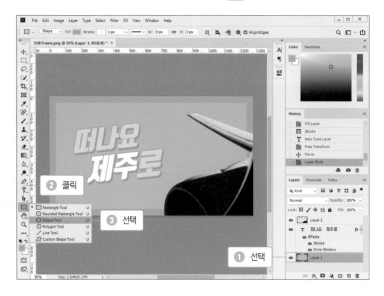

02 / 옵션바에서 아래의 옵션 값을 설정합니다.

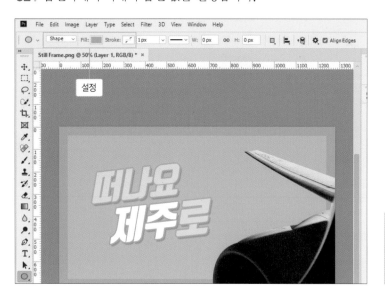

- Shape
- Fill : 'Color Picker' 아이콘(□)을 클릭한 다음 색상 코드 '#84ccc9'를 입력
- Stroke 색상 : 색 없음(⊘)

03 / Shift를 누른 채 캔버스에 드래그하여 책과 같은 위치에 작은 원을 그립니다. Layers 패널에 도형 레이어가 만들어졌습니다.

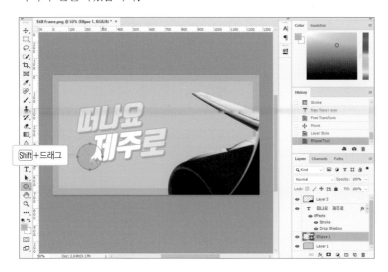

04 / Shift를 누른 채 캔버스에 드래그하여 책과 같은 위치에 큰 원을 작은 원과 겹치게 그린후, Enter를 누릅니다. Layers 패널을 살펴보면 기존의 도형 레이어에 큰 원이 함께 그려진 것을 확인할 수 있습니다.

05 / 툴 패널에서 이동 툴(⊹)을 선택하고 원형을 드래그하여 적당한 위치에 배치합니다.

Ps 레이어 병합하기

01 / Layers 패널에서 'Layer 1' 레이어를 선택하고 Shift 를 누른 채 가장 상단에 위치한 'Layer 2' 레이어를 선택합니다. Layers 패널의 모든 레이어가 선택되었습니다.

▲ 'Layer 1' 레이어 선택   ▲ Shift 를 누른 채 'Layer 2' 레이어 선택

02 / Ctrl + E 를 눌러 레이어를 병합합니다. 4개의 레이어가 하나의 레이어가 되었습니다.

> **TIP**
> 수정이 필요할 상황을 고려해 레이어를 병합하기 전, 메뉴에서 (File) → Save as 혹은 Shift + Ctrl + S 를 눌러 PSD 파일 형식으로 다른 이름 저장하여 작업 파일을 보관합니다.

03 / 'Layer 2' 레이어를 더블클릭하여 '떠나요 제주로'로 이름을 변경하고 Enter 를 누릅니다. 메뉴에서 (File) → Save 혹은 Ctrl + S 를 눌러 기존의 'Still Frame.png' 이미지 파일에 저장합니다.

Pr 장면 전환 효과 적용하기

01 / 시계 장면 효과 적용하기

포토샵에서 저장한 이미지가 자동으로 프리미어 프로에 적용된 것을 확인합니다. Effects 패널에서 'Clock Wipe'를 검색해 두 클립 사이로 드래그하여 적용합니다.

02 / Timeline 패널에서 Clock Wipe 상자를 오른쪽으로 드래그하여 장면 전환의 시작 점을 편집 점과 일치하도록 합니다.

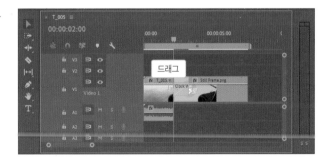

03 / 영상을 재생하여 시계처럼 회전하며 장면 전환되는 타이틀 효과를 확인합니다.

여러 화면을 중첩한 효과 활용하기

프로그램 Pr
버전 CC 이상

블렌드 모드(Blend Mod)는 두 개 이상의 이미지 또는 비디오를 밝기, 대비, 색 등의 신호로 구분하며 중첩할 수 있는 기능으로 영상 편집은 물론 이미지 작업의 경우에도 매우 많이 활용됩니다. 이번 예제에서는 천천히 두 개의 이미지가 중첩되었다가 다른 장면으로 전환되는 영상을 만들며 블렌드 모드에 대해서 이해합니다.

⊙ **예제 파일** 04\T_001.mp4, T_002.mp4 | ⊙ **완성 파일** 04\Blend Mode_완성.mp4

◀ 완성 이미지

01 / 소스 파일과 일치하는 시퀀스 만들기

새 프로젝트를 만들고 Ctrl + I 를 눌러 04 폴더에서 'T_001.mp4', 'T_002.mp4' 파일을 불러옵니다. 'T_001.mp4' 파일을 Project 패널의 'New Item' 아이콘(▦)으로 드래그하여 새로운 시퀀스를 만듭니다.

02 / 기본 편집하기

편집 점이 되는 00:00:02:00으로 현재 시간 표시자를 이동합니다. Project 패널의 'T_002.mp4'을 편집 점의 V2 트랙으로 드래그합니다.

03 / Blend Mode 적용하기

'T_002.mp4' 클립을 선택하고 Effect Controls 패널에서 Opacity → Blend Mode를 'Linear Dodge(Add)'로 지정합니다. 두 개의 영상이 중첩되어 밝아진 것을 확인할 수 있습니다. 다른 느낌의 중첩 효과를 원할 경우 다른 모드를 선택해 적용할 수 있습니다.

TIP

블렌드 모드에서 Linear Dodge(Add)는 두 개 이상의 이미지를 합쳐 밝은 영역의 신호를 더 밝게 만드는 중첩 효과입니다.

04 / 중첩 효과 애니메이션 만들기

00:00:02:00에서 'T_002.mp4' 클립의 Opacity를 '0%'로 설정합니다. 00:00:05:00에서 'T_002.mp4' 클립의 Opacity를 '100%'로 설정합니다.

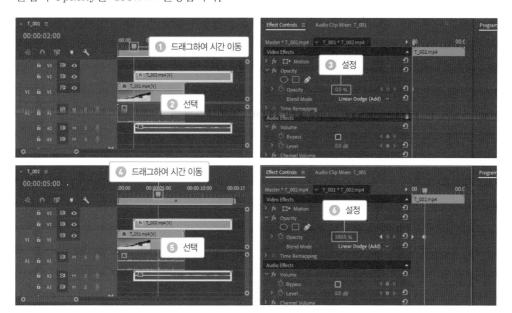

TIP

현재 시간 표시자를 이동하면 자동으로 V1 트랙의 클립이 선택됨으로 반드시 'T_002.mp4' 클립이 선택된 상태에서 Opacity 값을 설정합니다.

05 / 00:00:06:00으로 현재 시간 표시자를 이동합니다. 'T_001.mp4' 클립을 선택하고 Opacity 의 'Add Keyframe' 아이콘(🔘)을 클릭해 키프레임을 만듭니다. 'T_001.mp4' 클립의 마지막 프레임 00:00:08:10으로 이동해 Opacity를 '0%'로 설정합니다.

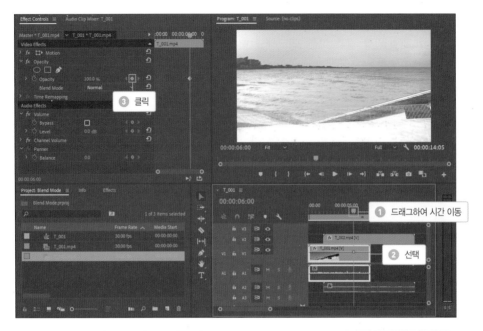

06 / 완성된 영상 확인하기

서서히 밝게 중첩되었다가 다음 장면으로 연결되는 영상을 확인합니다.

화면 분할(PIP) 활용 영상 만들기

영상 편집 시 화면 분할(Picture in Picture) 기법은 두 개 이상의 장면을 한 화면에 보여 줄 수 있는 기법으로 매우 많이 활용되는 기능입니다. 이번 예제는 한 화면에 두 번째 장면을 자연스럽게 등장해 보여주고 바로 연결시키는 화면 분할 장면 전환 효과를 만드는 방법을 알아봅니다.

프로그램 **Pr**
버전　CC 이상

◉ **예제 파일** 04\T_007.mp4, T_008.mp4 | ◉ **완성 파일** 04\PIP_완성.mp4

▲ 완성 이미지

01 / 소스 파일과 일치하는 시퀀스 만들기

새 프로젝트를 만들고 Ctrl + I를 눌러 04 폴더에서 'T_007.mp4', 'T_008.mp4' 파일을 불러옵니다. 'T_007.mp4' 파일을 Project 패널의 'New Item' 아이콘(▣)으로 드래그하여 그림과 같이 새로운 시퀀스를 만듭니다.

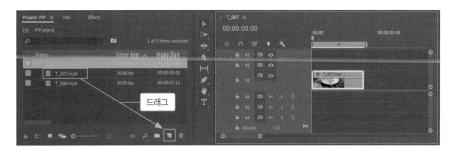

02 / Position 키프레임 만들기

편집 점이 되는 00:00:01:00으로 현재 시간 표시자를 이동합니다. Effect Controls 패널에서 Position의 '스톱워치' 아이콘(◎)을 클릭해 키프레임을 만듭니다.

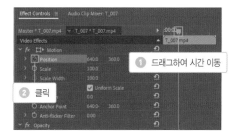

03 / Crop 효과 적용하기

Effects 패널의 검색창에서 'Crop'을 검색한 다음 Timeline 패널의 클립에 드래그하여 적용합니다.

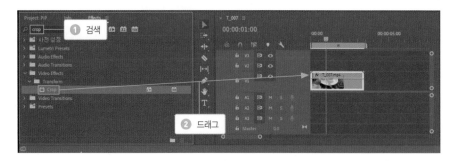

TIP

Crop 효과는 영상 또는 이미지의 4면을 잘라낼 수 있는 기능으로 프리미어 프로에서 자주 사용되는 기능입니다.

04 / 'Crop' → Left의 'Add Keyframe' 아이콘(◉)을 클릭해 키프레임을 만듭니다.

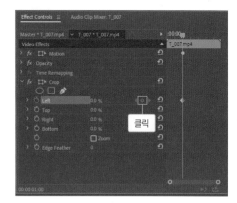

05 / PIP 애니메이션 만들기

현재 시간 표시자를 00:00:01:08로 이동하고 'Motion' → Postion을 '980/360'으로 설정합니다. 'Crop'
→ Left를 '25%'로 설정합니다.

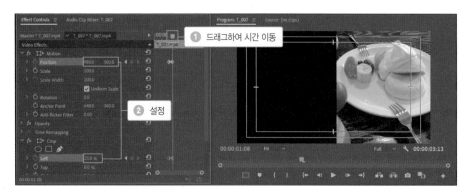

06 / 현재 시간 표시자를 00:00:01:00으로 이동하고 Project 패널에서 'T_008.mp4' 파일을 V3 트랙으로 드래그합니다. 'T_007.mp4' 클립을 V2로 드래그하여 이동합니다.

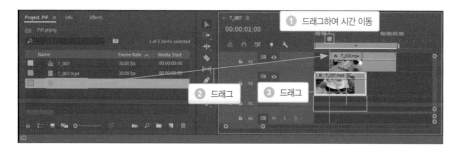

07 / Project 패널의 'New Item' 아이콘(▤)을 클릭해 'Color Matte'를 실행합니다. New Color Matte 대화상자에서 〈OK〉 버튼을 클릭하고 Color Picker 대화상자가 표시되면 '흰색(#FFFFFF)'으로 지정하고 〈OK〉 버튼을 클릭합니다. Choose Name 대화상자에서 매트 이름을 'White Matte'로 입력하고 〈OK〉 버튼을 클릭합니다.

08 / 'White Matte'를 V1 트랙으로 드래그하고 전체 영상의 길이에 끝 점을 맞춰줍니다.

09 / Effects 패널의 'Crop'을 'T_008.mp4'로 드래그해 적용합니다.

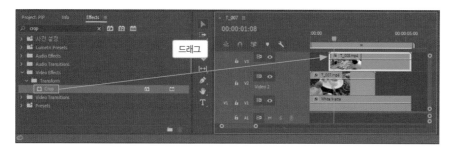

10 / 현재 시간 표시자를 00:00:01:08로 이동하고 'T_008.mp4' 클립의 'Motion' 항목 Position과 'Crop' 항목 Right '스톱워치' 아이콘(◎)을 클릭해 키프레임을 만듭니다. Position을 '435/360', Right를 '34%'로 설정합니다. 두 화면이 흰 선을 중심으로 나뉘게 됩니다.

11 / 현재 시간 표시자를 00:00:01:00으로 이동하고 'T_008.mp4' 클립의 Position을 '－225/360'으로 설정합니다. 두 화면이 분리되는 애니메이션이 완성됩니다.

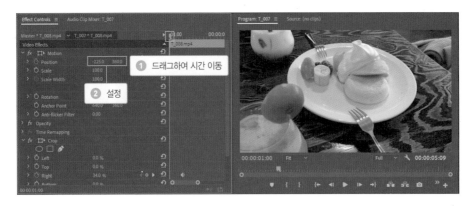

12 / 현재 시간 표시자를 00:00:03:05로 이동합니다. 'T_008.mp4' 클립의 Position과 Right의 'Add Keyframe' 아이콘(◎)을 클릭해 모두 키프레임을 만듭니다.

13 / 'T_007.mp4' 클립을 선택하고 Position의 'Add Keyframe'을 아이콘(⬤)클릭해 키프레임을 만듭니다.

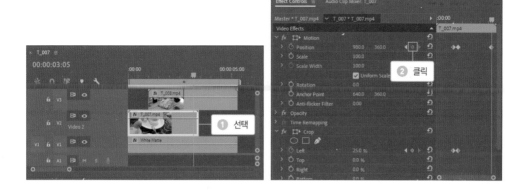

14 / 현재 시간 표시자를 00:00:03:12로 이동합니다. 'T_007.mp4' 클립의 Position을 '1610/360'으로 설정합니다.

15 / 'T_008.mp4' 클립을 선택합니다. 'Motion' 항목의 Position을 '640/360'으로 설정하고 'Crop' 항목의 Right를 '0%'로 설정합니다

16 / 흰색 테두리 만들기

Project 패널에서 'White Matte'를 V4 트랙으로 드래그한 다음 끝 점을 다른 전체 영상의 길이와 같이 맞춥니다.

17 / Effects 패널에서 'Crop'을 V4 트랙의 클립에 드래그한 다음 '사각형 마스크' 아이콘(■)을 클릭합니다.

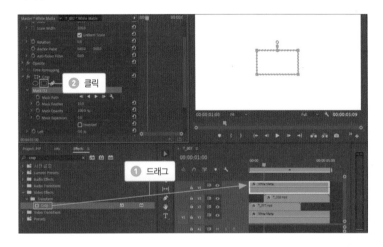

18 / Program Monitor 패널에서 사각형 마스크의 모서리 4개 점을 화면의 테두리로 이동해 그림과 같이 만듭니다. 이때 수평 또는 수직의 두 점을 모두 선택하여 Shift를 누른 채 이동하면 직선 방향으로 이동할 수 있습니다.

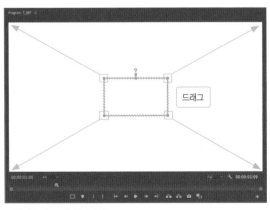

▲ 사각형 마스크를 옮기기 전

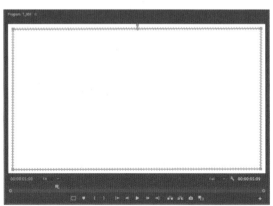

▲ 사각형 마스크를 옮긴 후

19 / 영상의 시작 점에서 Mask Feather를 '0'으로 설정하고 Left의 '스톱워치' 아이콘(⏱)을 클릭해 키프레임을 만듭니다.

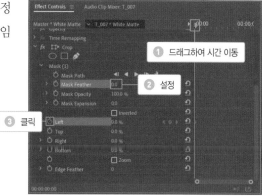

20 / 00:00:00:13에서 Left를 '100%'로 설정합니다.

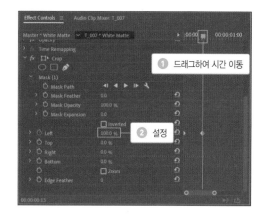

21 / 완성된 영상 확인하기

흰색 화면이 사라지며 등장한 화면이 둘로 나뉘었다가 다시 한 화면으로 전환되는 영상 시퀀스를 확인합니다.

008

흔들린 영상 안정적으로 보정하기

프로그램 Pr
버전 CC 이상

급하게 휴대폰으로 찍은 영상이나 잘못 촬영된 소스 중 흔들린 영상들이 종종 있습니다. 의도된 연출이 아니면 흔들린 영상은 시청자를 불편하게 할 수 있습니다. 이때 흔들린 영상을 보정해 안정화할 수 있는 Warp Stabilizer 기능을 알아봅니다.

● **예제 파일** 04\T_010.mp4 | ● **완성 파일** 04\Stabilizer_완성.mp4

01 / 소스 파일과 일치하는 시퀀스 만들기

새 프로젝트를 만들고 Ctrl + I 를 눌러 04 폴더에서 'T_010.mp4' 파일을 불러옵니다. Project 패널의 'New Item' 아이콘(▣)으로 드래그하여 그림과 같이 새로운 시퀀스를 만듭니다.

TIP

너무 심하게 흔들린 영상 소스의 경우 안정화가 안 될 수 있습니다. 이럴 경우 수동으로 Position 애니메이션을 적용하여 어느 정도 안정화해 출력한 다음 Warp Stabilizer 효과를 적용합니다.

02 / 흔들린 영상 확인하기

영상을 재생해 카메라를 들고 촬영한 흔들린 영상을 확인합니다.

04 영상 편집 단계와 실전 마스터하기

03 / Warp Stabilizer 효과 적용하기

Effects 패널에서 'Warp Stabilizer'를 검색해 타임라인의 비디오 클립에 드래그합니다. 자동으로 영상이 분석되는 화면이 나타나고 분석이 완료되면 안정화 작업도 자동으로 진행됩니다.

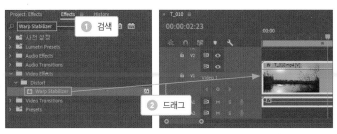

▶ 자동으로 영상이 분석되는 화면

▲ 자동으로 영상이 안정화되는 화면

04 / 안정화 옵션 조절하기

영상을 재생하면 부드럽지만 그래도 흔들리는 것을 확인할 수 있습니다. Effect Controls 패널의 Warp Stabilizer → Stabilization → Result를 'No Motion'으로 지정합니다. 영상을 재생해 안정화된 것을 확인합니다.

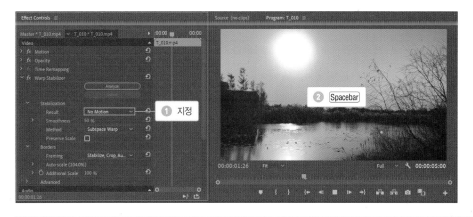

TIP

소스 영상의 흔들리는 강도와 특성에 따라 안정화하는 방법은 서로 다릅니다. 만일 예제 방법으로 안 될 경우 Stabilization → Method와 Borders → Framing을 변경하여 적절한 타입의 안정화 방법을 찾아야 합니다.

CHAPTER 04

다양한 스타일의
자막 만들기

영상에서 자막 작업은 빠질 수 없는 요소입니다. 포토샵을 통해 예쁘게 디자인된 자막 소스를 활용할 수도 있지만 같은 디자인의 여러 자막을 만들기에는 작업 시간이 오래 걸린다는 단점이 있습니다. 이번 챕터에서는 프리미어 프로에서 쉽게 제작할 수 있는 여러가지 자막 스타일과 방법들을 알아봅니다.

프리미어 프로로
쉬운 자막 만들기

프로그램 **Pr**
버전   CC 2018 이상

영상 편집에서 텍스트를 이용한 작업은 늘 필수적인 요소로 원하는 연출 방법에 따라 다양한 스킬을 요구합니다. 이번에는 프리미어 프로에서 문자 툴을 이용해 쉽게 자막을 만드는 방법을 알아봅니다.

● **예제 파일** 04\BG_001.jpg | ● **완성 파일** 04\Type 02_완성.jpg

01 / 소스 파일과 일치하는 시퀀스 만들기

새 프로젝트를 만들고 Ctrl + I 를 눌러 04 폴더에서 'BG_001.jpg' 파일을 불러옵니다. 파일을 Project 패널의 'New Item' 아이콘(🖼)으로 드래그하여 그림과 같이 새로운 시퀀스를 만듭니다.

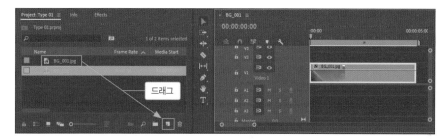

02 / 한글 자막 넣기

Tools 패널에서 문자 툴(**T**)을 선택하고 Program Monitor 패널을 클릭해 '유에프오'를 입력합니다.

03 / 폰트 및 색 설정하기

Tools 패널에서 선택 툴(▶)을 선택합니다. Effect Controls 패널에서 원하는 문자의 폰트와 색을 설정합니다. 'Fill'에서 글자 색을 설정할 수 있으며, 'Stroke'에서 테두리 색을 설정하고 수치를 높여 두께를 조절할 수 있습니다('+' 아이콘(■)을 클릭해 테두리 색을 확장할 수 있습니다).

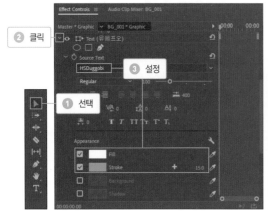

04 / 문자의 크기와 위치 조절하기

Text → Transform에서 Position과 Scale을 조절하여 그림과 같이 위치과 크기를 설정합니다.

05 / 세로 문자 넣기

Tools 패널에서 문자 툴(T)을 1초 이상 클릭해 세로 문자 툴(IT)을 선택합니다.

06 / Program Monitor 패널을 클릭하고 'Unidentified Flying Object'를 입력합니다.

07 / Tools 패널에서 선택 툴(▶)을 선택합니다. Effect Controls 패널에서 원하는 문자의 폰트와 색을 설정합니다.

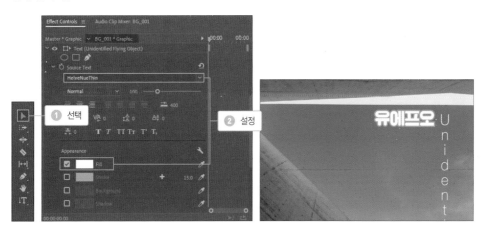

08 / Text → Transform에서 Position과 Scale을 조절해 문자의 위치와 크기를 설정합니다. Program Monitor 패널의 문자를 클릭하여 그림과 같이 단어별로 줄을 띄워 3줄이 되도록 설정합니다. 문자의 디자인과 레이아웃은 연출 방법에 따라 다양하게 설정할 수 있으므로 다양한 방법으로 자막 제작을 시도합니다.

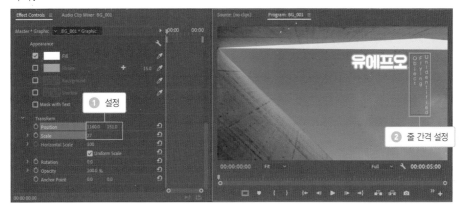

대사 캡션 만들기

프로그램 <kbd>Pr</kbd>
버전 CC 2018 이상

이번 예제는 영상 속에 담긴 대사를 자막으로 표현하는 캡션(Captions) 기능을 알아봅니다. 흔히 영화 자막이라고 생각할 수 있는 캡션 기능은 따로 자막 파일로 출력해 다양한 언어 채널로 사용할 수 있습니다.

⊕ **예제 파일** 04\BG_002.mp4 | ⊕ **완성 파일** 04\Caption_완성.mp4 / Caption_완성.srt

01 / 소스 파일과 일치하는 시퀀스 만들기

새 프로젝트를 만들고 <kbd>Ctrl</kbd>+<kbd>I</kbd>를 눌러 04 폴더에서 'BG_002.mp4' 파일을 불러옵니다. Project 패널의 'New Item' 아이콘(▣)으로 드래그하여 그림과 같이 새로운 시퀀스를 만듭니다.

02 / 캡션 아이템 만들기

Project 패널의 'New Item' 아이콘(▣)을 클릭해 'Captions'를 실행합니다. New Captions 대화상자에서 Standard를 'CEA-708', Stream을 'Service 1'로 지정하고 〈OK〉 버튼을 클릭합니다.

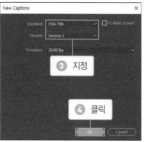

TIP

Standard에서 'Open Captions'를 선택하면 문자의 폰트와 색 등을 원하는 디자인으로 설정할 수 있지만 영상에 함께 출력하는 기능 외에 자막 파일로 따로 출력할 수 없습니다. 만일 자막 파일을 따로 출력하지 않아도 된다면 Open Captions를 선택해 원하는 디자인을 적용하길 권장합니다.

03 / Project 패널에 만들어진 캡션 아이템을 Timeline 패널의 V2 트랙으로 드래그합니다.

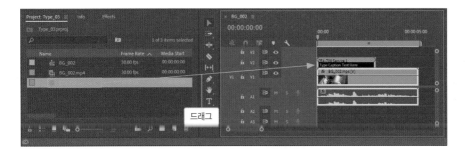

04 / Program Monitor 패널에서 'Button Editor' 아이콘(⊞)을 클릭해 'Captions Display' 아이콘(▢)을 오른쪽 하단으로 드래그합니다. 〈OK〉버튼을 클릭해 Button Editor 창을 닫습니다.

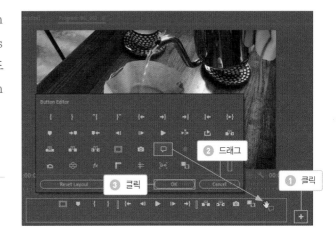

TIP

Captions Display(자막 보기)는 Program Monitor 패널에서 캡션을 보이거나 안 보이도록 설정하는 기능입니다.

05 / 메뉴에서 [Window] → 'Captions'를 실행해 활성화합니다. 캡션을 편집할 수 있는 패널이 열립니다.

06 / Timeline 패널에서 V2 트랙의 캡션 클립이 영상의 길이와 일치하도록 끝 점을 드래그합니다.

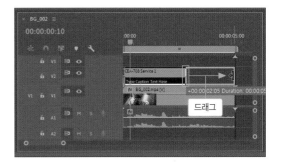

07 / 대사 자막 입력하기

영상을 재생해 들리는 목소리를 Captions 패널의 텍스트 상자에 입력합니다. '천천히 물을 붓고'를 첫 번째 텍스트 상자에 입력합니다. 'Align Center' 아이콘( )을 클릭하고 Position Caption Block( )에서 중간 하단에 위치한 8번째 블록을 클릭해 자막의 위치를 하단 아래로 설정합니다.

08 /

〈Add Caption〉 버튼을 클릭해 텍스트 상자를 추가하고 '잠시 기다려 줍니다.'를 입력합니다.

09 / 캡션 위치 조절하기

Timeline 패널에서 영상을 재생해 대사가 나오는 타이밍에 맞춰 텍스트 상자의 길이를 조절합니다.

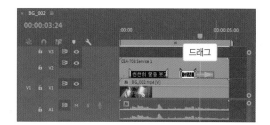

10 / 대사 타이밍 확인하기

영상을 재생해 대사 타이밍에 맞춰 정확히 자막이 나타나는지 확인합니다.

11 / 자막 파일 출력하기

메뉴에서 (File) → Export → Media((Ctrl) + (M))를 실행하여 Export Settings 대화상자를 표시합니다. Format을 'H.264'로 지정하고 'Output Name'을 클릭해 출력 파일의 위치와 이름을 지정합니다. (Video) 탭의 〈Match Source〉 버튼을 클릭해 시퀀스 세팅과 동일한 포맷의 출력 설정을 만듭니다.

12 / (Captions) 탭에서 Export Options를 'Create Sidecar File'로 지정하고 File Format을 'SubRip Subtitle Format (.srt)'로 지정합니다. 〈Export〉 버튼을 클릭해 영상과 자막 파일을 함께 출력합니다.

▲ 영상과 자막 파일이 출력된 모습

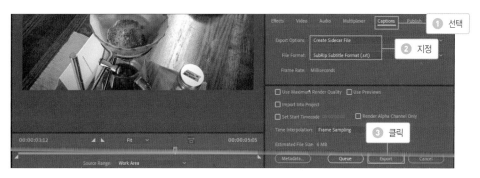

TIP

영상에 자막을 노출해 출력하려면 Export Options를 'Burn Captions Into Video'로 설정합니다.

13 / 미디어 플레이어에서 영상과 자막이 함께 재생되는 것을 확인합니다.

▲ 미디어 플레이어에서 영상과 자막이 함께 재생되는 모습

애니메이션 템플릿을 활용한 타이틀 만들기

프로그램 Pr
버전 CC 2018 이상

템플릿(Template)은 애니메이션, 컬러, 디자인 등 여러 요소를 결합해 완성된 형태로 만든 견본을 말합니다. 애니메이션 타이틀을 만드는 과정은 모션 그래픽 전문 프로그램인 애프터 이펙트에 비해 정교한 작업이 어려울 수 있습니다. 하지만 애프터 이펙트에서 제작한 템플릿을 가져오거나 프리미어에서 제작한 프로젝트를 템플릿으로 저장해 활용할 수 있습니다. 어도비에서 지원하는 무료 템플릿을 변형해 타이틀을 만들어 봅니다.

🔵 **예제 파일** 04\Title_BG_03.mp4 | 🔵 **완성 파일** 04\Title Template_완성.mp4

01 / 배경화면 시퀀스 만들기

새 프로젝트를 만들고 [Ctrl]+[I]를 눌러 04 폴더에서 'Title_BG_03.mp4' 파일을 불러옵니다. Project 패널의 'New Item' 아이콘(🔳)으로 드래그하여 그림과 같이 새로운 시퀀스를 만듭니다.

02 / 모션 템플릿 적용하기

메뉴에서 (Window) → 'Essential Graphics'를 실행합니다.

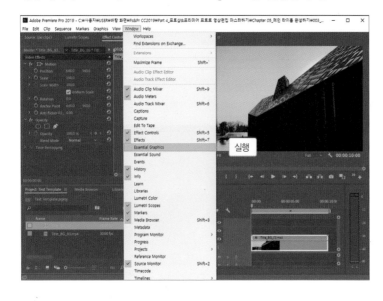

03 / Essential Graphics 패널에서 'Adobe Stock'을 클릭하고 'Free'를 체크 표시합니다. 페이지를 여러 번 넘겨 'Sliding Pop Art Title'을 타임라인의 V2 트랙으로 드래그합니다(Adobe Stock을 활용하기 위해서는 인터넷이 반드시 연결되어 있어야 합니다).

> **TIP**
>
> [My Templates] 탭에서는 프리미어 프로 프로그램 설치 시 기본적으로 제공하는 템플릿과 직접 제작해 저장한 템플릿을 가져올 수 있습니다. [Adobe Stock] 탭에서는 Adobe Stock에 등록된 무료(Free) 또는 유료(Premium) 템플릿을 다운받아 설치할 수 있습니다.

04 / 타이틀 디자인 수정하기

Tools 패널에서 문자 툴(T)을 선택하고 Program Monitor 패널의 글자를 클릭해 타이틀을 '안녕 제주'로 변경합니다.

05 / Essential Graphics 패널에서 〔Edit〕 탭을
선택한 다음 '안녕 제주'를 선택하고 'Text' 항목에
서 원하는 폰트를 지정합니다.

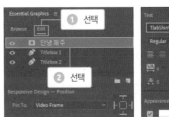

06 / 'Tilt Box 1'을 선택하고 'Appearance' 항목에서 Fill을 '주황색'으로 변경합니다.

07 / 'Title Box 2'를 선택하고 'Appearance' 항목에서 Fill을 '흰색'으로 변경합니다.

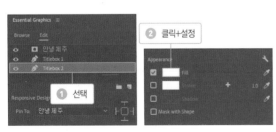

08 / 템플릿 위치/크기 설정하기

Effect Controls 패널에서 'Vector Motion'을 클릭합니다. Essential Graphics 패널의 'Transform' 항목에서 위치와 크기를 그림과 같이 설정합니다.

09 / 타이틀 길이 조절하기

Tools 패널에서 선택 툴(▶)을 선택하고 현재 시간 표시자를 00:00:04:00으로 이동합니다. 템플릿 클립의 끝 점을 현재 시간 표시자가 있는 위치로 드래그해 길이를 줄입니다.

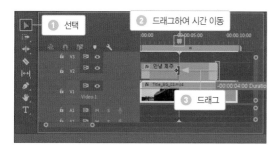

10 / 영상을 재생해 완성된 모션 타이틀을 확인합니다.

클리핑 마스크 타이틀 만들기

TV에서도 자주 볼 수 있는 클리핑 마스크 타이틀은 특정 도형 또는 글자 속에 영상을 투영시켜 표현하는 기법
입니다. 프리미어 프로에서는 트랙 매트 키(Track Matte Key) 효과를 이용해 간단히 클리핑 마스크 효과를 표현
할 수 있습니다.

프로그램 Pr

버전 CC 2018 이상

● **예제 파일** 04\Clipping Mask.mp4 | ● **완성 파일** 04\Clipping Mask_완성.mp4

◀ 완성 이미지

Pr 자막 디자인 하기

01 / 소스 영상과 동일한 포맷의 시퀀스 만들기

새 프로젝트를 만들고 Ctrl+I를 눌러 04 폴더에서 'Clipping Mask.mp4' 파일을 불러옵니다. Project
패널의 'New Item' 아이콘(🔲)으로 드래그하여 소스 파일과 동일한 포맷의 시퀀스를 만듭니다. V1 트랙
에 있는 'Clipping Mask.mp4' 클립을 V2 트랙으로 드래그합니다.

02 / 흰색 배경 매트 만들기

Project 패널의 'New Item' 아이콘(🔲)을 클릭해 'Color
Matte'를 실행합니다. New Color Matte 대화상자가
표시되면 〈OK〉 버튼을 클릭하고 Color Picker 대화상
자에서 '흰색(#FFFFFF)'을 입력하고 〈OK〉 버튼을 클
릭합니다. Choose Name 대화상자에서 이름을 'White
Matte'라고 입력한 다음 〈OK〉 버튼을 클릭합니다.

03 / Project 패널에 만들어진 'White Matte'를 타임라인의 V1 트랙으로 드래그하고 끝 점을 비디오 클립의 길이와 동일하게 맞춥니다.

04 / 타이틀 디자인 하기

Tools 패널에서 문자 툴(T)을 선택하고 Program Monitor 패널을 클릭하여 'GOOD DAY'를 입력합니다.

> **TIP**
>
> 프리미어 프로 CC 이하의 버전에서는 Ctrl + T를 눌러 Legacy Title 패널에서 타이틀을 디자인해 사용할 수 있습니다.

05 / Tools 패널에서 선택 툴(▶)을 선택합니다. Effect Controls 패널에서 입력한 타이틀의 폰트, 크기, 위치, 줄 간격 등을 조절해 그림과 같이 화면에 가득 찬 타이틀을 디자인합니다.

Pr 클리핑 마스트 효과 적용하기

01 / Effects 패널에서 'Track Matte Key'를 검색해 V2 트랙의 비디오 클립에 드래그합니다.

> **TIP**
>
> Track Matte Key는 다른 트랙의 알파 채널(Alpha Channel) 또는 루마 채널(Luma Channel) 영역을 이용해 이미지 또는 영상을 투영해줍니다.

02 / Effect Controls 패널에서 Track Matte Key → Matte를 'Video 3'으로 지정합니다.

03 / 영상을 재생해 클리핑된 문자 속에 영상이 투영된 것을 확인합니다.

CHAPTER 05

사운드 효과
활용하기

영상에서 소리 작업은 매우 중요한 요소입니다. 사운드 연출을 어떻게 하느냐에 따라 영상의 분위기와 결과물은 완전히 달라지게 됩니다. 또한 잘못된 사운드 편집은 감상할 때 시청자를 불편하게 할 수 있기 때문에 소리의 크기와 효과 등을 적절히 설정해야 합니다.

소리 크기 조절하기

프로그램 Pr
버전   CC 이상

영상 편집의 사운드 작업 중 가장 기초가 되는 작업은 클립의 소리 크기(Sound Level)를 적절한 볼륨으로 조절하는 것입니다. 클립별로 소리가 각자 다른 크기로 수집되었을 경우 오디오 미터 기준으로 적절하게 조절하도록 합니다.

01 / Timeline 패널에서 소리 크기 조절하기

타임라인에서 오디오 볼륨을 조절하고자 하는 클립을 선택하고 메뉴에서 〔Clip〕 → Audio Options → Audio Gain(〔G〕)을 실행하면 클립의 오디오 크기를 조절할 수 있는 Audio Gain 대화상자가 표시됩니다.

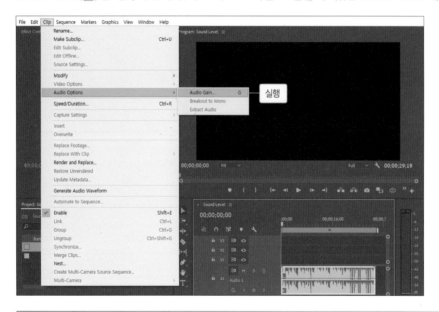

TIP

Audio Gain은 타임라인에서 마우스 오른쪽 버튼을 클릭해 실행할 수도 있으며 여러 개의 클립을 선택한 다음 단축키 〔G〕를 눌러 한 번에 편리하게 조절할 수도 있습니다.

Audio Gain 대화상자에서 Adjust Gain by를 설정하면 오디오 데시벨(dB) 단위로 소리의 크기를 조절할 수 있습니다. 이때 0 이상의 값을 입력하면 소리가 커지고 '−' 기호를 붙여 0 미만의 값을 입력하면 소리를 작게 할 수 있습니다.

소리의 값을 조절할 때는 타임라인의 Wave Form 형태를 관찰하거나 소리를 재생해 오디오 미터(Audio Meter)에서 막대 그래프가 0을 초과해 빨간색 Peak 값이 되지 않도록 주의해야 합니다. 오디오 값이 Peak 값을 넘어서면 출력된 영상에서 소리가 깨질 수 있습니다.

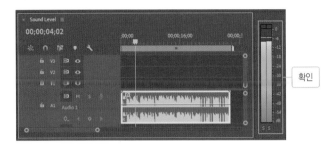

02 / Effect Controls 패널에서 소리 크기 조절하기

소리 크기를 조절하고자 하는 클립을 Timeline 패널에서 선택하면 Effect Controls 패널 'Volume' 항목에서 소리의 크기를 조절할 수 있습니다. Level의 값을 0 이상으로 설정하면 소리를 크게 하고 0 미만의 '−'값으로 설정하면 소리 크기를 작게 할 수 있습니다. 이때 Level의 스톱워치(🕐)가 활성화되어 있으면 키프레임이 만들어지므로 소리 애니메이션을 원하지 않을 경우 클릭하여 비활성 모드로 전환합니다. Level의 화살표를 클릭하면 슬라이더를 좌우로 컨트롤하여 오디오 볼륨을 조절할 수 있습니다.

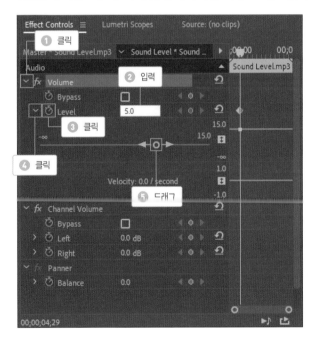

TIP
Effect Controls 패널의 'Channel Volume' 항목에서는 스테레오 사운드의 좌우 레벨을 별도로 조절할 수 있습니다.

페이드 인 아웃 효과 만들기

프로그램 Pr
버전 CC 이상

소리에서 페이드 효과는 점점 소리가 커지는 효과(Fade In)와 점점 소리가 작아지는 효과(Fade Out)로 나뉘며
영상의 시작과 마무리에서 많이 사용되는 기능입니다. 프리미어 프로에서 오디오 페이드 효과를 적용하는 방법
을 알아봅니다.

01 / Audio Transitions 효과로 페이드 효과 만들기

Effects 패널의 Audio Transitions → Crossfade → Constant Power를 Timeline 패널의 오디오 클립
시작 점 또는 끝 점에 드래그하면 오디오 페이드 효과를 만들 수 있습니다. 이때 클립의 시작 점으로 드
래그하면 페이드 인 효과가 적용되며 끝 점으로 드래그하면 페이드 아웃 효과가 적용됩니다.

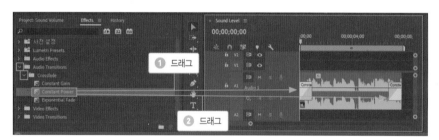

클립에 적용된 Audio Transitions 효과의 끝 점을 드래그하면 페이드 효과의 길이를 조절할 수 있습니
다. 적용된 Audio Transitions 효과를 더블클릭하면 Set Transition Duration 대화상자가 표시되면 원
하는 효과의 길이를 입력하여 설정할 수 있습니다.

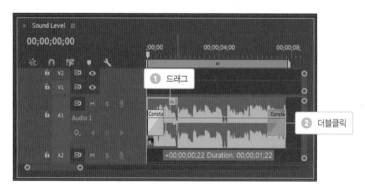

02 / Effect Controls 패널에서 페이드 효과 만들기

Effect Controls 패널에서 'Volume' 항목의 Level 스톱워치가 켜져 있는 상태에서 오디오 값을 변경하면 키프레임이 만들어집니다. 시작 점의 오디오 레벨을 '−∞'로 설정하고 소리가 커진 시점의 오디오 레벨을 '0'으로 설정해 애니메이션을 적용하면 오디오 페이드 효과를 만들 수 있습니다. Effect Controls 패널에서 오디오 설정은 페이드 효과뿐만 아니라 클립 중간의 소리 크기를 세부적으로 조절할 때도 많이 사용합니다.

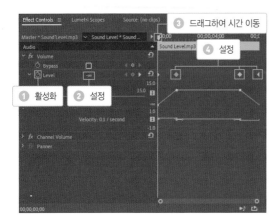

03 / 오디오 디졸브 효과 만들기

두 클립의 소리를 중첩시키는 오디오 디졸브(Audio Dissolve)는 두 개의 오디오 클립 사이에 Effects 패널의 Audio Transitions → Crossfade → Constant Power를 드래그하여 쉽게 만들 수 있습니다. 오디오 디졸브 효과의 길이를 조절하기 위해서는 더블클릭하여 'Set Transition Duration' 값을 설정하거나 효과 클립의 끝 점을 좌우로 드래그하면 됩니다.

003

내레이션 녹음하기

프로그램 Pr
버전 CC 2018 이상

콘텐츠 특성에 따라서 필요한 사운드를 녹음할 경우가 있습니다. 사운드 녹음은 전문 사운드 스튜디오에서 녹음하는 것이 정석이지만 필요에 따라 스마트폰 또는 프리미어 프로에서 직접 녹음할 수 있습니다. 프리미어 프로는 오디오 녹음 시스템은 물론 영상을 보면서 실시간으로 녹음할 수 있는 환경을 지원합니다.

01 / 마이크 입력 설정하기

PC에 마이크를 연결한 다음 마이크가 정확히 작동하는지 테스트합니다. 마이크 시스템이 완벽히 작동이 되는 것을 확인한 다음 프리미어 프로를 실행합니다. 녹음을 하기 위한 영상 편집을 완료합니다. 완료되면 마이크 설정을 위해 메뉴에서 〔Edit〕 →
Preferences → Audio Hardware를 실행합니다. Default Input을 PC에 세팅된 마이크로 지정합니다.

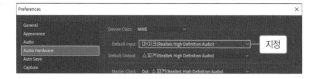

> **TIP**
> 일반 데스크톱에 스마트폰용 이어마이크를 연결할 경우 마이크 시스템이 제대로 작동하지 않을 확률이 높습니다. 반드시 제대로 작동되는 마이크를 데스크톱에 연결하고 성능 테스트가 완벽히 이루어진 다음 프리미어 프로를 실행하시기 바랍니다.

02 / 내레이션 녹음하기

Timeline 패널에서 녹음을 하고자 하는 위치에 현재 시간 표시자를 가져다 놓습니다. 녹음을 하고자 하는 트랙의 'Voice-Over Record' 아이콘(🎤)을 클릭합니다. 카운트 다운이 끝나고 실시간으로 재생되는 화면을 따라 녹음을 진행합니다. Program Monitor 패널의 정지 버튼을 클릭하면 녹음이 정지되고 녹음된 소스 파일이 자동으로 Project 패널과 타임라인 트랙에 삽입됩니다.

▲ Voice-Over Record 아이콘을 클릭한 다음 카운트 다운 상태

> **TIP**
> 녹음 시에는 반드시 헤드폰이나 이어폰을 끼고 녹음해야 마이크로 입력된 소리 또는 다른 트랙의 소리가 마이크로 재입력되는 현상을 방지할 수 있습니다. 만일 녹음 시 방해가 되거나 필요 없는 사운드의 경우 해당 클립 또는 트랙에 'Mute' 아이콘(M)을 클릭한 다음 녹음을 진행합니다.

▲ 영상이 실시간 재생되며 녹음되는 상태

음성 변조 효과 만들기

프로그램 **Pr**
버전 CC 이상

예능과 수사물 프로그램에서 등장하는 음성 변조 효과는 크게 두 가지 형태로 분류할 수 있습니다. 목소리의
피치(Pitch)를 높이는 방법과 낮추는 방법으로 목소리 톤의 굵기를 변형하는 기술입니다. 프리미어 프로에서는
Pitch Shifter 효과를 통해 매우 쉽게 두 가지 톤의 목소리로 변조할 수 있습니다.

01 / 음성 변조 효과 적용하기 – Pitch Shifter

목소리를 변조하기 위해 Effects 패널에서 'Pitch Shifter'를 검색해 타임라인의 오디오 클립에 드래그합
니다.

02 / 음성 변조 하기

Effect Controls 패널에서 적용된 Pitch Shifter의 〈Edit〉 버튼을 클릭합니다. Clip Fx Editor 대화상자
에서 Semi-tones의 슬라이더를 오른쪽으로 드래그해 '12'로 설정합니다. 오디오를 재생하면 높은 톤의
헬륨 가스 목소리로 음성이 변조됩니다. Semi-tones의 슬라이더를 왼쪽으로 드래그해 '-12'로 설정하
면 낮은 톤의 범죄자 목소리로 변조할 수 있습니다.

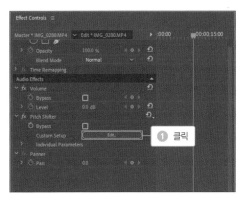

메아리 효과 만들기

프로그램 **Pr**
버전 CC 이상
　　　　　오디오의 메아리 효과는 Delay 이펙트를 통해 간단히 표현할 수 있습니다.

01 / Delay 효과 적용하기

Delay는 소리를 원하는 시간만큼 지연해 다시 들리게 하는 효과로 같은 소리를 반복해서 재생할 때 사용합니다. Effects 패널에서 'Delay'를 검색해 타임라인의 오디오 클립에 드래그합니다.

02 / 메아리 효과 연출하기

Effect Controls 패널에서 적용된 Delay의 오디오 지연 시간(Delay), 중첩 농도(Mix) 등을 원하는 옵션으로 설정하면 메아리 효과를 연출할 수 있습니다.

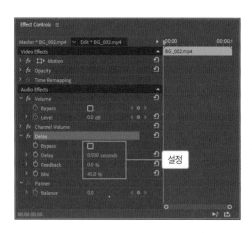

CHAPTER 06

색상 보정
완성하기

영상에서 소스의 색상을 보정하는 이유는 잘못된 명암과 색을 보정하기도 하지만 원하는 하나의 컬러 톤(Color Tone)으로 통일
하는 작업입니다. 색의 온도에 따라 영상의 분위기가 많이 달라지기도 하며 연출적으로 매우 중요한 역할을 합니다.
프리미어 프로에서 색상 보정은 모든 편집이 마무리된 이후에 작업해야 합니다. 색상 작업을 통해 데이터가 무거워져 연산 작업
이 복잡해지면 실시간 재생이 어려울 수도 있기 때문입니다. 하지만 전문가의 작업에서 기본 색상 보정은 편집 이전에 이루어지
기도 합니다. 컬러 작업 후 한 번의 렌더링 과정을 거쳐서 출력된 영상을 가지고 편집 작업을 하기 때문입니다. 프리미어 프로에
서 편집과 색상 보정 작업을 모두 해결해야 할 경우 편집 이후에 색상 보정 작업을 할 것을 권장합니다.

001

자동으로 화면 밝기 조정하기

프로그램 **Pr**
버전 CC 이상

영상에서 화면 밝기는 매우 중요한 요소입니다. Auto Levels와 Auto Contrast로 잘못 촬영된 영상 소스의 밝기와 대비를 빠르고 쉽게 자동으로 설정해 주는 방법을 알아봅니다.

01 / 화면 밝기 자동 설정하기 – Auto Levels

Effects 패널에서 'Auto Levels'를 검색해 타임라인의 비디오 클립에 드래그합니다. Effect Controls 패널에서 어두운 영역과 밝은 영역 등에 디테일한 설정을 마무리할 수 있습니다.

▲ Auto Levels 적용 전 화면

▲ Auto Levels 적용 후 화면

02 / 화면 대비 자동 설정하기 – Auto Contrast

Effects 패널에서 'Auto Contrast'를 검색해 타임라인의 비디오 클립에 드래그합니다. Effect Controls 패널에서 어두운 영역과 밝은 영역 등에 디테일한 설정을 마무리할 수 있습니다.

▲ Auto Contrast 적용 전 화면

▲ Auto Contrast 적용 후 화면

밝고 화사한 화면 만들기

프로그램 Pr
버전 CC 2018 이상

색과 밝기를 보정하는 방법은 여러 가지가 있습니다. 그 중에서 가장 효율적이고 섬세하게 표현할 수 있는 방법은 Lumetri Color를 이용하는 것입니다. 기초적인 색과 밝기는 물론, 색온도와 밝기, 톤의 영역별 섬세한 컬러를 보정해 밝고 화사한 영상을 만드는 방법을 알아봅니다.

🔘 **예제 파일** 04\Color_Base_01.mp4 | 🔘 **완성 파일** 04\Sky Color_완성.mp4

01 / 소스 영상과 동일한 포맷의 시퀀스 만들기

새 프로젝트를 만들고 [Ctrl] + [I]를 눌러 04 폴더에서 'Color_Base_01.mp4' 파일을 불러옵니다. 불러온 소스 파일을 Project 패널의 'New Item' 아이콘(🔳)으로 드래그하여 소스 파일과 동일한 포맷의 시퀀스를 만듭니다.

02 / Lumetri Color 패널 열기

메뉴에서 [Window] → Lumetri Color를 실행해 활성화합니다.

03 / 기본 색보정 설정하기

Lumetri Color 패널이 열리면 'Basic Correction' 항목의 White Balance → Temperature를 '-30'으로 설정하고 Tone → Exposure를 '0.5'로 설정합니다.

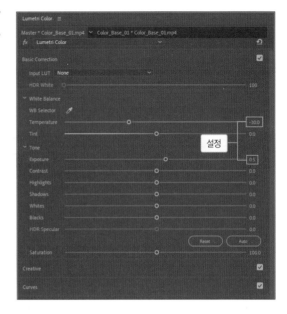

04 / 3색 톤 설정하기

'Color Wheels & Match' 항목을 열고 그림과 같이 Shadows, Midtones을 파란색 계열로 설정하고 Highlights를 주황색 계열로 설정합니다.

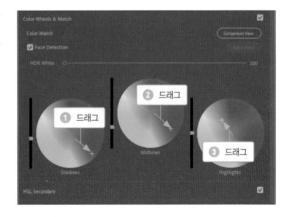

05 / 보정된 컬러 톤 확인하기

Program Monitor 패널에서 하늘색과 전체 톤이 화사하게 바뀐 것을 확인합니다.

▲ 색 보정 전 화면

▲ 색 보정 후 화면

오래된 흑백 영상 만들기

프로그램 Pr
버전 CC 2018 이상

흑백 영상은 Black&White를 클립에 드래그하는 것만으로도 매우 간단히 만들 수 있습니다. 아주 오래된 필름 느낌의 흑백 영상을 만들어 봅니다.

● **예제 파일** 04\Color_Base_02.mp4 | ● **완성 파일** 04\Black&White_완성.mp4

▲ 컬러와 효과 적용 전

▲ 컬러와 효과 적용 후

01 / 소스 영상과 동일한 포맷의 시퀀스 만들기

새 프로젝트를 만들고 Ctrl + I를 눌러 04 폴더에서 'Color_Base_02.mp4' 파일을 불러옵니다. 불러온 소스 파일을 Project 패널의 'New Item' 아이콘(▩)으로 드래그하여 소스 파일과 동일한 포맷의 시퀀스 를 만듭니다.

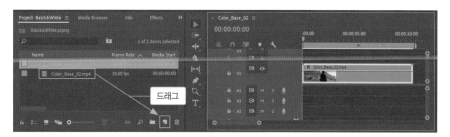

02 / Lumetri Color 패널 열기

메뉴에서 (Window) → Lumetri Color를 실행합니다.

321

03 / 흑백 컬러 설정하기

Lumetri Color 패널의 'Creative' 항목을 열고 체크
표시한 다음 Look을 'SL NOIR 1965'로 지정합니다.

04 / 비네팅 효과 설정하기

'Vignette' 항목을 열고 체크 표시한 다음 Amount
를 '−3', Midpoint를 '30', Roundness를 '70',
Feather를 '70'으로 설정합니다.

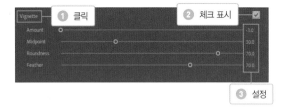

05 / 노이즈 효과 적용하기

프레임 수가 적은 옛날 필름 느낌을 위해 Effects 패널에서 'Posterize Time'을 검색해 비디오 클립에 드
래그합니다. Effect Controls 패널에서 Posterize Time → Frame Rate를 '12'로 설정합니다.

06 / Effects 패널에서 'Noise'를 검색해 클립에 적용한 다음 Effect Controls 패널에서 Amount of Noise를 '15%'로 설정합니다.

07 / Effects 패널에서 'Dust & Scratches'를 검색해 클립에 적용한 다음 Effect Controls 패널에서 Radius를 '2'로 설정합니다.

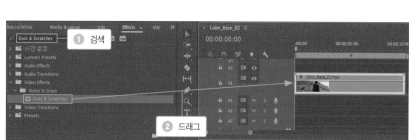

08 / 영상 확인하기

영상을 재생해 컬러와 효과가 적용된 영상과 적용되지 않은 영상의 차이를 확인합니다.

▲ 컬러와 효과 적용 전

▲ 컬러와 효과 적용 후

한 가지 색상을 활용한 영상 만들기

프로그램 Pr
버전 CC 이상

영상의 톤을 흑백으로 설정하고 한 가지 특정색을 활용한 기법은 영화 '씬 시티'에서 등장해 큰 화제가 되었습니다. 예능에서 가끔씩 등장하는 이 기법을 Change Color를 활용해 쉽게 적용합니다.

● **예제 파일** 04\Color_Base_03.mp4 | ● **완성 파일** 04\One Color_완성.mp4

01 / 소스 영상과 동일한 포맷의 시퀀스 만들기

새 프로젝트를 만들고 Ctrl + I 를 눌러 04 폴더에서 'Color_Base_03.mp4' 파일을 불러옵니다. 불러온 소스 파일을 Project 패널의 'New Item' 아이콘(▥)으로 드래그하여 소스 파일과 동일한 포맷의 시퀀스를 만듭니다.

02 / 효과 적용하기

Effects 패널에서 'Change Color'를 검색해 비디오 클립에 드래그합니다.

03 / 한 가지 색상으로 설정하기

Effect Controls 패널에서 Change Color → Color To Change의 '스포이드' 아이콘(🖍)을 클릭한 다음 Program Monitor 패널에서 빨간색 구조물을 클릭해 색을 추출합니다.

04 / 'Invert Color Correction Mask'를 체크 표시하고 Saturation Transform을 '-100', Matching Tolerance를 '15%', Matching Softness를 '10%'로 설정해 붉은색을 제외한 나머지 색을 흑백으로 설정합니다.

05 / 영상 확인하기

영상을 재생해 붉은색 영역이 잘 적용되었는지 확인합니다.

▲ 효과 적용 전

▲ 효과 적용 후

005

세피아 톤 영상 만들기

프로그램 Pr
버전 CC 이상

세피아(Sepia) 톤은 흑백에 어두운 갈색 톤을 적용한 컬러로 오래된 느낌의 필름이나 회상 장면에 주로 사용하는 기법입니다. Tint를 통해 쉽고 빠르게 세피아 톤 효과를 만듭니다.

● **예제 파일** 04\Color_Base_04.mp4 | ● **완성 파일** 04\Sepia_완성.mp4

01 / 소스 영상과 동일한 포맷의 시퀀스 만들기

새 프로젝트를 만들고 Ctrl + I 를 눌러 04 폴더에서 'Color_Base_04.mp4' 파일을 불러옵니다. 불러온 소스 파일을 Project 패널의 'New Item' 아이콘(▤)으로 드래그하여 소스 파일과 동일한 포맷의 시퀀스를 만듭니다.

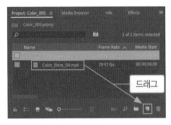

02 / Tint 효과 적용하기

Effects 패널에서 'Tint'를 검색해 비디오 클립에 드래그합니다. 영상이 흑백으로 바뀌게 됩니다.

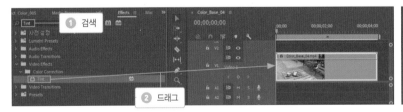

03 / Effect Controls 패널에서 Tint → Map White To 컬러를 '밝은 갈색(#CDA775)'으로 설정합니다. 영상이 어두운 갈색의 세피아 톤으로 변경됩니다.

CHAPTER 07

작업의 마무리!
영상 및 오디오 출력하기

모든 영상 편집 작업을 마무리하면 사용 목적에 맞춰 정확한 포맷과 옵션으로 결과물을 출력해야 합니다. 잘못된 형식과 옵션은 영상의 해상도에 영향을 미치며 사용 환경에 부적합할 수 있습니다. 다양한 미디어 환경에 맞춰 알맞은 옵션으로 결과물을 출력할 수 있도록 여러 가지 출력 환경 옵션을 이해합니다.

001

동영상 화면 캡처하기

프로그램 **Pr**
버전 CC 이상

영상 편집을 하다보면 동영상의 한 장면을 캡처해 사용할 때가 매우 많습니다. Program Monitor 패널의 아이콘 하나를 클릭해 간단하게 원하는 포맷의 이미지를 출력할 수 있습니다.

01 / 모니터 패널의 이미지 출력 아이콘 – Export Frame

Program Monitor 패널 또는 Source Monitor 패널의 'Export Frame' 아이콘(📷)을 클릭해 이미지를 출력할 수 있는 옵션 창을 표시합니다.

02 / 이미지 출력 아이콘이 없을 경우 설정 방법

'Export Frame' 아이콘(📷)이 없을 경우 'Button Editor' 아이콘(➕)을 클릭해 'Export Frame' 아이콘(📷)을 모니터 패널 하단의 빈 공간으로 드래그합니다. 다양한 기능의 아이콘을 드래그해 모니터 화면에서 빠르게 사용할 수 있습니다. 또한 삽입된 아이콘을 Button Editor 창으로 다시 드래그하면 버튼 영역에서 삭제할 수 있습니다.

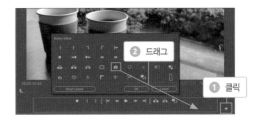

03 / Export Frame 대화상자 설정 방법

Export Frame 대화상자에서 출력할 이미지의 이름, 포맷, 경로 등을 설정할 수 있습니다.

❶ **Name** : 출력할 이미지 파일의 이름을 설정합니다.

❷ **Format** : 출력할 이미지의 확장자를 지정합니다.

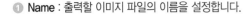

❸ **Browse** : 출력할 이미지의 저장 경로를 설정합니다.

❹ **Import into project** : 체크 표시하면 출력된 이미지가 자동으로 프리미어 프로의 Project 패널로 Import 됩니다.

출력 설정 화면 알아두기

프로그램 **Pr**
버전 CC 2018 이상

프리미어 프로에서는 이미지, 동영상, 사운드, 이미지 시퀀스, 자막과 같은 미디어 출력물을 생산할 수 있습니다. Export Settings 대화상자에서는 다양한 미디어 포맷의 출력물을 설정할 수 있습니다. 하지만 사용목적에 맞게 제대로 출력설정을 해야 오류없이 사용할 수 있으므로 다양한 옵션에 대해 정확히 이해하기 바랍니다.

01 / 출력 화면 실행하기 - Export Media

메뉴에서 (File) → Export → Media(Ctrl + M)를 실행하면 동영상, 오디오, 이미지 등을 출력할 수 있는 Export Settings 대화상자가 표시됩니다.

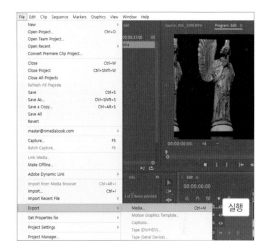

02 / Export Settings 대화상자 살펴보기

이미지, 동영상, 오디오 등의 파일을 출력하기 위한 여러 가지 옵션을 지원합니다.

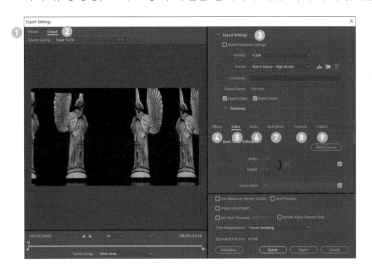

❶ **Source** : 출력할 소스의 시퀀스 화면을 보여주며 크기를 조절할 수 있습니다.

❷ **Output** : 출력되는 화면의 비율과 크기를 보여주며 설정할 수 있습니다.

❸ **Export Settings** : 원하는 출력 포맷을 설정하고 사용자 정의 프리셋을 만들거나 불러옵니다. 또한 출력 설정의 비디오, 오디오 포맷의 정보를 보여줍니다. Output Name을 클릭해 파일명을 설정합니다.

❹ **Effects** : 비디오 또는 이미지 시퀀스 출력할 때 출력되는 영상 전체에 필요한 효과를 지원합니다. 컬러, 이미지 워터마크, 텍스트 중첩, 타임코드 효과 옵션 등을 지원합니다.

❺ **Video** : 비디오 출력 크기, 프레임 레이트, 비트 레이트 등 비디오 형식의 자세한 설정을 지원합니다.

❻ **Audio** : 오디오 포맷, 샘플링 비율, 샘플링 크기, 채널 등 오디오 형식의 자세한 설정을 지원합니다.

❼ **Multiplexer** : 비디오 플레이 장비에 대한 옵션을 설정합니다.

❽ **Captions** : 자막 형식과 프레임 레이트 등 자세한 설정을 지원합니다.

❾ **Publish** : Adobe Creative Cloud, Facebook, YouTube 등 온라인에 바로 업로드할 수 있는 퍼블리싱 작업을 지원합니다.

03 / 타임라인에서 출력 영역 설정하기

영상을 출력하게 되면 기본적으로 타임라인에 있는 모든 클립의 영상이 하나의 파일로 출력됩니다. 따라서 특정 영역을 따로 지정하려면 In/Out 포인트를 설정하거나 Work Area Bar를 통해 지정해야 합니다.

01 | In and Out 포인트로 출력 영역 설정하기

Timeline 패널에서 출력을 원하는 영역의 시작 위치에서 단축키 ①를 눌러 시작 점 마크를 만듭니다. 끝 점에서 단축키 ①를 눌러 끝 점 마크를 만듭니다. 시작 점과 끝 점의 마크는 Ctrl + Shift + X를 눌러 삭제할 수 있습니다.

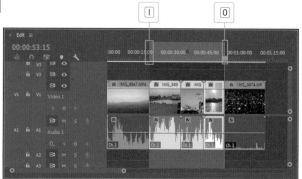

Ctrl + M을 눌러 Export Settings 대화상자를 표시합니다. (Output) 탭의 Source Range를 'Sequence In/Out'으로 지정한 다음 영상을 출력하면 선택된 영역만큼 동영상 또는 오디오가 출력됩니다.

02 | Work Area Bar로 출력 영역 설정하기

Timeline 패널의 '패널 옵션' 아이콘(▤)을 클릭해 'Work Area Bar'를 실행합니다.

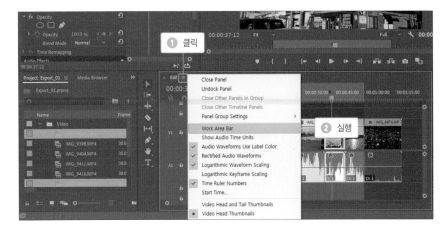

Work Area Bar의 시작 점(Alt + [[ ])과 끝 점(Alt + [ ]])에 출력을 원하는 영역만큼 드래그하여 설정합니다.

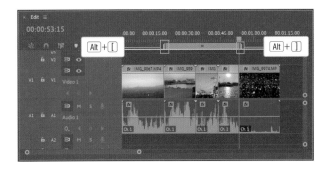

Ctrl + M을 눌러 Export Settings 대화상자를 표시합니다. (Output) 탭의 Source Range를 'Work Area Bar'로 지정한 다음 영상을 출력하면 선택된 영역만큼 동영상 또는 오디오가 출력됩니다.

YouTube 영상 출력하기

프로그램 Pr

버전 CC 이상

유튜브는 해상도, 자막, VR 등 다양한 옵션의 동영상을 업로드 할 수 있습니다. 유튜브에서 좋은 화질로 시청할 수 있는 최적화된 방법은 원본 소스와 같은 해상도와 fps를 출력해 업로드하는 것입니다. 프리미어 프로에서 유튜브 업로드를 위한 최적화 설정 방법에 대해 알아봅니다.

01 / 유튜브 업로드 영상 권장 옵션 이해하기

유튜브에는 여러 형식의 동영상을 업로드할 수 있지만 최적화된 포맷을 권장합니다. 코덱과 프레임 속도, 비트 전송률 등 업로드용 파일의 권장 포맷을 알아둡니다.

01 | 동영상 코덱(컨테이너)

H.264 mp4 형식의 동영상 파일을 권장합니다. 프로그레시브 스캔(Progressive Scan) 방식의 인터레이스(Interlace) 없음 방식을 권장합니다.

02 | 오디오 코덱 및 비트 전송률

AAC-LC 형식의 오디오 코덱을 권장합니다. 스테레오 또는 5.1채널을 지원합니다. 48000 Hz 샘플링 비율과 196~512kbps 비트레이트를 권장합니다.

03 | 프레임 속도(fps)

24, 25, 30, 60fps 등 다양한 프레임 속도를 지원하며 촬영한 소스와 동일한 프레임 속도로 인코딩 및 업로드하길 권장합니다(인터레이스(Interlace) 방식으로 촬영된 영상은 출력 시 프로그레시브 스캔 방식으로 변환하시기 바랍니다).

04 | 비트 전송률(bps)

해상도와 다이나믹 레인지에 따라 다양한 적정 비트 전송률을 설정합니다. 표준 다이나믹 레인지 영상의 경우 아래 옵션에 맞춰 설정하길 권장합니다.

• 720p(1280×720) : 5~7.5Mbps	• 1080p(1920×1080) : 8~12Mbps	• 2160p(3840×2160) : 35~68Mbps

05 | 화면 비율

데스크톱에서 유튜브 영상의 표준 화면 비율은 16:9입니다. 다른 비율(세로형, 정사각형 등)의 동영상을 업로드하면 동영상 크기에 맞게 플레이어가 자동으로 조정됩니다.

02 / 유튜브 영상 출력 설정하기

영상 출력을 위해서는 메뉴에서 (File) → Export → Media((Ctrl) + (M))를 실행해 Export Settings 대화상자를 표시합니다. Format에서 'H.264'를 지정하고 (Video) 탭의 〈Match Source〉 버튼만 클릭해도 자동으로 기본적인 출력 설정이 완성됩니다. 아래의 순서대로 출력 설정을 완료한 다음 〈Export〉 버튼을 클릭해 유튜브 업로드용 영상을 출력할 수 있습니다.

① **Format 설정하기** : Format에서 'H.264'를 선택합니다.

② **출력 위치 및 파일 이름 지정하기** : Output Name의 파란 글씨를 클릭해 파일명과 출력할 위치를 설정합니다.

③ **동영상 옵션 설정하기** : (Video) 탭의 'Basic Video Settings' 항목에서 〈Match Source〉 버튼을 클릭하면 시퀀스 파일과 동일한 형식의 해상도, 프레임 레이트 등이 설정됩니다.

④ **필드 옵션 설정하기** : Field Order가 'Progressive'로 되어 있는지 확인합니다. 다른 옵션으로 설정되어 있을 경우 오른쪽에서 체크 해제하고 'Progressive'로 설정하시기 바랍니다.

⑤ **동영상 출력하기** : 〈Export〉 버튼을 클릭해 동영상을 출력합니다.

TIP

Preset 설정을 클릭하면 비메오, 유튜브 등 H.264 포맷을 활용하는 미디어 설정을 빠르게 적용할 수 있습니다.

오디오 파일 출력하기

프로그램 Pr
버전 CC 이상

프리미어 프로에서는 동영상과 이미지 파일 이 외에 오디오 파일을 따로 출력할 수 있습니다. 지원하는 출력 오디오 포맷은 mp3와 wav(Waveform Audio)입니다. 그 중 wav 포맷은 무손실 음원 형태를 지원합니다.

01 / Export Settings 대화상자에서 mp3 오디오 파일 출력하기

메뉴에서 〔File〕 → Export → Media(Ctrl + M)를 실행하면 Export Settings 대화상자가 표시됩니다. Format을 'MP3'로 지정하고 〔Audio〕 탭에서 원하는 채널 방식과 전송 속도(Bitrate)를 설정한 다음 〈Export〉 버튼을 클릭해 mp3 오디오 파일을 출력합니다.

02 / Export Settings 대화상자에서 wav 무손실 음원 출력하기

Export Settings 대화상자에서 Format을 'Waveform Audio'로 지정합니다. 〔Audio〕 탭의 Audio Codec을 'Uncompressed(무압축)'로 지정한 다음 원하는 샘플링 옵션을 설정합니다. 〈Export〉 버튼을 클릭해 무손실 음원 wav 파일을 출력합니다.

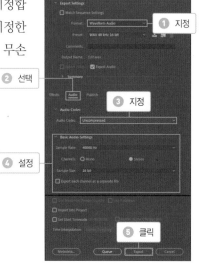

백업용 고화질 영상 출력하기

프로그램 [Pr]
버전 CC 이상

영상 편집이 마무리된 다음 결과물을 백업하는 것은 매우 중요하고 반드시 거쳐야 하는 작업입니다. 완성된 결과물을 보관하기에 적합한 고화질 영상 포맷은 Apple ProRes 422 HQ 비디오 코덱을 활용한 mov 파일입니다.

01 / 백업용 고화질 포맷 QuickTime Apple ProRes 422 HQ 설정하기

QuickTime은 매우 다양한 형식의 영상 코덱을 지원하며 사용 방법에 따라 원하는 코덱을 선택할 수 있습니다. 그 중 무손실 영상 포맷(None(Uncompressed RGB 8-bit))은 원본 그대로의 화질을 지원하지만 용량이 매우 크다는 단점이 있습니다. 그렇기 때문에 백업용으로 적당한 Apple ProRes 422 HQ 코덱을 활용해 고화질 영상을 비교적 작은 용량으로 백업할 수 있습니다.

Format에서 QuickTime을 지정한 다음 Video Codec을 'Apple ProRes 422 HQ'로 지정하고 〈Match Source〉 버튼을 클릭합니다. 〈Export〉 버튼을 클릭해 영상을 출력하면 원본 화질에 가까운 백업용 동영상을 출력할 수 있습니다.

한 번에 여러 파일 인코딩하기

편집 작업을 하다 보면 코덱 또는 포맷을 변경하기 위해 여러 개의 동영상 파일을 한 번에 다른 포맷으로 변환해야 하는 경우가 있습니다. 프리미어 프로에서는 Media Encoder를 통해 파일 변환을 한 번에 쉽게 변환할 수 있습니다.

프로그램 Pr ⬛
버전 CC 이상

01 / 프리미어 프로에서 소스 파일 선택한 다음 출력 설정 실행하기

미디어 인코더는 독립적인 프로그램으로 바로 실행해 동영상을 디코딩할 수 있습니다. 프리미어 프로에 Import 된 여러 개의 영상 파일을 한 번에 선택해 디코딩할 수 있습니다.

프리미어 프로의 Project 패널에서 디코딩을 원하는 영상 파일을 한 번에 선택한 다음 마우스 오른쪽 버튼을 클릭해 'Export Media'를 실행합니다. Export Settings 대화상자가 표시되면 원하는 출력 포맷과 옵션을 설정하고 〈Queue〉 버튼을 클릭합니다.

02 / 미디어 인코더에서 여러 동영상 파일 변환하기

프리미어 프로에서 선택된 동영상 파일이 자동으로 Import 됩니다. 디코딩된 파일을 저장할 위치를 설정하기 위해 대기열의 모든 파일을 선택한 다음 출력 파일 항목의 파란색 글씨를 클릭합니다. 출력할 위치를 설정한 다음 '대기열 시작' 아이콘(▶)을 클릭하면 여러 파일이 자동으로 디코딩됩니다.

프로젝트 백업하기

프로그램 **Pr**
버전 CC 이상

프리미어 프로에서 영상 편집 작업이 완료되면 고화질의 마스터 영상을 출력하는 것이 좋습니다. 프로젝트 파일을 포함한 소스 파일도 백업하는 것을 권장합니다. Project Manager를 통해 여러 옵션에 맞춰 백업 환경을 설정할 수 있으며 이 기능은 사용되지 않은 소스는 버리고 사용된 소스만 모아서 시퀀스별로 정리해주기 때문에 매우 편리하게 사용할 수 있습니다.

01 / 프로젝트 백업하기 - Project Manager

프로젝트 백업 명령은 메뉴에서 (File) → Project Manager를 실행해 설정할 수 있습니다.

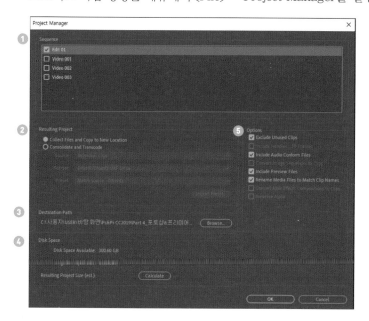

① **Sequence** : 백업을 원하는 시퀀스 또는 여러 시퀀스를 선택합니다.

② **Resulting Project** : 백업 소스의 복사 또는 트랜스 코딩 옵션을 선택합니다. Collect Files and Copy to New Location으로 원본 소스를 새로운 위치에 복사하는 것을 추천하며 원본 소스의 데이터가 매우 클 경우 Consolidate and Transcode를 사용해 트랜스 코딩하여 백업합니다.

③ **Destination Path** : 백업 파일을 저장할 위치를 〈Browse〉 버튼을 클릭해 새로 설정할 수 있습니다.

④ **Disk Space** : 선택한 저장 장치의 용량을 확인할 수 있으며 〈Calculate〉 버튼을 클릭해 백업하려는 소스의 크기를 확인할 수 있습니다.

⑤ **Options** : 복사 또는 트랜스 코딩되는 소스 파일의 사용 유무, 프리뷰 파일, 이름 설정 등을 결정합니다. Exclude Unused Clips를 체크 표시하면 선택된 시퀀스에 포함되지 않은 소스 파일도 함께 백업됩니다. Include Audio Conform Files와 Include Preview Files는 용량을 많이 차지할 수도 있으므로 가급적 체크 해제하고 백업을 진행합니다.

지금까지 영상 작업을 위한 기획부터 출력까지 반드시 알아야 할 내용들을 알았다면 효율적으로 퀄리티를 높이기 위한 과정을 알아봅니다. 편집 과정에서 다양한 효과를 응용하는 방법을 이해하고 디자인의 창의력을 넓혀 영상 작업에 필요한 스킬들을 직접 만들어 가길 바랍니다.

PART 5

완성도를 높이기 위한
영상 편집

CHAPTER 01
특수 효과
활용하기

방송이나 유튜브에서 자주 사용되는 효과 만드는 방법을 알아봅니다. 한 번쯤은 봤지만 어떻게 만들지 하는 고민은 접어두고 쉽고
간단히 만들 수 있는 효과 작업을 직접 경험해 보시기 바랍니다.

모자이크 효과로
초상권 문제 해결하기

프로그램 Pr
버전 CC 2018 이상

영상 제작 시 유의해야 할 것은 요소의 저작권뿐만 아니라 화면 속에 등장하는 인물의 초상권도 매우 중요합니다. 이번 예제는 인물의 얼굴을 모자이크 처리하고 움직이는 동선을 추적하여 트래킹(Tracking)하는 방법을 알아봅니다.

 예제 파일 05\T_009.mp4 | **완성 파일** 05\Mosaic_완성.mp4

◀ 완성 이미지

01 / 소스 파일과 일치하는 시퀀스 만들기

새 프로젝트를 만들고 Ctrl+I를 눌러 05 폴더에서 'T_009.mp4' 파일을 불러옵니다. Project 패널의 'New Item' 아이콘(🔳)으로 드래그하여 그림과 같이 새로운 시퀀스를 만듭니다.

02 / Mosaic 효과 적용하기

Effects 패널에서 Video Effects → Stylize → Mosaic를 Timeline 패널의 클립에 드래그합니다. 영상에 모자이크가 적용됩니다.

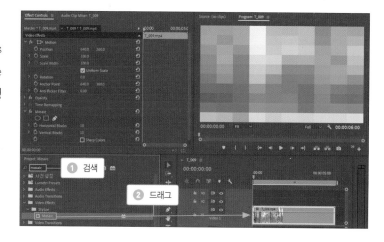

03 / 원형 마스크 적용하기

Effect Controls 패널의 Mosaic에서 '원형 마스크' 아이콘( )을 클릭하여 둥근 마스크를 만듭니다. Horizontal Blocks와 Vertical Blocks를 각각 '100'으로 설정합니다.

TIP

Horizontal Blocks와 Vertical Blocks는 가로와 세로의 모자이크 블록 개수를 설정하는 옵션입니다. 인물이 노출되는 범위와 크기에 따라 알맞게 설정합니다.

04 / Program Monitor 패널에서 마스크 패스를 이동해 인물의 얼굴에 모자이크 처리되도록 합니다. 마스크가 인물의 얼굴에 최대한 밀착되도록 범위를 설정해야 추적이 이루어집니다.

▲ 마스크를 이동하기 전

▲ 마스크를 이동한 후

05 / 인물의 움직임 추적하기

시작 점에서 Mask Path의 '스톱워치' 아이콘(⏱)을 클릭하여 키프레임을 만듭니다. 'Track selected mask forward' 아이콘(▶)을 클릭해 인물의 움직임을 추적합니다. Tracking 대화상자가 표시되었다가 사라지면 프레임 단위로 키프레임이 자동으로 만들어집니다.

06 / 추적 모자이크 확인하기

영상을 재생해 모자이크가 인물의 얼굴을 따라가면 트랙킹이 잘 완성된 것입니다. 만일 인물 추적이 잘 안 되었다면 마스크의 크기를 조절하여(주적되는 포인트에 맞춰 마스크의 크기를 작게 할수록 트랙킹이 더 잘 이루어 집니다) 다시 추적을 시도해야 합니다.

TIP

만일 트랙킹이 잘 안되는 움직임에 모자이크 애니메이션을 적용하려면 일일이 주요 프레임을 따라 현재 시간 표시자를 이동하며 마스크의 위치를 이동해 애니메이션을 만들어야 합니다.

002

REC 효과 만들기

프로그램 Ps Pr
버전 CC 2018 이상

리얼리티 예능이나 브이로그를 시청하다 보면 캠코더로 촬영하는 느낌을 주는 'REC 효과(녹화 효과)'를 자주 볼 수 있습니다. 녹화가 진행되고 있는 듯한 효과가 단조로울 수 있는 영상에 포인트가 되어 생생한 느낌을 전달할 수 있습니다. 포토샵을 통해 나만의 REC 화면을 만들고, 프리미어 프로에서 효과를 적용하는 방법을 알아봅니다.

◉ **예제 파일** 05\Battery.png, REC.mp4 | ◉ **완성 파일** 05\REC 효과.psd, REC 효과_완성.mp4

◀ 완성 이미지

Ps 새 캔버스 만들기

01 / 포토샵을 실행하고 메뉴에서 [File] → New([Ctrl] + [N])를 실행합니다. New Document 대화상자가 표시되면 [Film & Video] 탭에서 'HDV/HDTV 720p'를 선택합니다. PRESET DETAILS 부분의 파일명을 'REC 효과'로 입력하고 Background Contents를 'Black'으로 지정한 다음 〈Create〉 버튼을 클릭해 캔버스를 만듭니다.

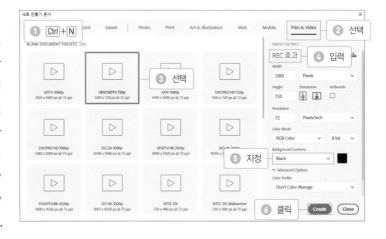

02 / 검은색의 캔버스가 만들어졌습니다. [Ctrl] + [H]를 눌러 안내선을 제거합니다.

TIP
보통 REC 효과는 흰색을 사용하여 작업하므로 색상 구별을 위해 캔버스 색상을 검은색으로 설정했습니다.

▲ 검은색 캔버스 만들기

▲ [Ctrl] + [H]를 눌러 안내선 제거

Ps 테두리 만들기

01 / 툴 패널에서 사각형 툴(▢)을 선택하고 옵션바에서 아래 옵션 값을 설정합니다.

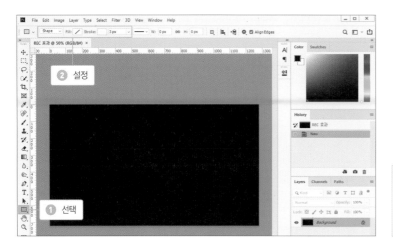

- Shape
- Fill : 색 없음(◻)
- Stroke 색상 : 흰색(#ffffff)
- Stroke 두께 : 3px

02 / 마우스 왼쪽 버튼을 클릭한 채 캔버스에 드래그하여 책과 같은 크기의 직사각형을 그린 다음 Enter를 누릅니다.

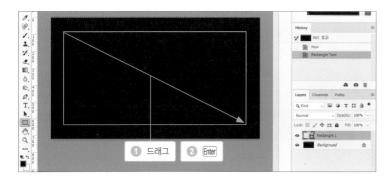

03 / 툴 패널에서 이동 툴(✛)을 선택하고 Ctrl + A를 눌러 전체 선택합니다. 옵션바에서 '수평 중앙 정렬' 아이콘(▩)과 '수직 중앙 정렬' 아이콘(▥)을 각각 클릭하여 직사각형을 중앙 정렬합니다. 정렬을 마쳤으면 Ctrl + D를 눌러 선택 영역을 해제합니다.

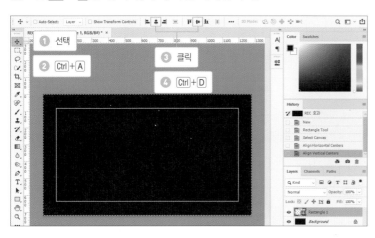

Ps 테두리 자르기

01 / Layers 패널에서 'Rectangle 1' 도형 레이어를 선택하고 마우스 오른쪽 버튼을 클릭하여 Rasterize Layer를 실행합니다. 'Rectangle 1' 도형 레이어가 일반 레이어로 변경되었습니다.

도형 레이어를 일반 레이어로 변경 ▼

▶ 마우스 오른쪽 버튼 클릭하여 'Rasterize Layer'를 실행

02 / Layers 패널 하단에 '새 레이어 만들기' 아이콘(▨)을 클릭하여 'Layer 1' 레이어를 만듭니다. 툴 패널에서 사각형 선택 툴(▣)을 선택하고 캔버스에 드래그하여 책과 같이 세로로 긴 사각형 선택 영역을 만듭니다.

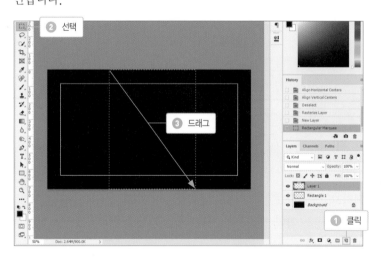

03 / 전경색을 클릭하여 색상을 검은색이 아닌 다른 색으로 변경합니다. 책에서는 '#ff8484' 색상 코드를 입력했습니다. Alt + Delete 를 눌러 캔버스에 색을 채운 다음 Ctrl + D 를 눌러 선택 영역을 해제합니다.

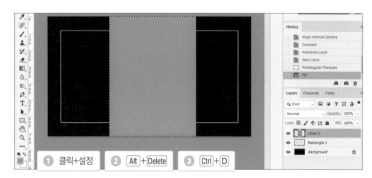

04 / 'Layer 1' 레이어가 선택되어 있는 상태에서 이동 툴(⊕)을 선택하고 Ctrl + A를 눌러 전체 선택을 합니다. 옵션바에서 '수평 중앙 정렬' 아이콘(♣)을 클릭하여 중앙 정렬합니다. 정렬을 마쳤으면 Ctrl + D를 눌러 선택 영역을 해제합니다.

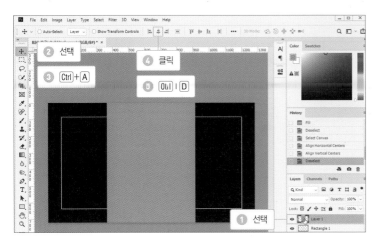

05 / Layers 패널에서 Ctrl를 누른 채 'Layer 1' 레이어의 썸네일을 클릭하면 해당 레이어에 선택 영역이 활성화됩니다.

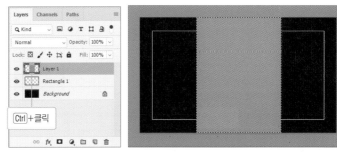

▲ Ctrl를 누른 채 'Layer 1' 레이어 썸네일 클릭   ▲ 'Layer 1' 레이어에 선택 영역 활성화

06 / 'Layer 1' 레이어를 선택한 채 Layers 패널 하단의 '휴지통' 아이콘(🗑)으로 드래그하여 레이어를 삭제합니다. 캔버스에는 삭제한 'Layer 1' 레이어의 선택 영역만 남았습니다.

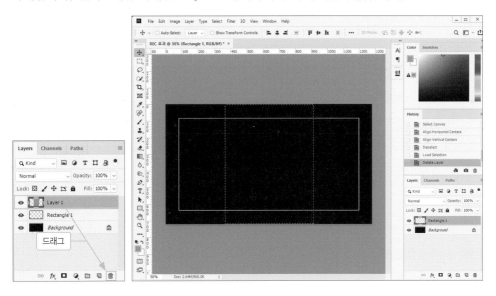

07 / 'Rectangle 1' 레이어를 선택하고 Delete 를 눌러 테두리의 일부를 삭제한 다음 Ctrl + D 를 눌러 선택 영역을 해제합니다.

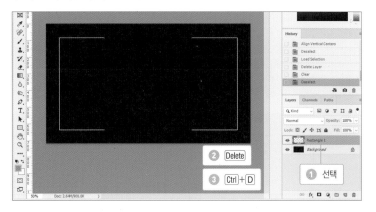

08 / Layers 패널 하단에 '새 레이어 만들기' 아이콘( )을 클릭하여 'Layer 1' 레이어를 만듭니다. 툴 패널에서 사각형 선택 툴( )을 선택하고 캔버스에 드래그하여 가로로 긴 사각형 선택 영역을 만듭니다.

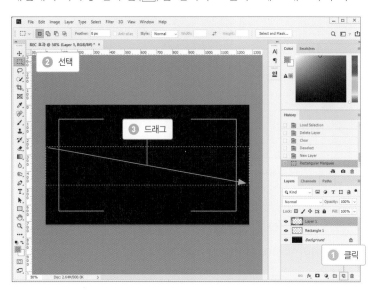

09 / 테두리를 자르기 위해 **03 /**번 ~ **07 /**번 과정을 반복하여 작업합니다. 작업을 완료한 다음 'Rectangle 1' 레이어를 더블클릭하여 '테두리'로 이름을 변경합니다.

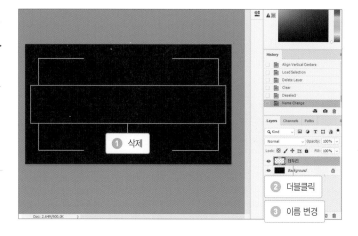

TIP
04 /번 과정을 진행할 때 수직 중앙 정렬( )을 합니다.

Ps 녹화 버튼 만들기

01 / 툴 패널에서 원형 툴(⬭)을 선택하고 옵션바에서 아래 옵션 값을 설정합니다.

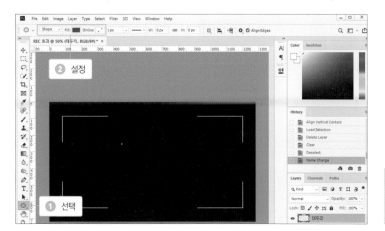

- Shape
- Fill : #e60012
- Stroke 색상 : 색 없음(⬚)

02 / 캔버스 왼쪽 상단에 Shift를 누른 채 드래그하여 적당한 크기의 원형을 그린 다음 Enter를 누릅니다. Layers 패널에 'Ellipse 1' 도형 레이어가 만들어졌으면 레이어를 더블클릭하여 '녹화버튼'으로 이름을 변경합니다.

03 / 툴 패널에서 문자 툴(T)을 선택하고 옵션바에서 '왼쪽 정렬' 아이콘(▤)을 클릭합니다. 그리고 Character 패널에서 아래의 옵션 값을 지정한 다음 캔버스를 클릭해 'REC'를 입력하고 Ctrl + Enter를 누릅니다.

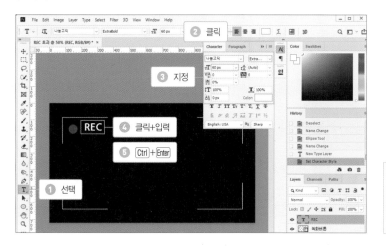

- 폰트 종류 : 나눔고딕
- 폰트 두께 : Extra Bold
- 폰트 크기 : 60px
- 폰트 색상 : 흰색(#ffffff)

04 / 툴 패널에서 이동 툴(➕)을 선택하고 'REC' 문자에 마우스 왼쪽 버튼을 클릭한 채 드래그하여 녹화 버튼 옆에 배치합니다.

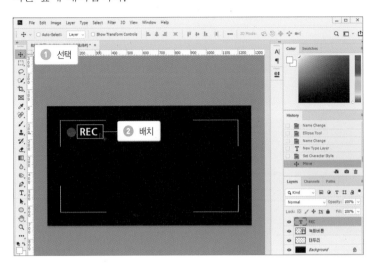

Ps 픽토그램 배치하기

01 / 05 폴더에서 'Battery.png' 파일을 선택한 다음 포토샵에서 작업 중이던 캔버스로 드래그합니다.

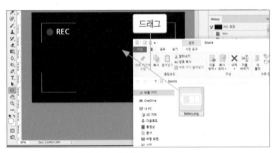

▲ 폴더에서 드래그하여 픽토그램 삽입

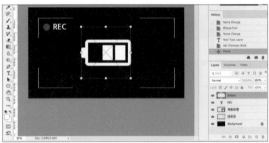

▲ 캔버스에 삽입된 픽토그램

> **TIP**
> 픽토그램 무료 다운로드 사이트인 Flaticon(http://www.flaticon.com) 사이트에 접속해서 배터리(Battery) 등 캠코더 화면을 구성하는 픽토그램을 다운로드합니다.

02 / 픽토그램이 삽입되면 [Shift]나 [Alt] + [Shift]를 누른 채 크기 조절점 모서리 끝을 드래그하여 적당한 크기로 조절하고, 픽토그램을 드래그하여 책과 같은 위치에 배치한 다음 [Enter]를 누릅니다.

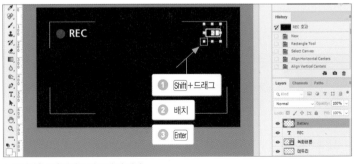

▲ 조절점을 이용하여 크기 조절 및 배치

> **TIP**
> Photoshop CC 2019 버전 이후에는 별도의 키를 사용하지 않은 채 조절점 모서리 끝을 드래그하면 이미지 비율을 유지하며 크기가 조절됩니다. 반대로 [Shift]를 누른 채 조절점 모서리 끝을 드래그하면 비율이 유지되지 않고 자유롭게 크기가 조절됩니다.

Ps 레이어 정리하고 저장하기

01 / Layers 패널에서 [Ctrl]를 누른 채 'Battery', 'REC', '테두리' 레이어를 선택합니다. [Ctrl] + [E]를 눌러 레이어를 하나로 병합한 다음 레이어를 더블클릭하여 'REC 효과'로 이름을 변경합니다. 프리미어 프로에서 녹화 버튼에 깜빡이는 효과를 적용할 예정이기 때문에 '녹화버튼' 레이어를 제외한 나머지 레이어들을 하나로 병합하였습니다.

▲ 3개 레이어 선택   ▲ [Ctrl] + [E]를 눌러 레이어 병합

TIP

레이어 병합 알아보기

레이어를 따로 작업했지만 한 개로 합치고 싶을 때 '레이어 병합'을 합니다. [Ctrl]를 눌러 병합할 레이어들을 선택하여 단축키 [Ctrl] + [E]를 누르면 병합됩니다. 메뉴에서 (Layer) → Merge Layers를 실행할 수 있지만 주로 단축키를 사용합니다.

---

02 / Layers 패널에서 'Background' 레이어를 선택한 다음 [Delete]를 눌러 레이어를 삭제합니다.

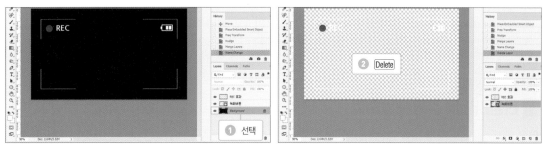

▲ 'Background' 레이어 선택   ▲ [Delete]를 눌러 삭제

03 / 레이어 정리 작업이 완료되었으면 [Ctrl] + [S]를 눌러 PSD 파일로 저장합니다.

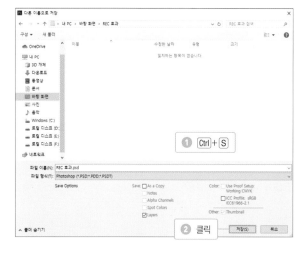

Pr 포토샵 레이어 불러오기

01 / 프리미어 프로를 실행하여 새 프로젝트를 만들고 Ctrl + I를 눌러 05 폴더에서 'REC.mp4' 파일을 불러와 'New Item' 아이콘으로 드래그하여 같은 포맷의 시퀀스를 만듭니다.

02 / Ctrl + I를 눌러 05 폴더에서 제작한 'REC 효과.psd' 파일을 불러옵니다. Import Layerd File 대화 상자에서 Import As를 'Individual Layers'로, Footage Dimensions를 'Document Size'로 지정하고 〈OK〉 버튼을 클릭합니다.

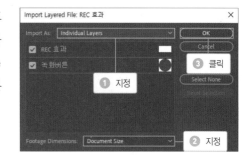

TIP

Import As를 Individual Layers로 지정하면 각 레이어를 다른 개체로 인식해 따로 불러올 수 있습니다. Merge All Layers의 경우 모든 레이어를 병합해 불러오며 Merge Layers의 경우 선택된 레이어만 병합해 불러옵니다. 또한 Footage Dimensions를 Document Size로 지정하면 캔버스 전체 크기로 오브젝트를 인식하며 Layer Size의 경우 레이어의 오브젝트 자체 크기로 중앙 정렬해 불러옵니다.

Pr 타임라인에 클립 배열하기

01 / Project 패널에서 'REC 효과/REC 효과.psd'를 타임라인의 V2 트랙에 드래그한 다음 끝 점을 오른쪽으로 드래그하여 아래 클립의 길이와 맞춥니다.

02 / Project 패널에서 '녹화버튼/REC 효과.psd'를 타임라인의 V3 트랙에 드래그한 다음 끝 점을 오른쪽으로 드래그하여 아래 클립의 길이와 맞춥니다.

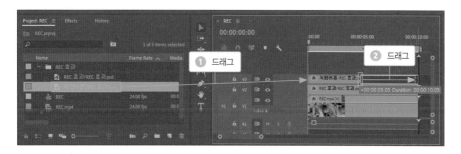

Pr 1초 단위로 깜박이는 녹화 버튼 만들기

01 / V3 트랙의 '녹화버튼/REC 효과.psd' 클립을 선택하고 0초에서 Effect Controls 패널의 Opacity를 '0%'로 설정합니다. 자동으로 키프레임이 만들어집니다.

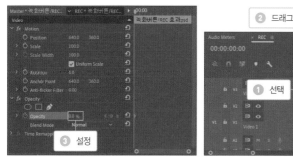

02 / 현재 시간 표시자를 00:00:00:02로 이동한 다음 Opacity를 '100%'로 설정합니다.

03 / 현재 시간 표시자를 00:00:00:18로 이동한 다음 Opacity의 'Add key frame' 아이콘()을 클릭해 키프레임을 만듭니다.

04 / 현재 시간 표시자를 00:00:00:20으로 이동한 다음 Opacity를 '0%'로 설정합니다.

05 / 만든 키프레임을 드래그하여 모두 선택하고 Ctrl + C를 눌러 복사합니다.

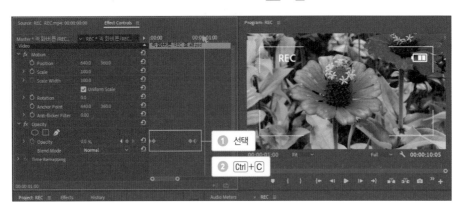

06 / 현재 시간 표시자를 00:00:01:00으로 이동한 다음 Ctrl+V를 눌러 붙여 넣습니다.

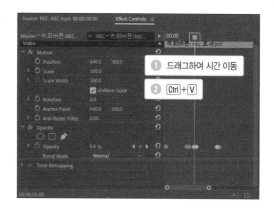

07 / 드래그하여 만든 모든 키프레임을 선택한 다음 Ctrl+C를 눌러 복사합니다.

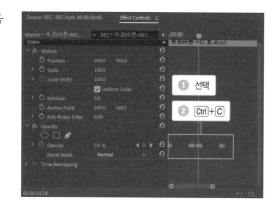

08 / 현재 시간 표시자를 00:00:02:00으로 이동한 다음 Ctrl+V를 눌러 붙여 넣습니다.

09 / 드래그하여 만든 모든 키프레임을 선택한 다음 Ctrl+C를 눌러 복사합니다.

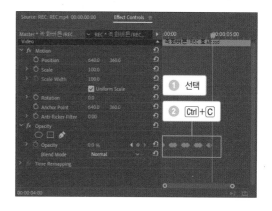

10 / 현재 시간 표시자를 00:00:04:00으로 이동한 다음 [Ctrl]+[V]를 눌러 붙여 넣습니다.

11 / 현재 시간 표시자를 00:00:08:00으로 이동한 다음 [Ctrl]+[V]를 눌러 붙여 넣습니다. 1초마다 깜박이는 녹화 표시가 완성됩니다.

Pr 타임코드 삽입하기

01 / Project 패널 하단의 'New Item' 아이콘(▣)을 클릭해 'Transparent Video'를 실행합니다. New Transparent Video 대화상자가 표시되면 〈OK〉 버튼을 클릭합니다.

TIP

Transparent Video는 투명한 클립으로 효과 삽입 또는 투명한 비디오 영역을 만들 때 사용합니다. 만일 버전이 낮아 Transparent Video가 없을 경우 'Adjustment Layer'를 사용하거나 비디오 클립에 직접 효과를 적용해도 무방합니다.

02 / Project 패널에 만들어진 'Transparent Video' 아이템을 타임라인의 V4 트랙에 드래그한 다음 클립의 길이를 아래 클립들과 맞춥니다.

03 / Effects 패널에서 'Timecode'를 검색해 'Transparent Video' 클립에 드래그합니다. 화면에 타임코드가 만들어집니다.

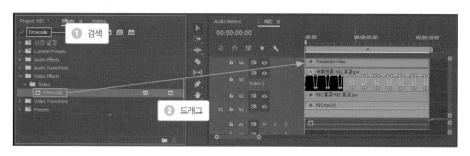

04 / Effect Controls 패널에서 Timecode → Label Text를 'Camera 1'로 변경하고 Source Track을 'Video 1'로 지정합니다. 영상을 재생해 시간에 맞춰 자동으로 움직이는 타임코드가 완성됩니다.

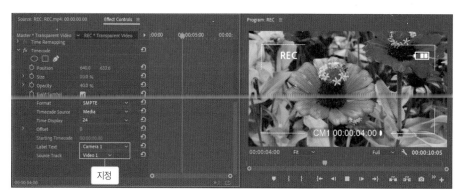

TIP

Timecode → Format을 변경하면 프레임 또는 필름 단위의 시간코드로 변경할 수 있으며 'Offset'을 설정해 시작하는 시간을 변경할 수 있습니다.

유명 시트콤 엔딩 만들기

003

'Cuzz you are my girl~' 하면 아마도 문득 떠오르는 화면이 있습니다. 궁금증을 일으킬만한 중요한 순간에 영상을 정지하여 보여주는 기법입니다. 예능이나 유튜브 영상에서 편집 기법으로 자주 쓰이는 유명 시트콤 엔딩을 만드는 방법을 익혀봅니다.

프로그램 Ps Pr
버전 CC 이상

⊙ **예제 파일** 05\Pause Source.mp4 | ⊙ **완성 파일** 05\배너.psd, Pause_완성.mp4

▲ 포토샵 완성 이미지　　　　　　　　　　▲ 프리미어 프로 완성 이미지

Ps 새 캔버스 만들기

01 / 영상이 정지했을 때 보여질 제작 지원 배너를 만들기 위해 Photoshop을 실행합니다. 메뉴에서 (File) → New(Ctrl + N)를 실행하고 New Document 대화상자가 표시되면 PRESET DETAILS 부분의 파일명을 '배너'로 입력하고 Width를 '820', Height를 '200'을 입력한 다음 〈Create〉 버튼을 클릭해 캔버스를 만듭니다.

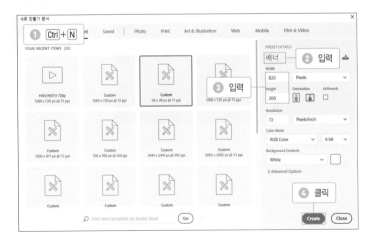

Ps 캔버스에 색 채우기

01 / 캔버스가 만들어졌으면 전경색을 클릭한 다음 Color Picker 대화상자가 표시되면 색상 코드 입력란에 '#c10a28'을 입력하고 〈OK〉 버튼을 클릭합니다.

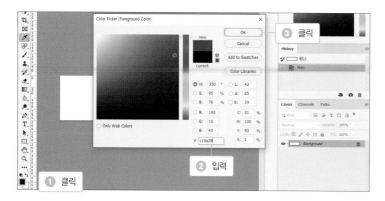

02 / Alt + Delete 를 눌러 캔버스에 색을 채웁니다.

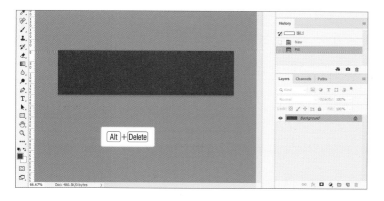

Ps 글자 입력하기

01 / 툴 패널에서 문자 툴(T)을 선택한 다음 Character 패널에서 아래의 옵션 값을 참고하여 지정합니다. 캔버스에 마우스 왼쪽 버튼을 클릭한 다음 커서가 활성화되면 '피자헛둘셋넷'을 입력하고 Ctrl + Enter 를 누릅니다.

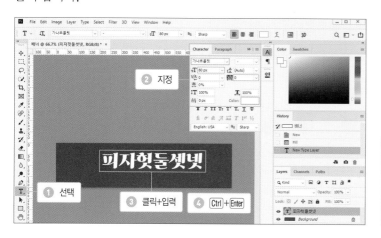

- 폰트 종류 : 가나초콜릿
- 폰트 크기 : 80px
- 자간 : 0
- 폰트 색상 : 흰색(#ffffff)
- 내용 : 피자헛둘셋넷

02 / 툴 패널에서 이동 툴(⊕)을 선택하고 [Ctrl] + [A]를 눌러 전체 선택합니다. 옵션바에서 '수평 중앙 정렬' 아이콘(⬍)과 '수직 중앙 정렬' 아이콘(⬌)을 각각 클릭하여 문자를 중앙 정렬합니다. 정렬을 마쳤으면 [Ctrl] + [D]를 눌러 선택 영역을 해제합니다.

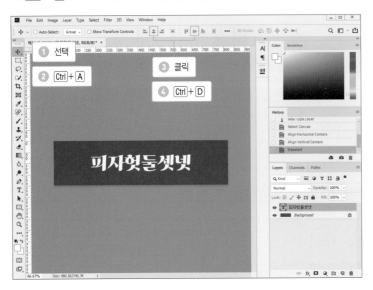

Ps 픽토그램 배치하기

픽토그램 사이트에 접속하여 원하는 이미지를 다운받은 다음 알맞게 배치합니다.

01 / Flaticon(http://www.flaticon.com) 사이트에 접속하여 검색창에 'hat'를 입력한 다음 [Enter]를 누릅니다.

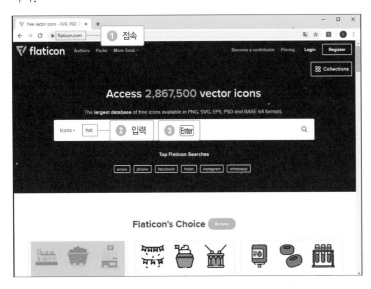

02 / 검색 결과 중 원하는 픽토그램에 마우스 포인터를 가져간 다음 '목록' 아이콘(⋯)을 클릭하여 'Download PNG'를 실행합니다.

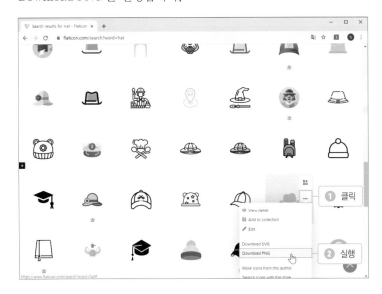

03 / 다운로드 화면이 나타나면
〈Free Download〉 버튼을 클릭해 픽
토그램을 다운로드합니다.

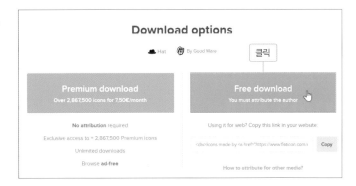

04 / 저장한 폴더를 열어 다운로드한 픽토그램 파일을 포토샵에서 작업 중이던 캔버스로 드래그합니다.

▲ 폴더에서 픽토그램을 선택한 채 포토샵 화면으로 드래그

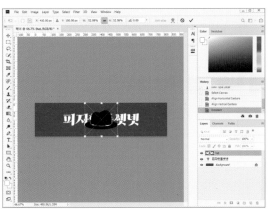

▲ 포토샵 캔버스에 삽입된 픽토그램

05 / 픽토그램이 삽입되면 Shift나 Alt + Shift를 누른 채 크기 조절점 모서리 끝을 드래그하여 적당한 크기와 각도를 조절한 다음 원하는 위치에 배치하고 Enter를 누릅니다.

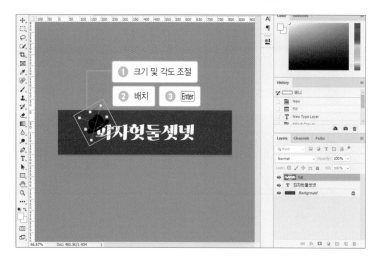

06 / 삽입한 픽토그램은 Layers 패널에 스마트 오브젝트 레이어로 만들어집니다. 스마트 오브젝트 레이어를 더블클릭해 '모자'로 이름을 변경합니다.

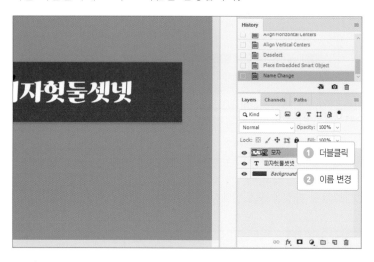

Ps 픽토그램 색상 바꾸기

01 / Layers 패널에서 '모자' 스마트 오브젝트 레이어를 선택한 다음 하단의 '레이어 스타일' 아이콘(fx)을 클릭하고 'Color Overlay'를 실행합니다.

02 / Layer Style 대화상자가 표시되면 색상을 '#ffcc27'로 변경한 다음 〈OK〉 버튼을 클릭합니다.

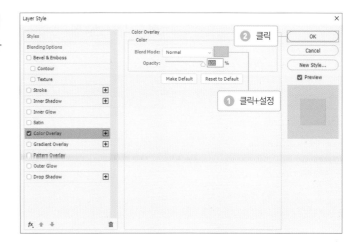

Ps 저장하기

01 / Layers 패널에서 Ctrl를 누른 채 '모자' 스마트 오브젝트 레이어와 '피자헛둘셋넷' 문자 레이어를 선택합니다. 두 개의 레이어가 선택되었습니다.

02 / 이동 툴(⊕)을 선택하여 '모자'와 '피자헛둘셋넷'을 중앙에 오도록 배치합니다.

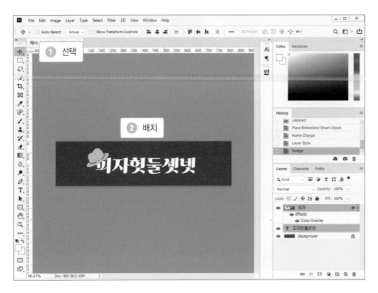

03 / 작업이 완료되었으면 Ctrl + S를 눌러 파일명을 '배너'로 입력하고 PSD 파일로 저장합니다.

Pr 소스 파일 불러오기

01 / 프리미어 프로를 실행하여 새 프로젝트를 만들고 Ctrl + I 를 눌러 05 폴더에서 'Pause Source.mp4' 파일을 불러옵니다. 불러온 파일을 Project 패널의 'New Item' 아이콘(🖥)으로 드래 그하여 그림과 같이 새로운 시퀀스를 만듭니다.

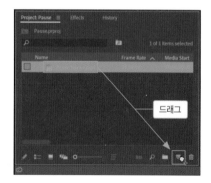

02 / Ctrl + I를 눌러 포토샵에서 작업한 '배너.psd' 파일을 불러옵니다. Import Layerd File 대화상자가 표시되면 〈OK〉 버튼을 클릭합니다.

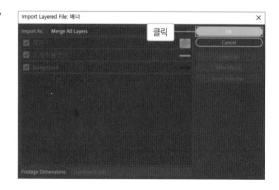

Pr 정지 화면 만들기

01 / Timeline 패널에서 영상을 재생해 액션을 정지하려는 00:00:04:00에서 현재 시간 표시자를 멈춥니다. Tools 패널에서 자르기 툴(✂)을 선택하고 클립을 자릅니다.

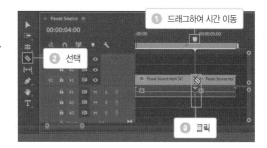

02 / Program Monitor 패널에서 'Export Frame' 아이콘(📷)을 클릭합니다.

> **TIP**
>
> 'Export Frame' 아이콘(📷)이 Program Monitor 패널에서 안 보일 경우 어떻게 해야 하나요? 'Button Editor' 아이콘(➕)을 클릭하고 여러 가지 아이콘 중 'Export Frame' 아이콘(📷)을 Program Monitor 패널 하단의 아이콘 확장 영역으로 드래그하면 아이콘을 등록할 수 있습니다(파트 4\챕터 7\001 동영상 화면 캡처하기 참고).

03 / Export Frame 대화상자가 표시되면 Name을 'Freeze'로 입력하고 Format을 'JPEG'로 지정합니다. 'Import into project'를 체크 표시하고 〈Browse〉 버튼을 클릭해 파일을 저장할 위치를 설정합니다. 〈OK〉 버튼을 클릭합니다.

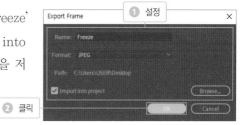

> **TIP**
>
> Import into project를 체크 표시하면 출력된 화면 이미지를 바로 프리미어 프로 Project 패널로 불러옵니다.

04 / Project 패널에 완성된 스틸 이미지 'Freeze.jpg' 파일을 Timeline 패널의 00:00:04:00 위치로 드래그합니다.

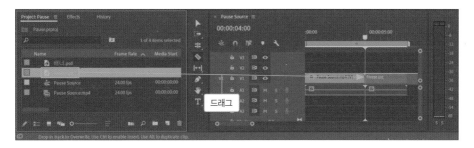

Pr 서서히 변하는 흑백 화면 만들기

01 / Effects 패널에서 'Tint'를 검색해 Timeline 패널의 'Freeze. jpg' 클립에 드래그합니다. 화면이 흑백으로 바뀐 것을 확인합니다.

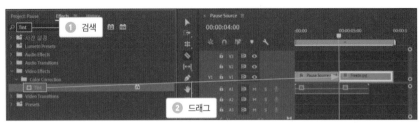

02 / Tools 패널에서 선택 툴(▶)을 선택하고 Timeline 패널에서 'Freeze.jpg' 클립을 선택합니다. Effect Controls 패널에서 Tint → Amount to Tint 의 '스톱워치' 아이콘(⭘)을 클릭하여 키프레임(Key Frame)을 만들고 '0'로 설정합니다. 다시 화면이 컬러 로 바뀝니다.

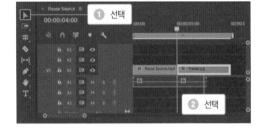

03 / 현재 시간 표시자를 00:00:06:00으로 이동하고 Amount to Tint를 '100%'로 설정합니다. 서서히 흑백 화면으로 바뀌는 애니메이션이 적용됩니다.

Pr 포토샵 배너 넣기

01 / '배너.psd' 파일을 현재 시간 표시자가 있는 Timeline 패널의 V2 트랙으로 드래그합니다.

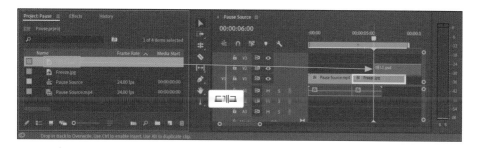

02 / '배너.psd' 클립을 선택하고 Effect Controls 패널에서 Position을 '640/600'으로 설정하고 Scale을 '67'로 설정합니다. 화면의 하단에 알맞은 크기로 넣어진 것을 확인합니다.

Pr 자막 넣기

01 / Tools 패널에서 문자 툴(T)을 선택합니다. Program Monitor 패널을 클릭하여 '제작지원' 문자를 입력합니다.

02 / Tools 패널에서 선택 툴(▶)을 선택합니다. Effect Controls 패널에서 Text '항목 열기' 아이콘(▶)을 클릭하고 Source Text에서 적절한 문자 폰트와 크기를 설정합니다. 'Center align text' 아이콘(▤)을 클릭합니다.

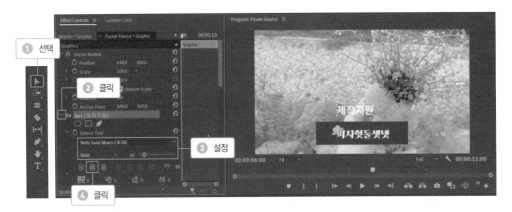

03 / Appearance → Shadow를 체크 표시하고 색상 상자를 클릭해 검은색으로 설정합니다. 문자에 그림자가 생겼습니다. Opacity를 '90%'로 설정합니다.

04 / Text → Transform → Position의 'Reset Parameter' 아이콘(↺)을 클릭해 문자를 화면 중앙으로 이동합니다. Position의 Y축을 '500'으로 수정해 '제작지원' 문자가 배너 위에 위치합니다.

Pr 타임라인 정리하기

01 / 'Freeze.jpg' 클립의 끝 점을 오른쪽으로 드래그하여 윗 트랙의 클립들과 끝 점을 맞춥니다.

02 / 영상을 재생하여 흑백 화면으로 바뀐 다음 배너가 등장하는 것을 확인합니다. 예능처럼 '지붕뚫고 하이킥'의 OST를 넣으면 더 재미있는 장면을 연출할 수 있습니다.

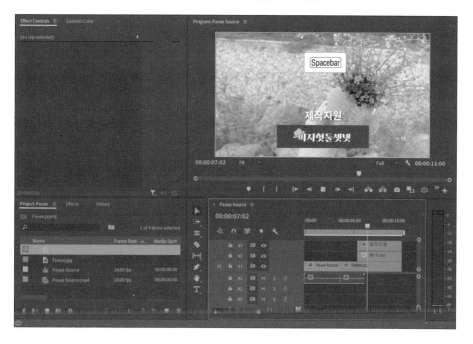

폴라로이드 사진 촬영
효과 만들기

004

프로그램 Ps Pr
버전 CC 이상

영상 중에 순간포착하고 싶은 부분이나 강조하고 싶은 부분이 있을 때 사진이 찍히는 효과로 돋보이게 표현할 수 있습니다. 주로 여행 영상이나 일상 브이로그 등에서 자주 쓰입니다. 포토샵으로 폴라로이드 사진을 만든 다음 프리미어 프로에서 사진이 촬영되는 효과를 적용합니다.

◉ **예제 파일** 05\Samcheok Sea.mp4 | ◉ **완성 파일** 05\폴라로이드.psd, 폴라로이드.png, Polaroid_완성.mp4

▲ 완성 이미지

Pr 프리미어 프로에 소스 파일 불러오기

01 / 새 프로젝트를 만들고 Ctrl + I를 눌러 05 폴더에서 'Samcheok Sea.mp4' 파일을 불러옵니다. 불러온 파일을 Project 패널의 New Item 아이콘(🗐)으로 드래그하여 새로운 시퀀스를 만듭니다.

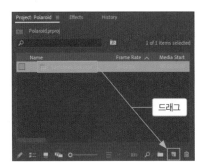

Pr 정지 화면 만들기

01 / Timeline 패널에서 영상을 재생해 액션을 정지하려는 00:00:10:00에서 현재 시간 표시자를 멈춥니다. Tools 패널에서 자르기 툴(🔪)을 선택하고 클립을 자릅니다.

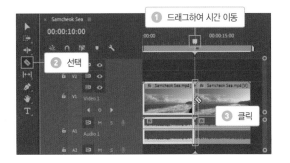

02 / Program Monitor 패널에서 'Export Frame' 아이콘(📷)을 클릭합니다.

> **TIP**
>
> 'Export Frame' 아이콘이 Program Monitor 패널에서 안 보일 경우 어떻게 해야 하나요? 'Button Editor' 아이콘(➕)을 클릭하고 여러 가지 아이콘 중 'Export Frame' 아이콘을 Program Monitor 패널 하단의 아이콘 확장 영역으로 드래그하면 Export Frame 아이콘을 등록할 수 있습니다(파트 4\챕터 7 \001 동영상 화면 캡처하기 참고).

03 / Export Frame 대화상자가 표시되면 파일 이름을 'Sea_image'로 입력하고 Format을 'JPEG'로 지정합니다. 'Import into project'를 체크 표시하고 〈Browse〉 버튼을 클릭해 파일이 저장될 위치를 지정합니다. 〈OK〉 버튼을 클릭합니다.

> **TIP**
>
> Import into project를 체크 표시하면 출력된 화면 이미지를 바로 프리미어 프로 Project 패널로 불러 올 수 있습니다.

04 / Tools 패널에서 선택 툴(▶)을 선택하고 Timeline 패널의 잘린 클립 중 오른쪽 클립을 선택하고 Delete를 눌러 삭제합니다.

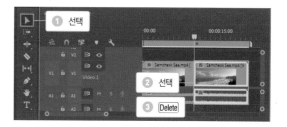

05 / Project 패널에 완성된 스틸 이미지 'Sea_image.jpg' 파일을 Timeline 패널의 00:00:10:00으로 드래그합니다.

 포토샵 새 캔버스 만들기

01 / 폴라로이드 사진 소스를 만들기 위해 Photoshop을 실행합니다. 메뉴에서 〔File〕 → New(Ctrl + N)를 실행한 다음 New Document 대화상자가 표시되면 PRESET DETAILS 부분의 파일명을 '폴라로이드'로 입력하고 Width를 '1080', Height를 '1080'으로 입력한 다음 〈Create〉 버튼을 클릭해 캔버스를 만듭니다.

정사각형 그리기

01 / 툴 패널에서 사각형 툴(▢)을 선택한 다음 옵션바에서 아래의 옵션 값을 설정합니다.

- Shape
- Fill : 'Color Picker' 아이콘(▨)을 클릭한 다음 색상 코드 '#000000'을 입력
- Stroke 색상 : 색 없음(▨)

02 / 옵션 값 설정을 마쳤으면 캔버스에 마우스 왼쪽 버튼을 누른 채 드래그하여 책과 같은 크기와 위치에 사각형을 그린 다음 Enter를 누릅니다. Layers 패널의 도형 레이어를 더블클릭해 '검은 박스'로 이름을 변경합니다.

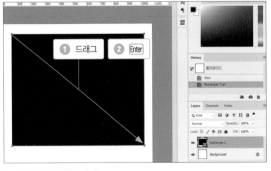

▲ 드래그하여 도형 그리기

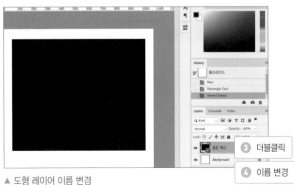

▲ 도형 레이어 이름 변경

03 / 툴 패널에서 이동 툴(⊕)을 선택하고 Ctrl + A를 눌러 전체 선택합니다. 옵션바에서 '수평 중앙 정렬' 아이콘(≑)을 클릭하여 도형을 가운데 배치합니다. 정렬을 마쳤으면 Ctrl + D를 눌러 선택 영역을 해제합니다. 도형의 위치를 조절할 때에는 키보드 방향키를 사용하여 위치를 조절합니다.

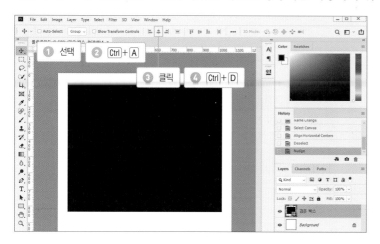

Ps 이미지 삽입하기

01 / 프리미어 프로에서 캡처한 'Sea_image.jpg' 파일을 포토샵 캔버스로 드래그합니다.

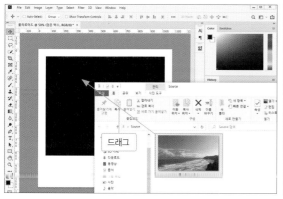

▲ 폴더에서 이미지를 선택한 채 포토샵 화면으로 드래그

▲ 포토샵 캔버스에 삽입된 이미지

02 / 이미지가 삽입되면 Shift 나 Alt + Shift 를 누른 채 크기 조절점 모서리 끝을 드래그하여 검은 박스만큼 크기를 조절한 다음 Enter 를 누릅니다.

03 / Layers 패널을 살펴보면 '검은 박스' 도형 레이어 위에 불러온 'Sea_image' 레이어가 있습니다. 도형 레이어와 이미지 레이어 사이에 [Alt]를 누른 채 마우스 포인터를 가져가면 아이콘(⬚) 모양으로 바뀝니다. 이때, 마우스 왼쪽 버튼을 클릭하면 클리핑 마스크 효과가 적용됩니다. '검은 박스' 도형 레이어 속에 이미지가 삽입되었습니다.

04 / 'Sea_image' 레이어가 선택된 상태에서 이동 툴(⊕)이나 키보드 방향키를 사용하여 이미지를 보여주고 싶은 부분으로 배치합니다.

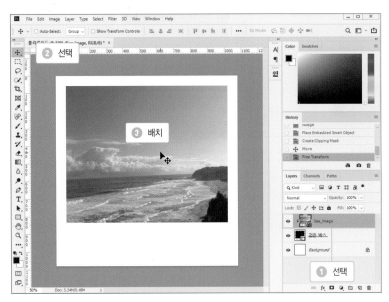

ⓟ 글자 입력하고 각도 조절하기

01 / 툴 패널에서 문자 툴(T.)을 선택한 다음 Character 패널에서 아래의 옵션 값을 참고하여 지정합니다. 캔버스에 마우스 왼쪽 버튼을 클릭한 다음 '아름다운 삼척 바다'를 입력하고 Ctrl + Enter 를 누릅니다.

- 폰트 종류 : 카페24 빛나는 별
- 폰트 크기 : 110px
- 자간 : 0
- 폰트 색상 : 검은색(#000000)
- 내용 : 아름다운 삼척 바다

02 / Ctrl + T 를 눌러 크기 조절점을 활성화한 다음 조절점의 오른쪽으로 마우스 포인터를 가져가면 화살표가 표시됩니다. 화살표가 표시되었을 때 마우스 왼쪽 버튼을 누른 채 위 또는 아래로 드래그하면 글자의 각도가 조절됩니다. 각도를 적당히 조절한 다음 Enter 를 누릅니다.

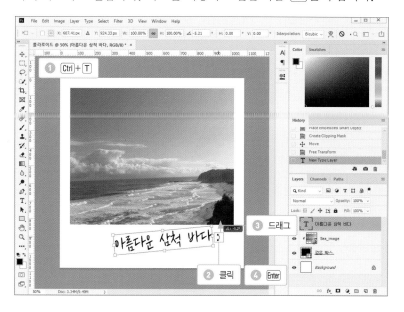

TIP

Shift 를 누른 채 각도를 조절하면 15도씩 움직입니다.

03 / 툴 패널에서 이동 툴(⊕)을 선택하고 글자를 책과 같이 배치합니다.

Ps 저장하기

01 / 작업이 완료되었으면 Ctrl + S 를 눌러 파일명을 '폴라로이드'로 입력하고 PSD 파일과 PNG 파일을 저장합니다.

Pr 포토샵 소스 파일 불러오기

01 / 프리미어 프로에서 Ctrl + I를 눌러 포토샵에서 만든 '폴라로이드.png' 파일을 불러옵니다.

Pr 폴라로이드 애니메이션 효과 만들기

01 / 불러온 '폴라로이드.png' 파일을 현재 시간 표시자가 있는 Timeline 패널의 V2 트랙에 드래그합니다.

02 / Timeline 패널에서 '폴라로이드.png' 클립을 선택하고 Effect Controls 패널에서 Motion 항목에서 Scale과 Rotation의 '스톱워치' 아이콘(⏱)을 각각 클릭해 00:00:10:00에 키프레임(Key Frame)을 만듭니다.

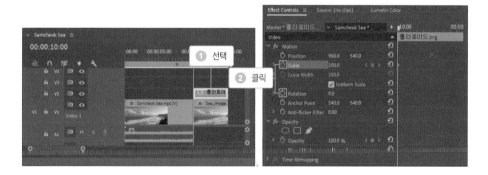

03 / 현재 시간 표시자를 00:00:10:03으로 이동합니다. Scale을 '70', Rotation을 '-15°'로 설정합니다.

04 / 현재 시간 표시자를 클립의 맨 끝으로 이동합니다. Scale을 '75', Rotation을 '-10°'로 설정합니다. 서서히 커지며 회전하는 폴라로이드 애니메이션이 완성됩니다.

Pr 배경 애니메이션 효과 만들기

01 / Effects 패널에서 'Black & White'를 검색하여 Timeline 패널의 'Sea_image.jpg' 클립에 드래그합니다. 배경에 흑백 화면 효과가 적용됩니다.

02 / 'Sea_image.jpg' 클립의 끝 점에서 Effect Controls 패널의 Scale '스톱워치' 아이콘(🕐)을 클릭해 키프레임을 만듭니다.

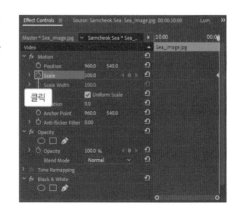

03 / 클립의 시작 점에서 Scale을 '105'로 설정합니다. 서서히 작아지는 흑백 배경 화면 애니메이션이 완성됩니다.

Pr 플래시 효과 만들기

01 / Project 패널 하단의 'New Item' 아이콘(▥)을 클릭해 'Color Matte'를 실행합니다. New Color Matte 대화상자가 표시되면 〈OK〉 버튼을 클릭합니다.

02 / Color Picker 대화상자에서 색상 코드 입력란에 '#E9F9FF'를 입력하고 〈OK〉 버튼을 클릭합니다. Choose Name 대화상자가 표시되면 클립의 이름을 'Flash'로 입력하고 〈OK〉 버튼을 클릭합니다.

03 / Timeline 패널에서 현재 시간 표시자를 00:00:09:20으로 이동하고 V3 트랙에 'Flash' 클립을 드래그합니다.

04 / 'Flash' 클립을 선택한 다음 Effect Controls 패널의 Opacity를 '0%', Blend Mode를 'Linear Dodge (Add)'로 지정합니다.

05 / 현재 시간 표시자를 00:00:10:00으로 이동하고 Opacity를 '50%'로 설정합니다.

06 / 현재 시간 표시자를 00:00:10:03으로 이동하고 Opacity를 '0%'로 설정합니다. 플래시 애니메이션 효과가 완성됩니다.

07 / 플래시가 번쩍일 때 '찰칵'하는 효과음을 넣어 영상을 완성합니다. 영상을 재생해 플래시 효과와 함께 완성되는 폴라로이드 애니메이션을 확인합니다.

TIP

'찰칵'하는 카메라 효과음은 유튜브에 '찰칵 효과음'으로 검색하여 무료로 다운받으실 수 있습니다.

005 웹툰 화면 효과 만들기

프로그램 Pr

버전 CC 2018 이상

예능 또는 인트로 화면 구성으로 사용하기 좋은 효과로 영상을 웹툰 화면처럼 꾸미는 방법을 알아봅니다. 로토 스코핑 기법이나 애프터 이펙트를 활용하면 더 완벽한 웹툰 화면을 만들 수 있지만 프리미어 프로에서는 빠르고 간편하게 제작할 수 있는 장점이 있어 유튜브나 SNS 영상을 만들 때 매우 편리하게 활용할 수 있습니다.

◉ **예제 파일** 05\Toon Source_01.mp4, Toon Source_02.mp4 | ◉ **완성 파일** 05\웹툰애니메이션_완성.mp4

▲ 완성 이미지

Pr 시퀀스 세팅하기

01 / 새 프로젝트를 만들고 Ctrl + I를 눌러 05 폴더의 'Toon Source_01.mp4', 'Toon Source_02.mp4' 파일을 불러옵니다.

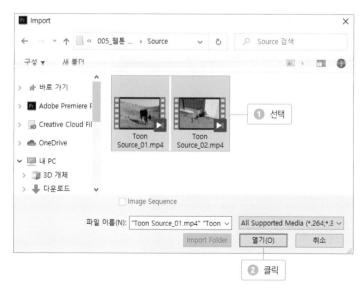

02 / 불러온 파일 중 'Toon Source_01.mp4'를 'New Item' 아이
콘()으로 드래그하여 시퀀스를 만듭니다.

Pr 만화체 그림 효과 만들기

01 / Effects 패널에서 'Brush Strokes'를 검색한 다음 타임라인의 클립에 드래그하여 페인트 효과를 적
용합니다.

02 / Effect Controls 패널에서 Brush Strokes → Brush Size를 '5'로 설정합니다.

03 / Project 패널에서 'Toon Source_01.mp4'를 Timeline 패널의 V2 트랙으로 드래그합니다.

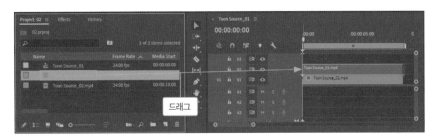

04 / Effects 패널에서 Find Edges를 검색해 V2 트랙의 클립에 드래그합니다. Effect Controls 패널에서 Opacity 효과의 Blend Mode를 Soft Light로 설정합니다. 피사체의 테두리에 드로잉효과가 적용됩니다.

05 / Project 패널에서 'Toon Source_01.mp4'를 타임라인 패널의 V3 트랙으로 드래그합니다.

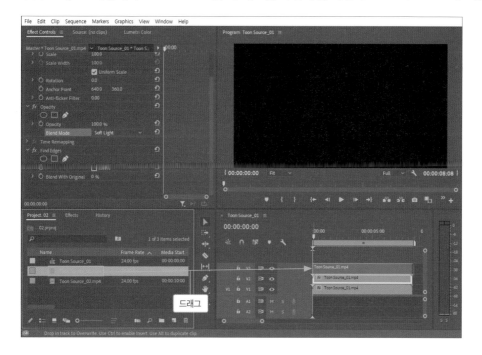

06 / Effects 패널에서 Posterize를 검색해 V3 트랙의 클립에 드래그합니다. Effect Controls 패널에서 Posterize 효과의 Level 값을 2로 설정합니다. Opacity 효과의 Blend Mode를 Soft Light로 변경하고 Opacity 값을 35%로 설정합니다.

Pr 효과 복제하기

01 / Project 패널에서 'Toon Source_02.mp4'를 Timeline 패널 V1 트랙의 끝으로 드래그합니다.

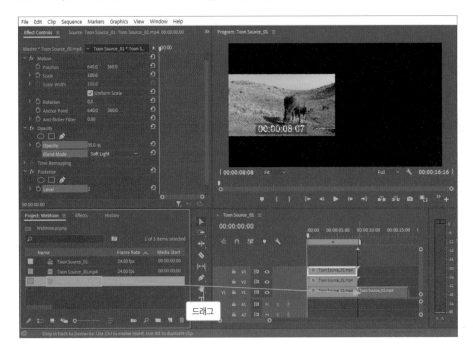

02 / V1 트랙의 'Toon Source_01.mp4' 클립을 선택하
고 Ctrl + C를 눌러 속성을 복사합니다. V1 트랙의 'Toon
Source_02.mp4' 클립을 선택하고 Ctrl + Alt + V를 누릅니다.

03 / Paste Attributes 대화상자가 표시되면 〈OK〉 버튼을 클릭합
니다.

04 / Project 패널에서 'Toon Source_02.mp4'를 V2 트랙의 끝에 드래그한 다음 **02 /**번~**03 /**번 과정
과 같이 V2 트랙 'Toon Source_01.mp4'의 클립 속성을 복제한 다음 'Paste Attributes'를 실행해 'Toon
Source_02.mp4'에 똑같이 붙여 넣습니다.

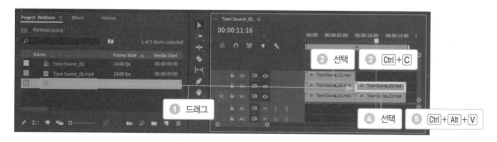

05 / V3 트랙도 **01**/번~**03**/번 과정과 같은 방법으로 'Toon Source_02.mp4'를 드래그한 다음 앞 클립의 속성을 복제합니다.

06 / 두 클립 모두 그림체 효과가 적용된 것을 확인합니다.

▲ 'Toon Source_01.mp4' 클립 화면

▲ 'Toon Source_02.mp4' 클립 화면

Pr 웹툰 화면 톤 보정하기

01 / Project 패널 하단의 'New Item' 아이콘(■)을 클릭해 'Adjustment Layer'를 실행합니다. Adjustment Layer 대화상자가 표시되면 〈OK〉 버튼을 클릭합니다.

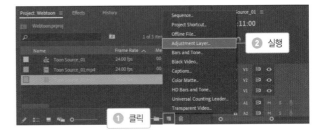

02 / Project 패널에 만들어진 'Adjustment Layer'를 Timeline 패널의 V4 트랙으로 드래그하고 두 개 끝립의 길이에 맞춰 끝 점을 늘려줍니다.

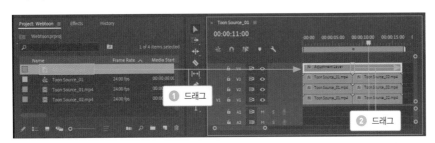

03 / Effects 패널에서 'Checkerboard'를 검색해 'Adjustment Layer' 클립에 드래그합니다. 화면이 체크 무늬로 채워집니다.

04 / Effect Controls 패널에서 Checkerboard 항목에서 Width를 '7', Color를 '주황색(#FF8400)', Opacity를 '50%', Blending Mode를 'Color Burn'으로 설정합니다. 서양 만화의 도트 효과가 적절하게 화면에 적용됩니다.

Pr 묶음 시퀀스 만들기

01 / Tools 패널에서 자르기 툴(◆)을 선택한 다음 아래 클립의 길이에 맞춰 'Adjustment Layer' 클립이 중앙을 잘라 클립을 두 개로 나눕니다.

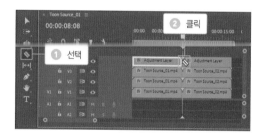

02 / Tools 패널에서 선택 툴(▶)을 선택합니다. 드래그하여 모든 트랙에 있는 앞쪽 클립들만 선택합니다.

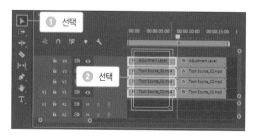

03 / 메뉴에서 [Clip] → Nest를 실행하고 Nested Sequence Name 대화상자가 표시되면 Name을 'Toon A'로 입력하고 〈OK〉 버튼을 클릭합니다. 4개의 클립이 하나로 묶여진 것을 확인합니다.

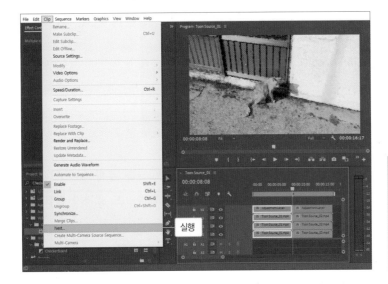

TIP

Nest는 여러 클립을 하나의 시퀀스로 묶어주는 기능으로 클립에 적용된 효과 및 모든 속성이 그대로 적용됩니다. 완성된 Nest 클립은 Project 패널에 자동으로 만들어지며 더블클릭하면 원래 소스를 변경 또는 확인할 수 있습니다.

04 / 뒤쪽 4개 클립을 한번에 선택하고 메뉴에서 [Clip] → Nest를 실행해 'Toon B' 시퀀스 클립을 만듭니다.

▲ Timeline 패널과 Project 패널에 두 개의 Nest 클립이 만들어진 모습

Pr 웹툰 페이지 디자인하기

01 / Timeline 패널에서 두 개의 클립을 모두 선택한 다음 V3 트랙으로 드래그하여 이동합니다.

02 / Project 패널의 하단에서 'New Item' 아이콘(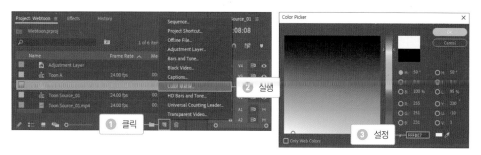)을 클릭해 'Color Matte'를 실행합니다. New Color Matte 대화상자가 표시되면 〈OK〉 버튼을 클릭하고 Color Picker 대화상자에서 아이보리색 (#FFFBE7)을 설정합니다. Choose Name 대화상자에서 클립의 이름을 'Background'로 입력합니다.

03 / 'Background' Color Matte를 Timeline 패널의 V1 트랙으로 드래그하고 V3 트랙의 첫 번째 클립 길이에 맞춰 끝 점을 드래그합니다.

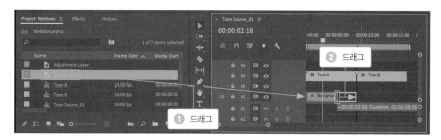

04 / Timeline 패널에서 'Toon B' 클립을 V4 트랙의 시작 점으로 드래그하여 이동합니다. Effect Controls 패널에서 Motion → Position을 '430/360'으로 설정합니다.

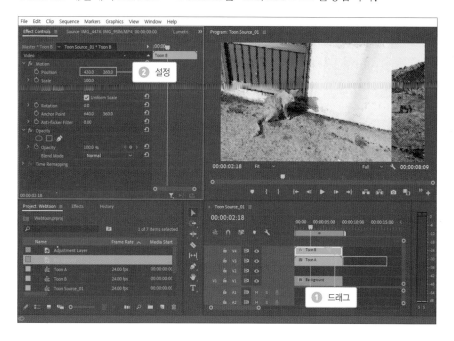

05 / 'Opacity' 항목에서 '사각형 마스크' 아이콘(▣)을 클릭한 다음 Program Monitor 패널에서 모서리 네 개의 점을 이동해 그림과 같은 마스크를 만듭니다. Mask Feather를 '0'으로 설정합니다.

> **TIP**
>
> Program Monitor 패널에서 사각형 마스크 점을 컨트롤 할 때 Shift를 누른 채 여러 점을 클릭하면 동시에 여러 개의 점을 선택할 수 있습니다. 또한 Shift를 누르고 점을 드래그하면 정확하게 수평과 수직 이동을 할 수 있습니다. Ctrl를 누르고 점을 클릭하면 점을 삭제할 수 있으며 Alt를 누르고 점을 드래그하면 곡선을 만들 수 있습니다.

06 / Timeline 패널에서 'Toon A' 클립을 선택하고 Effect Controls 패널의 Motion → Position을 '830/360'으로 설정합니다.

07 / 'Opacity' 항목에서 '사각형 마스크' 아이콘(▣)을 클릭한 다음 Program Monitor 패널에서 모서리 네 개의 점을 이동해 그림과 같은 마스크를 만듭니다. Mask Feather를 '0'으로 설정합니다.

08 / PIP(Picture in Picture) 화면에 테두리를 만들기 위해 Project 패널에서 'New Item' 아이콘 (▣)을 클릭한 다음 'Black Video'를 실행합니다. New Black Video 대화상자가 표시되면 〈OK〉 버튼을 클릭합니다.

09 / Project 패널에 'Black Video'를 Timeline 패널의 V2 트랙으로 드래그합니다. 클립의 길이를 다른 클립과 같이 맞춥니다.

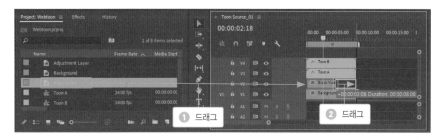

10 / 'Toon A' 클립을 선택하고 Ctrl + C를 눌러 클립의 속성을 복사합니다.

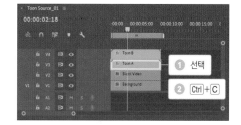

11 / 'Black Video' 클립을 선택하고 메뉴에서 [Edit] → Paste Attributes(Ctrl + Alt + V)를 실행합니다. Paste Attributes 대화상자가 표시되면 〈OK〉 버튼을 클릭하여 클립 속성을 복제합니다.

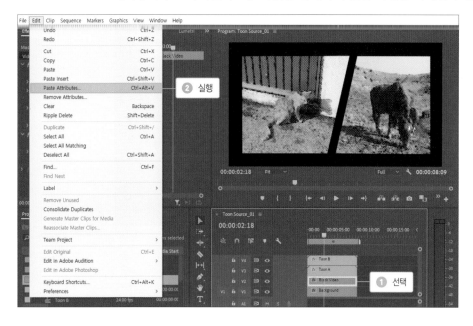

12 / Timeline 패널에서 'Toon A' 클립을 선택하고 Opacity → Mask Expansion을 '−15'로 설정합니다. 화면이 Crop 되면서 테두리가 생겨납니다.

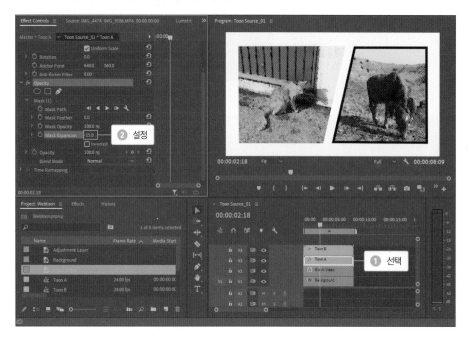

13 / Timeline 패널에서 V2, V3 트랙의 두 개 클립을 모두 선택하고 메뉴에서 (Clip) → Nest를 실행합니다. Nested Sequence Name 대화상자에서 Name을 'Toon A02'로 입력하고 〈OK〉 버튼을 클릭합니다.

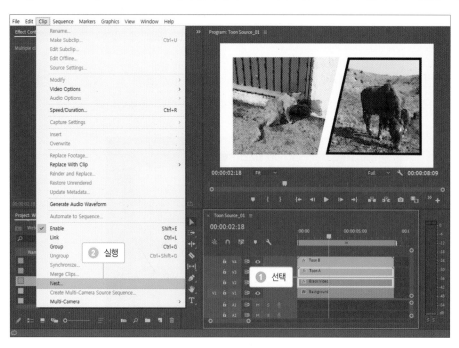

14 / Project 패널에서 'Black Video'를 Timeline 패널의 V3 트랙으로 드래그합니다. 클립의 길이를 다른 클립과 같이 맞춥니다.

15 / 'Toon B' 클립을 선택하고 [Ctrl]+[C]를 눌러 클립의 속성을 복제합니다.

16 / 'Black Video' 클립을 선택하고 메뉴에서 (Edit) → Paste Attributes([Ctrl]+[Alt]+[V])를 실행합니다. Paste Attributes 대화상자가 표시되면 〈OK〉 버튼을 클릭하여 클립의 속성을 복제합니다.

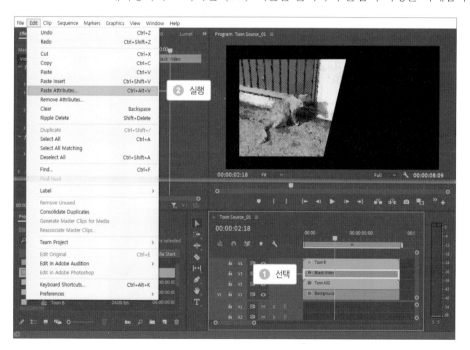

17 / Timeline 패널에서 'Toon B' 클립을 선택하고 Opacity → Mask Expansion을 '−15'로 설정합니다. 화면이 Crop 되면서 테두리가 생겨납니다.

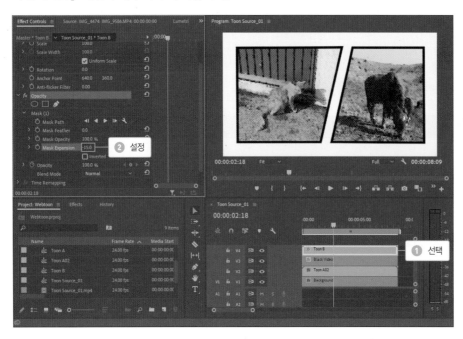

18 / Timeline 패널에서 V3, V4 트랙의 두 개 클립을 모두 선택하고 메뉴에서 [Clip] → Nest를 실행합니다. Nested Sequence Name 대화상자에서 Name을 'Toon B02'로 입력하고 〈OK〉 버튼을 클릭합니다.

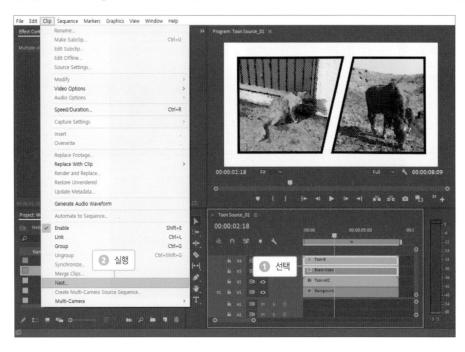

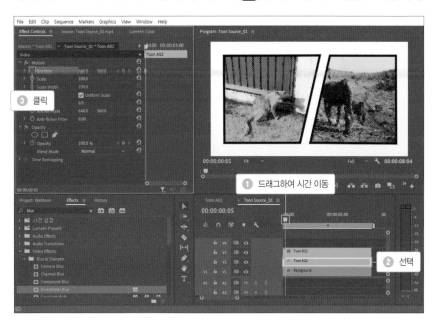 움직이는 클립 애니메이션 만들기

01 / 현재 시간 표시자를 00:00:00:05로 이동하고 'Toon A02'를 선택한 다음 Effect Controls 패널에서 Motion → Position의 '스톱워치' 아이콘(⏱)을 클릭해 키프레임을 만듭니다.

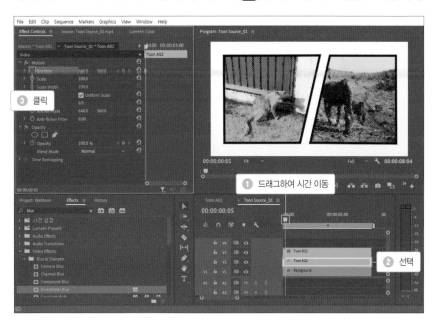

02 / Timeline 패널에서 'Toon B02'를 선택한 다음 Effect Controls 패널에서 Motion → Position의 '스톱워치' 아이콘(⏱)을 클릭해 키프레임을 만듭니다.

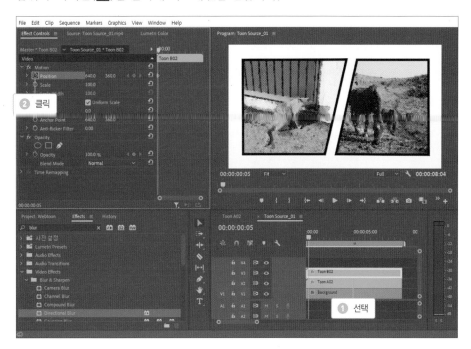

03 / 현재 시간 표시자를 시작 점으로 이동합니다. 'Toon A02' 클립의 Motion → Position을 '640/930'으로 설정하고 'Toon B02' 클립의 Motion → Position을 '640/-230'으로 설정해 그림과 같이 클립들이 화면에서 거의 벗어나도록 합니다.

04 / 현재 시간 표시자를 끝 점으로 이동합니다. 'Toon A02' 클립의 Motion → Position을 '640/290'으로 설정하고 'Toon B02' 클립의 Motion → Position을 '640/420'으로 설정해 그림과 같이 되도록 합니다.

05 / Effects 패널에서 'Directional Blur'를 검색해 'Toon A02' 클립과 'Toon B02' 클립 모두 드래그하여 적용합니다.

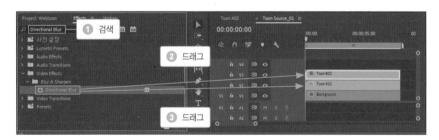

06 / 현재 시간 표시자를 시작 점으로 이동합니다. Effect Controls 패널에서 'Toon A02' 클립과 'Toon B02' 클립 모두 Directional Blur → Blur Length의 '스톱워치' 아이콘(🕐)을 클릭해 키프레임을 만든 다음 '100'으로 설정합니다.

07 / 현재 시간 표시자를 00:00:00:05로 이동합니다. 'Toon A02' 클립과 'Toon B02' 클립의 Blur Length를 모두 '0'으로 설정합니다.

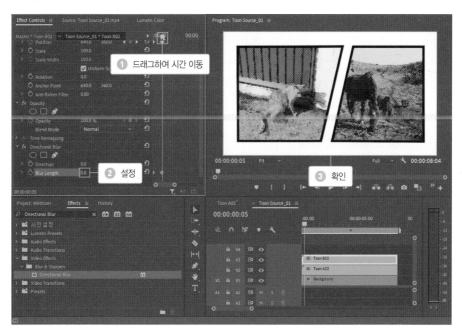

08 / 'Toon A02' 클립의 Motion → Position의 키프레임 중 두 번째 키프레임(00:00:00:05)에서 마우스 오른쪽 버튼을 클릭해 Spatial Interpolation → Linear를 실행합니다. 'Toon B02' 클립도 같은 방법으로 설정합니다.

TIP

Spatial Interpolation은 애니메이션의 속도를 조절하는 옵션으로, 'Linear'로 설정하면 같은 속도로 일정하게 움직이게 되며 'Bezier'로 설정하면 움직임의 크기에 따라 가속도 또는 감속도를 갖도록 합니다.

09 / 영상을 재생해 모션 블러 효과와 함께 위아래에서 등장하는 애니메이션 효과를 확인합니다. 웹툰 효과는 다양한 화면 구성과 레이아웃으로 여러 컷을 연결해 표현하면 타이틀이나 브리지 역할로 사용하기 효과적입니다. 예제로 설명한 것 외에 다양한 디자인으로 재미있는 화면 구성에 도전해 보시기 바랍니다.

TIP

상황과 어울리는 말풍선 자막 효과로 화면을 꾸미면 더욱 더 재미있는 장면을 연출할 수 있습니다.

대두 효과 만들기

대두 효과는 사람이나 동물의 머리를 잠깐 크게 보여주는 효과는 재미있는 표정이나 상황을 크게 묘사하기 위해 예능 프로그램에서 자주 쓰는 기법입니다. 프리미어 프로에서는 아주 빠르고 쉽게 대두 효과를 표현할 수 있어 어떤 콘텐츠나 부담없이 활용할 수 있습니다. 이번 예제에서는 귀여운 고양이가 졸려서 하품하는 장면을 크게 부각하고 호랑이 울음 소리를 넣어 재미있는 장면으로 만들어 봅니다.

프로그램 Pr
버전 CC 이상

⊙ **예제 파일** 05\Cat.mp4, Tiger.mp3 | ⊙ **완성 파일** 05\Big Head_완성.mp4

▲ 완성 이미지

Pr 시퀀스 셋팅하기

01 / 새 프로젝트를 만들고 Ctrl + I를 눌러 05 폴더에서 'Cat.mp4', 'Tiger.mp3' 파일을 불러옵니다.

02 / 불러온 파일 중 'Cat.mp4'를 'New Item' 아이콘( )에 드래그하여 시퀀스를 만듭니다.

03 / Alt를 누른 상태에서 Timeline 패널의 V1 트랙에 있는 'Cat.mp4' 클립을 위로 드래그하여 복제합니다.

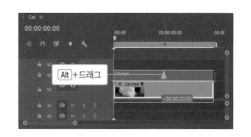

04 / Tools 패널에서 자르기 툴(✂)을 선택합니다. 고양이가 하품을 하는 00:00:07:28을 시작 점으로, 하품을 마치는 00:00:10:22을 끝 점으로 세팅해서 잘라줍니다.

05 / Tools 패널에서 선택 툴(▶)을 선택합니다. 잘린 클립 중 필요 없는 첫 번째 클립과 세 번째 클립을 각각 선택해 Delete를 눌러 삭제합니다.

Pr 대두 효과 적용하기

01 / Effects 패널에서 'Magnify'를 검색한 다음 타임라인의 V2 트랙에 있는 클립에 드래그합니다.

02 / Effect Controls 패널에서 Magnify를 클릭하여 Program Monitor 패널에 앵커 포인트가 보이도록 합니다. Link를 'Size & Feather To Magnification'으로 지정하고 Feather를 '30'으로 설정해 경계선을 부드럽게 합니다.

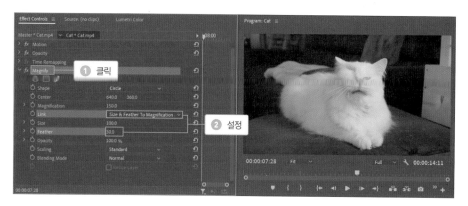

03 / 현재 시간 표시자를 V2 트랙 클립의 시작 점 00:00:07:28로 이동합니다. 팝업되는 고양이 얼굴의 크기와 위치를 맞추기 위해 Center를 '710/253', Size를 '195'로 설정합니다. Program Monitor 패널에서 앵커 포인트를 드래그하면 실제 작업에서 편리하게 작업할 수 있습니다. Center의 '스톱워치' 아이콘(■)을 클릭해 키프레임을 만듭니다.

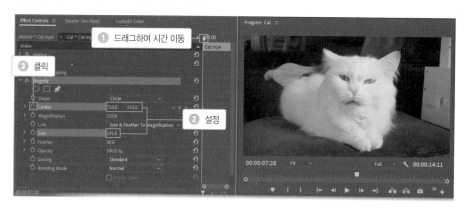

04 / 고양이가 고개를 들기 직전인 00:00:08:22로 현재 시간 표시자를 이동하고 Center의 'Add Keyframe' 아이콘(■)을 클릭합니다.

05 / 고양이가 고개를 든 00:00:09:12에서 Center의 앵커 포인트를 위로 조금 이동해(Y축 : 225) 고양이의 움직임을 따라 갑니다.

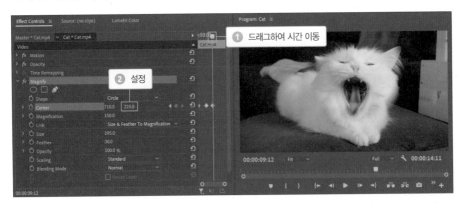

06 / 고양이가 하품을 하고 고개를 내리려고 하는 00:00:09:26에서 'Add Keyframe' 아이콘(●)을 클릭해 키프레임을 추가합니다.

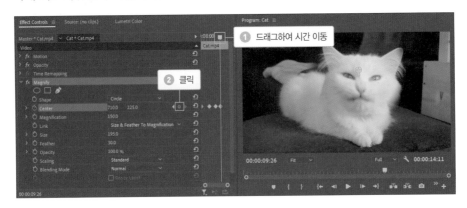

07 / 고양이가 고개를 내린 00:00:10:00에서 Center의 앵커 포인트를 아래로 이동해(Y축 : 280) 고양이의 움직임를 따라갑니다. 예제에서는 고양이의 움직임이 크지 않아 앵커 포인트를 조금씩 이동했지만 피사체의 움직임이 큰 영상일 경우 앵커 포인트를 크게 이동해 계속해서 트래킹 작업을 하도록 합니다.

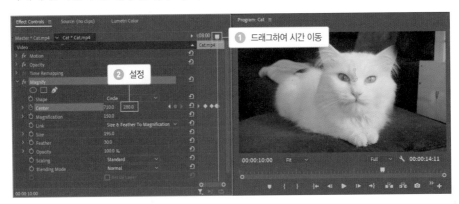

Pr 효과 사운드 적용하기

01 / 재미있는 장면을 연출하기 위해 고양이가 하품하는 00:00:07:28에 'Tiger.mp3'를 오디오 트랙으로 드래그하여 효과 사운드를 적용합니다.

02 / 영상을 재생해 고양이가 하품하는 타이밍에 커지는 얼굴 영상을 확인합니다.

CHAPTER 02
스타일리쉬한
자막 만들기

영상 작업에서 자막 작업은 매우 중요한 요소입니다. 하지만 자막 작업은 여러 가지 스타일이 있기 때문에 목적에 맞게 적절한 디자인을 완성하고 그에 맞는 효과를 넣는 것이 중요합니다. 메인 타이틀, 서브 타이틀, 스타일 자막 등 다양한 스킬을 익혀 창의적이고 재미있는 자막 작업을 완성합니다.

노래방 스타일 자막 만들기

프로그램 **Pr**
버전 CC 2019 이상

여러 가지 자막 스타일 중 예능적인 감성을 표현할 수 있는 스타일로 노래방 자막 디자이이 있습니다 프리미어 프로에서 노래방 스타일의 자막을 디자인하고 와이프(Wipe)로 노래 타이밍에 맞춰 채워지는 자막 애니메이션 제작 과정을 익혀봅니다.

◉ **예제 파일** 05\BG_003.mp4　|　◉ **완성 파일** 05\Singing Type_완성.mp4

▲ 완성 이미지

01 / 소스 파일과 일치하는 시퀀스 만들기

새 프로젝트를 만들고 Ctrl+I를 눌러 05 폴더에서 'BG_003.mp4' 파일을 불러옵니다. 불러온 파일을 Project 패널의 'New Item' 아이콘(🔳)으로 드래그하여 그림과 같이 새로운 시퀀스를 만듭니다.

02 / 노래방 스타일 자막 디자인 하기

Tools 패널에서 문자 툴(T)을 선택하고 Program Monitor 패널을 클릭합니다. 그림처럼 '잠들지 않는 도시엔' 노랫말을 입력합니다.

03 / Tools 패널에서 선택 툴(▶)을 선택하고 Effect Controls 패널에서 'Text' 항목을 열어 텍스트의 폰트를 설정하고 크기를 '70'으로 설정합니다. 'Center align text' 아이콘(▤)을 클릭한 다음 Appearance → Fill을 흰색으로 설정합니다. 'Stroke'를 체크 표시한 다음 색상 상자에서 '보라색(#A030AA)'으로 설정합니다. Stroke의 두께를 '20'으로 설정합니다.

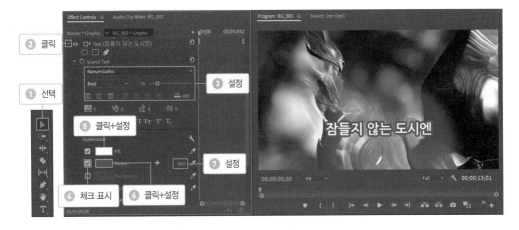

04 / Text → Transform → Position의 'Reset Parameter' 아이콘(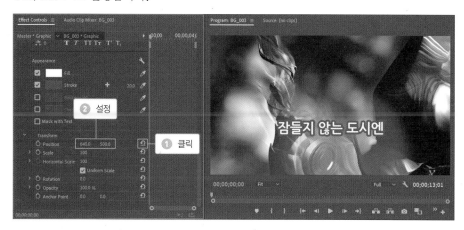)을 클릭한 다음 Position을 '640/500'으로 설정합니다.

05 / 클립 복제하기

Timeline 패널에서 [Alt]를 누른 채 문자 클립을 위로 드래그하여 복제합니다.

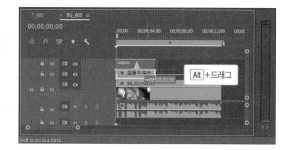

06 / 복제된 클립을 선택하고 Text → Transform → Position을 '640/610'으로 설정하여 두 줄로 된 문자 레이아웃을 구성합니다.

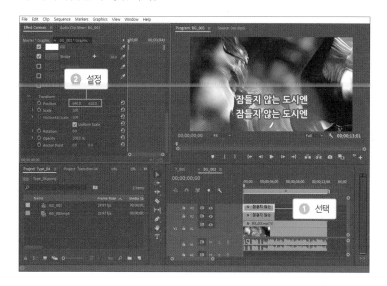

07 / Tools 패널에서 문자 툴(T)을 선택하고 Program Monitor 패널의 두 번째 줄을 클릭해 문자를 '(두려움이 깨어나)'로 변경합니다.

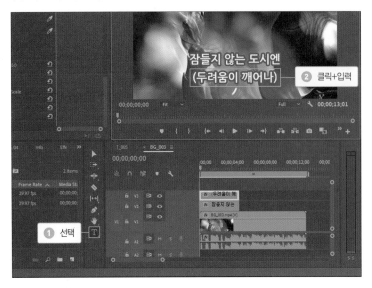

08 / 문자 클립 편집 점 정렬하기

Tools 패널에서 선택 툴(▶)을 선택하고 Timeline 패널에서 문자 클립의 길이를 그림과 같이 배경 화면 클립 길이에 맞춰 정렬합니다.

09 / 클립 복제하기

두 줄의 문자 클립을 하나씩 차례로 Alt를 누른 채 드래그하여 복제한 다음 그림과 같이 4개의 문자 클립을 만듭니다. 새로운 문자 클립들이 V4, V5 트랙에 위치합니다.

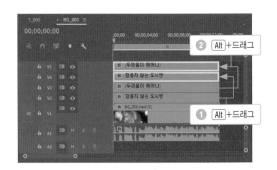

10 / 라벨 색 변경하기

일반 문자와 팝업 문자를 구분하기 위해 라벨 색을 변경합니다. 새로 만든 두 개의 클립을 [Ctrl]를 눌러 모두 선택하고 마우스 오른쪽 버튼을 클릭해 Label → 노랑(Yellow)을 실행합니다.

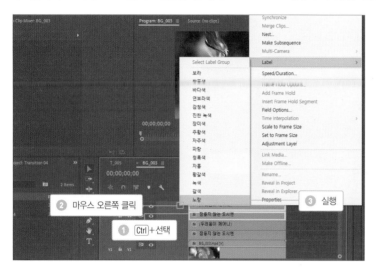

11 / 팝업 문자 컬러 변경하기

Timeline 패널에서 V4 트랙의 문자 클립을 선택하고 Effect Controls 패널에서 Fill을 '보라색 (#A030AA)', Stroke를 '흰색(#FFFFFF)'으로 설정합니다.

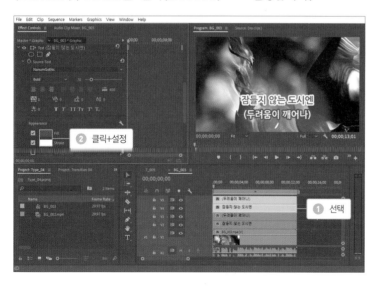

12 / Timeline 패널에서 V5 트랙의 문자 클립을 선택하고 Effect Controls 패널에서 Fill과 Stroke의 색을 서로 바꿔서 설정합니다.

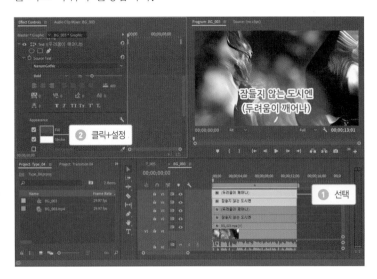

13 / 팝업 문자 애니메이션 만들기

Effects 패널에서 'Crop'을 검색해 V4 트랙의 클립에 드래그합니다.

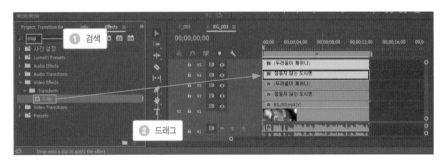

TIP

Crop은 영상, 이미지, 문자 등이 화면에서 상/하/좌/우로 잘려 보이도록 설정하는 효과입니다.

---

14 / 현재 시간 표시자를 가사의 첫 음절이 등장하는 00:00:03:00으로 이동합니다. Effect Controls 패널에서 Crop → Right '스톱워치' 아이콘(◉)을 클릭하고 '80%'로 설정해 팝업 문자가 안 보이도록 합니다.

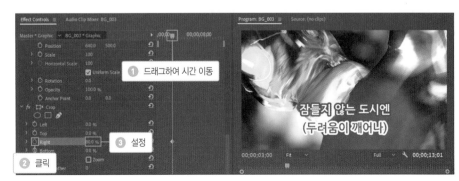

15 / 현재 시간 표시자를 노랫말이 끝나는 지점 00:00:09:00으로 이동합니다. Crop → Right를 '20%'로 변경해 팝업 문자가 모두 보이도록 설정합니다.

TIP

Crop → Edge Feather 값을 설정하면 잘린 부분의 경계선을 부드럽게 할 수 있습니다.

---

16 / Effect Controls 패널의 'Crop' 항목을 클릭하고 마우스 오른쪽 버튼을 클릭해 Copy를 실행합니다.

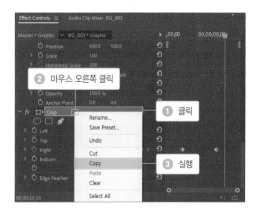

17 / Timeline 패널에서 V5 트랙의 문자 클립을 선택하고 Ctrl + V를 누르고 복사한 Crop을 적용합니다.

18 / Crop → Right의 키프레임을 드래그하여 노랫말이 등장하는 타이밍(시작 점：00:00:10:10, 끝점：00:00:13:01)으로 이동합니다.

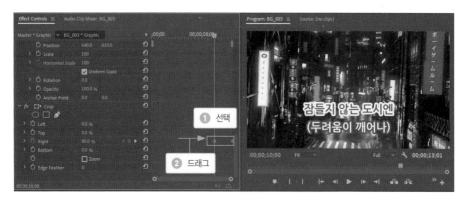

19 / 영상을 재생해 노랫말의 타이밍에 맞춰 팝업 문자가 애니메이션 되는 것을 확인합니다.

TIP

팝업 문자가 생겨나는 타이밍을 더 정확히 맞추려면?

음악을 들으며 노랫말 타이밍에 맞춰 Crop → Right 키프레임 값을 일일이 변경하면 팝업 문자가 생겨나는 타이밍을 더 정확히 맞출 수 있습니다.

002

스타워즈 자막 만들기

프로그램 **Pr**
버전 CC 이상

프리미어 프로에서 자막을 만드는 방법은 크게 두 가지가 있습니다. 그 중 고급 스킬을 이용한 자막 만들기는 레거시 타이틀(Legacy Title) 기능을 이용해 제작할 수 있습니다. 레거시 타이틀에서는 다양한 자막 디자인과 엔딩 크레딧 효과로 자주 사용되는 롤(Roll)과 크롤(Crawl) 기능을 이용할 수 있습니다. 영화 스타워즈의 오프닝 시퀀스 느낌을 만들어 봅니다.

💿 **예제 파일** 05\Stars.mp4, Text.txt | 💿 **완성 파일** 05\Star Wars Rolling Title_완성.mp4

◀ 완성 이미지

01 / 소스 파일과 일치하는 시퀀스 만들기

새 프로젝트를 만들고 Ctrl+I를 눌러 05 폴더에서 'Stars.mp4' 파일을 불러옵니다. 불러온 파일을 Project 패널의 'New Item' 아이콘(■)으로 드래그하여 그림과 같이 새로운 시퀀스를 만듭니다. 자막 파일이 올려질 배경 화면이 만들어집니다.

02 / Legacy Title 창 표시하기

메뉴에서 (File) → New → Legacy Title을 실행합니다. New Title 대화상자가 표시되면 〈OK〉 버튼을 클릭합니다.

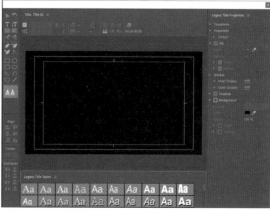

413

03 / 자막 입력하기

Ctrl+I를 눌러 05 폴더에서 'Text.txt' 파일을 엽니다. Ctrl+A을 눌러 모든 텍스트를 선택한 다음 Ctrl+C를 눌러 내용을 복사합니다.

04 / Tools 패널에서 문자 툴(T)을 선택합니다. Title Design 패널을 클릭해 Ctrl+V를 눌러 복사한 텍스트 내용을 붙여 넣습니다.

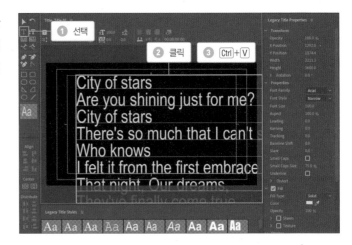

05 / 문자 디자인하기

선택 툴(▶)을 선택하고 'Center Alignment' 아이콘(■)을 클릭합니다. 오른쪽 Legacy Title Properties 패널에서 글자의 폰트, 크기 등을 지정해 문자의 좌우가 잘리지 않고 그림과 같이 한 화면에 담기도록 합니다.

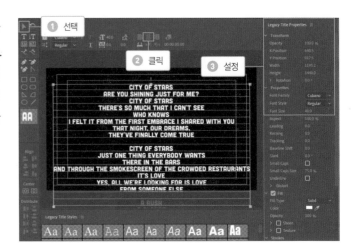

06 / Properties → Leading 을 '50'으로 설정해 줄 간격을 띄우고 Color의 색상 상자를 클릭해 글씨 색을 '노란색(#FFB400)'으로 변경합니다.

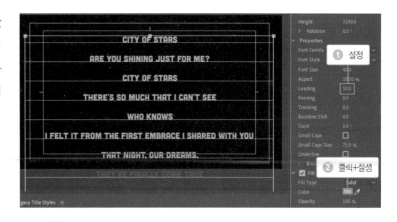

07 / Roll 자막 설정하기

아래에서 위로 롤링되는 자막 애니메이션을 적용하기 위해 Title Tools 패널에서 'Roll/Crawl Options' 아이콘(▦)을 클릭합니다. Roll/Crawl Options 대화상자가 표시되면 'Roll'을 선택한 다음 'Start Off Screen', 'End Off Screen'을 차례로 체크 표시하고 〈OK〉 버튼을 클릭합니다.

TIP

Start Off Screen, End Off Screen를 체크 표시하면 롤링되는 자막이 안 보이는 상태에서 프레임 인(Frame In)되고 프레임 아웃(Frame Out)됩니다. Crawl Left/Right를 선택하면 좌우로 이동하는 자막 애니메이션을 적용할 수 있습니다.

08 / 자막 위치 정렬하기

Title Design 패널의 스크롤을 맨 위로 올린 다음 자막의 Y축 값을 조절해 시작 위치를 그림과 같이 설정합니다. 'Horizontal Center' 아이콘(回)을 클릭해 X축으로 중앙 정렬합니다. '닫기' 아이콘(▣)을 클릭해 Legacy Title 창을 닫습니다.

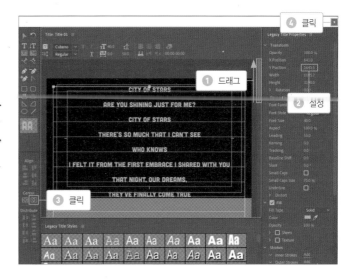

09 / 타이틀 속도 조절하기

Project 패널에서 디자인한 'Title 01'을 타임라인 V2 트랙으로 드래그한 다음 배경 소스 클립의 길이와 같이 끝 점을 맞춥니다. 영상을 재생하면 타이틀 클립의 길이에 따라 롤링되면서 애니메이션 속도가 달라지는 것을 확인할 수 있습니다.

10 / 기울어진 자막 효과 만들기

Effects 패널에서 'Basic 3D'를 검색해 'Title 01' 클립에 드래그합니다.

11 / Effect Controls 패널에서 Basic 3D → Tilt를 '-50°'로 설정합니다. 타임라인을 재생하면 자막이 Z축으로 기울어진 것을 확인할 수 있습니다.

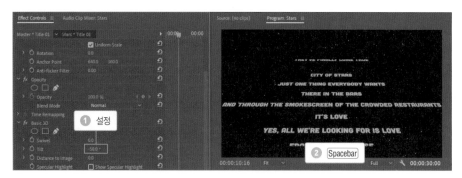

12 / 부드러운 마스크 설정하기

Effects 패널에서 'Crop'을 검색해 'Title 01' 클립에 드래그합니다.

13 / Effect Controls 패널에서 '사각형 마스크' 아이콘(▢)을 클릭하고 Program Monitor 패널에서 마스크의 네 꼭짓점을 이동해 그림과 같이 설정합니다. 마스크가 글자의 Y축을 벗어나지 않도록 설정하는 것이 중요합니다.

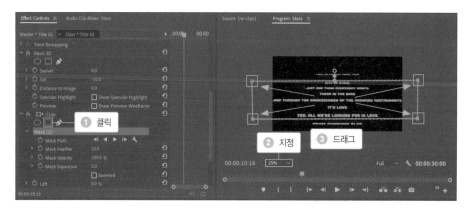

TIP

Program Monitor 패널 하단의 화면 크기 선택(Select Zoom Level)을 조절하면 화면 크기를 줄일 수 있습니다.

14 / Crop → Mask Feather를 '50'으로 설정해 경계선을 부드럽게 합니다. 'Inverted'를 체크 표시하고 Left를 '100%'로 설정해 마스크를 완성합니다.

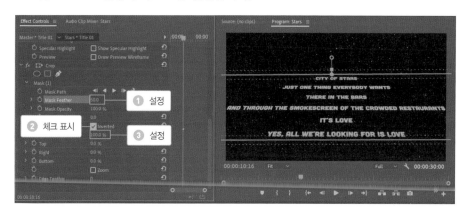

15 / 천천히 화면에 등장하며 롤링되는 자막 애니메이션을 확인합니다.

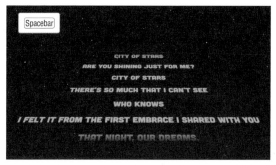

003

사각형 툴을 이용한
반응형 말 자막 만들기

영상 작업을 하다 보면 대화를 이용한 자막 작업을 매우 많이 하게 됩니다. 말 자막에 상자를 이용하면 더 귀찮
은 작업들이 많아지는데 프리미어 프로에서는 자막의 길이에 따라 자막 상자의 크기가 자동으로 변형되는 반응
형 도형 기능을 통해 매우 편리하고 빠르게 말 자막 작업을 할 수 있습니다.

프로그램 Pr
버전 CC 2018 이상

● **예제 파일** 05\Dialogue.mp4 | ● **완성 파일** 05\자동 자막 상자_완성.mp4

◀ 완성 이미지

01 / 소스 파일과 일치하는 시퀀스 만들기

새 프로젝트를 만들고 Ctrl+I를 눌러 05 폴더에서 'Dialogue.mp4' 파일을 불러옵니다. 불러온 파일을
Project 패널의 'New Item' 아이콘(□)으로 드래그하여 그림과 같이 새로운 시퀀스를 만듭니다. 자막
파일이 올려질 배경 화면이 만들어집니다.

02 / 말 자막 만들기

영상을 재생해 들리는 말을 메모한 다음 Tools 패널에서
문자 툴(T)을 선택하고 Prgram Monitor 패널을 클릭해
입력합니다.

① 선택

② 클릭+입력

03 / Tools 패널에서 선택 툴(▶)을 선택하고 Effect Controls 패널에서 문자의 폰트, 크기를 설정합니다. 'Center align Text' 아이콘(≣)을 클릭합니다. Appearance → Fill을 '흰색'으로 설정합니다.

04 / Position의 'Reset Parameter' 아이콘(↺)을 클릭해 글자의 위치를 중앙으로 이동한 다음 Position을 '640/650'으로 설정합니다.

05 / 자막 상자 만들기

Tools 패널에서 펜 툴(✒)을 길게 클릭해 사각형 툴(□)을 선택합니다.

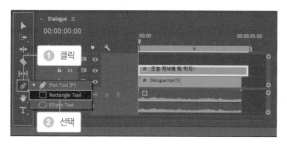

06 / Program Monitor 패널에서 드래그하여 문
자 위에 사각형 박스를 만듭니다.

07 / Effect Controls 패널에서 'Text' 항목과 'Shape' 항목의 '닫기' 아이콘(🔽)을 클릭한 다음 'Shape'
항목을 드래그하여 'Text' 항목 위로 올라가도록 합니다. Program Monitor 패널을 보면 문자가 상자 위
로 올라옵니다.

08 / 'Shape' 항목을 열어 Appearance → Fill을 검은색으로 변경합니다. Position과 Scale을 조절해
문자와 잘 어우러지도록 크기와 위치를 조절합니다.

09 / 서브 자막 만들기

Tools 패널에서 문자 툴(T.)을 선택하고 Program Monitor 패널에 서브 자막 '메뉴 고민 중'을 입력합니다.

10 / Tools 패널에서 선택 툴(▶)을 선택합니다. Effect Controls 패널에서 서브 자막의 폰트, 크기, 색, 테두리 등을 설정합니다.

11 / 서브 자막의 Position을 설정해 그림과 같이 검은색 자막 상자의 상단 왼쪽에 위치합니다.

12 / 반응형 자막 설정하기

메뉴에서 (Windows) → Essential Graphics를 실행해 패널을 활성화합니다.

13 / Essential Graphics 패널의 (Edit) 탭을 선택하고 'Shape 01' 레이어를 선택합니다. Pin To를 '오늘 저녁에 뭐 먹지?'로 지정하고 Parent Layer 설정 상자의 중앙을 클릭해 상/하/좌/우 모두 활성화되도록 합니다.

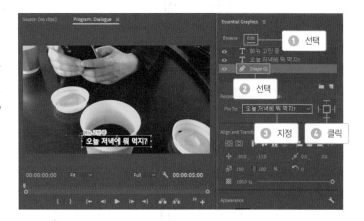

14 / '메뉴 고민 중' 레이어를 선택합니다. Pin To를 'Shape 01'로 지정하고 Parent Layer 설정 상자에서 왼쪽을 클릭해 활성화합니다.

15 / 자막 타이밍 조절하기

Timeline 패널에서 말소리가 나오는 부분에 맞춰 자막의 시작 점(00:00:00:15)과 끝 점(00:00:04:05)을 맞춰줍니다.

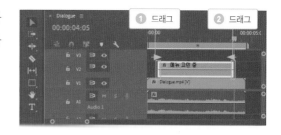

16 / 자르기 툴(■)을 선택하고 두 번째 자막으로 바뀌는 타이밍(00:00:02:22)에 클립을 잘라줍니다.

17 / 현재 시간 표시자를 두 번째 자막이 등장하는 타이밍으로 옮긴 다음 두 번째 자막 클립을 선택합니다. Tools 패널에서 문자 툴(■)을 선택하고 Program Monitor 패널에서 말 자막을 '매콤한 거 어때?'로 변경합니다. 문자의 길이에 맞춰 자막 상자의 크기가 자동으로 변경되고 서브 자막의 위치도 자동으로 이동하는 것을 확인할 수 있습니다.

18 / 영상을 재생해 정확한 타이밍에 맞춰 자막이 변경되는지 확인합니다.

004 예능 스타일 자막 만들기

프로그램 **Pr**
버전 CC 이상

TV 예능 프로그램에서 많이 활용되는 예능 스타일의 자막은 유튜브와 같은 온라인 방송에서도 많이 활용됩니다. 콘텐츠의 특성에 맞춰 개성있고 재미있는 자막 디자인과 애니메이션을 적용한다면 높은 가독성과 시각적 유희를 자극하면서 더 높은 품질의 영상으로 평가될 수 있습니다.

◉ **예제 파일** 05\BG_007.mp4 | ◉ **완성 파일** 05\예능자막_완성.mp4

◀ 완성 이미지

Pr 프리미어 프로에서 예능 자막 디자인하기

01 / 소스 영상과 동일한 포맷의 시퀀스 만들기

새 프로젝트를 만들고 Ctrl + I 를 눌러 05 폴더에서 'BG_007. mp4' 파일을 불러옵니다. 불러온 소스 파일을 Project 패널의 'New Item' 아이콘(▤)으로 드래그하여 소스 파일과 동일한 포맷의 시퀀스를 만듭니다.

02 / Legacy Title 창 열기

현재 시간 표시자를 00:00:02:00 으로 이동하고 메뉴에서 [File] → New → Legacy Title을 실행합니다. New Title 대화상자가 나타나면 〈OK〉 버튼을 클릭해 Legacy Title 창을 표시합니다.

TIP
프리미어 프로 CC 이하 버전에서 Legacy Title이 없는 경우 메뉴에서 [Title] → New Title을 실행하거나 단축키 Ctrl + T 를 눌러 레거시 타이틀 창을 열 수 있습니다.

03 / 타이틀 디자인 하기

Legacy Title Tools 패널에서 문자 툴(🅣)을 선택하고 Title Design 패널을 클릭해 '드디어'를 입력합니다.

04 / Legacy Title Tools 패널에서 선택 툴(▶)을 선택합니다. Title Design 패널에서 문자의 폰트를 지정하고 'Center Alignment' 아이콘(▤)을 클릭합니다.

05 / Legacy Title Properties 패널에서 Properties → Font Size를 '150'으로 설정합니다. Fill Type을 'Linear Gradient'로 지정한 다음 Color의 왼쪽과 오른쪽 색을 그림과 같이 '#FDFFEE'와 '#F9FF95'로 설정합니다. Angle을 '315°'로 설정합니다.

06 / 문자의 테두리를 만들기 위해 'Strokes' 항목에서 Outer Strokes의 'Add'를 클릭하고 Size는 '45'로 설정합니다. Color를 짙은 연두색 '#748000'으로 설정합니다.

07 / 문자의 깊이를 만들기 위해 'Strokes' 항목에서 Outer Strokes의 'Add'를 클릭하고 Type을 'Depth' 로 변경합니다. Size를 '100', Angle을 '30°'로 설정한 다음 Color를 테두리 색 '#748000'과 같은 색으로 설정합니다.

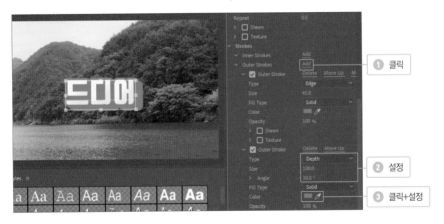

08 / Legacy Title Align 패널에서 'Vertical Center' 아이콘(⊡)과 'Horizontal Center' 아이콘(⊡)을 클릭해 문자를 화면의 중앙에 배치합니다.

09 / 복사된 디자인 텍스트 만들기

적용된 디자인으로 다른 타이틀을 만들기 위해 'New Title Based on Current Title' 아이콘(■)을 클릭해 New Title 대화상자가 표시되면 ⟨OK⟩ 버튼을 클릭합니다.

10 / 문자 툴(T)을 선택하고 Title Design 패널의 글씨를 '도'로 변경합니다.

11 / 'New title Based on Current Title' 아이콘(■)을 클릭해 New Title 대화상자가 표시되면 ⟨OK⟩ 버튼을 클릭합니다.

12 / 글씨를 '착'으로 변경하고 '닫기' 아이콘(x)을 클릭해 Legacy Title 창을 닫습니다.

Pr 예능 자막 애니메이션 만들기

01 / 자막 위치 정렬하기

Project 패널에서 'Title 01'을 타임라인의 V2 트랙으로 드래그합니다. 클립의 끝 점을 오른쪽으로 드래그하여 배경 영상의 길이와 맞춥니다.

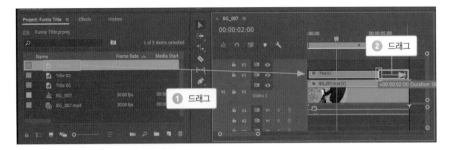

02 / 앵커 포인트 위치 이동하기

Effect Controls 패널에서 Motion → Anchor Point를 클릭하면 Program Monitor 패널에 클립의 중심축인 앵커 포인트가 나타납니다. 화면에서 앵커 포인트를 드래그하여 문자의 오른쪽 하단 모서리로 이동합니다.

03 / 바운스되는 스케일 애니메이션 만들기

현재 시간 표시자를 영상의 장면이 변경되는 00:00:00:26으로 이동합니다. Effect Controls 패널에서 Motion → Scale의 '스톱워치' 아이콘(🕒)을 클릭해 키프레임을 만들고 Scale을 '0'으로 설정합니다.

04 / Scale을 00:00:01:05에서 '120', 00:00:01:12에서 '80', 00:00:01:17에서 '100'으로 입력합니다. 총
4개의 키프레임이 만들어졌습니다.

05 / 애니메이션의 움직임을 자연스럽게 하기 위해 드래그하여 키프레임을 모두 선택한 다음 마우스 오
른쪽 버튼을 클릭해 'Bezier'를 실행합니다. 키프레임의 아이콘 모양이 모래 시계 모양으로 변경되며 자
연스러운 바운스 애니메이션이 완성됩니다.

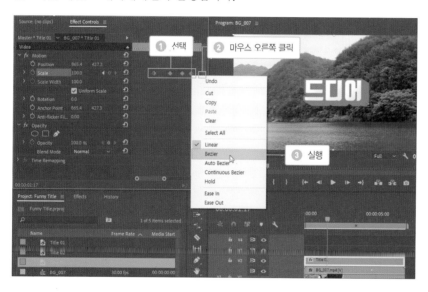

06 / Project 패널에서 'Title 02'와 'Title 03'을 타임라인의 V3, V4 트랙에 드래그한 다음 클립의 끝 점
을 다른 클립의 길이와 맞춥니다.

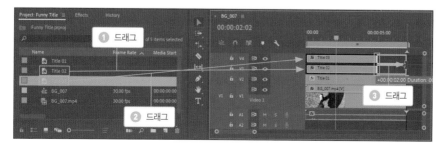

07 / Timeline 패널에서 V2 트랙의 'Title 01' 클립을 선택하고 단축키 Ctrl + C를 눌러 효과 속성을 복사합니다.

08 / V3 트랙과 V4 트랙의 타이틀 클립을 모두 선택하고 속성 붙여 넣기 단축키 Ctrl + Alt + V를 누릅니다.

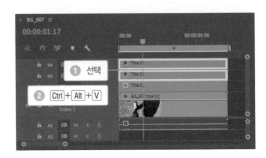

09 / Paste Attributes 대화상자가 표시되면 Video Attributes의 'Motion' 항목이 활성화된 것을 확인하고 〈OK〉 버튼을 클릭합니다.

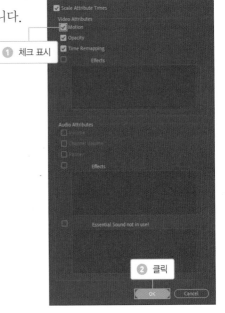

10 / 'Title 01', 'Title 02', 'Title 03' 클립을 차례로 선택하면서 Effect Controls 패널의 Position 값을 조절해 그림과 같이 문자들이 화면 중앙에 배치되도록 합니다.

11 / Timeline 패널에서 'Title 02' 클립을 '15'프레임 뒤로 드래그하고 'Title 03' 클립을 '25'프레임 뒤로 드래그합니다.

12 / 'Title 02', 'Title 03' 클립의 끝 점을 다른 클립의 길이와 같이 맞춥니다.

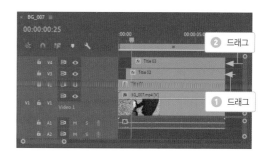

13 / 화면 속에서 튀어나오는 예능 자막 애니메이션을 확인합니다.

005

배경지 위에 타이틀 만들기

프로그램 Pr
버전 CC 2018 이상

영상의 화면 디자인은 포토샵을 활용해 정교하고 세련되게 만들 수 있습니다. 하지만 간단한 스타일의 화면 구성은 프리미어 프로에서 작업하면 하나의 프로그램으로 빠르게 작업할 수 있는 장점이 있습니다. 레거시 타이틀을 이용해 화면의 레이아웃을 새롭게 구성하는 방법을 알아봅니다.

● **예제 파일** 05\Title_BG.mp4 | ● **완성 파일** 05\Shape Title_완성.mp4

◀ 완성 이미지

01 / 소스 파일과 일치하는 시퀀스 만들기

새 프로젝트를 만들고 Ctrl+I를 눌러 05 폴더에서 'Title_BG.mp4' 파일을 불러옵니다. 불러온 파일을 Project 패널의 'New Item' 아이콘(■)으로 드래그하여 그림과 같이 새로운 시퀀스를 만듭니다. 자막 파일이 올려질 배경 화면이 만들어집니다.

02 / 소프트한 배경 톤 만들기

Project 패널 하단의 'New Item' 아이콘(■)을 클릭해 'Adjustment Layer'를 실행합니다. Adjustment Layer 대화상자가 표시되면 〈OK〉 버튼을 클릭합니다.

03 / 'Adjustment Layer'를 타임라인 V2 트랙으로 드래그하고 끝 점을 영상의 길이에 맞춰 드래그합니다.

04 / Effects 패널에서 'Cinespace 50 Faded Film'을 검색해 'Adjustment Layer'로 드래그합니다. 오래된 필름 느낌의 소프트한 톤이 자동으로 완성됩니다.

05 / Color Matte 적용하기

Project 패널의 'New Item' 아이콘(▦)을 클릭해 'Color Matte'를 실행합니다. New Color Matte 대화상자가 표시되면 〈OK〉 버튼을 클릭한 다음 Color Picker 대화상자가 표시되면 맨 밑 코드 입력란에 '#C94B4C'를 입력하고 〈OK〉 버튼을 클릭합니다. Choose Name 대화상자가 표시되면 'Color Matte' 이름을 입력하고 〈OK〉 버튼을 클릭합니다.

06 / 'Color Matte'를 타임라인의 V3 트랙으로 드래그하고 다른 클립의 길이와 같이 클립의 길이를 조절합니다.

07 / 컬러 매트에 구멍 뚫기

Effects 패널에서 'Crop'을 검색해 'Color Matte'로 드래그합니다.

08 / Effect Controls 패널의 'Crop' 항목에서 '펜 툴' 아이콘(✏)을 클릭하고 Program Monitor 패널에서 그림과 같이 도형을 클릭하며 그려줍니다. 클릭한 다음 드래그하면 곡선으로 표현할 수 있는 베지어(Bezier)가 만들어지니 그림처럼 약간의 곡선을 활용해 도형을 완성합니다. 처음 클릭한 지점을 클릭하면 도형이 닫히며 완성됩니다. 도형이 완성된 다음 포인트를 추가, 이동, 삭제하며 수정할 수 있습니다.

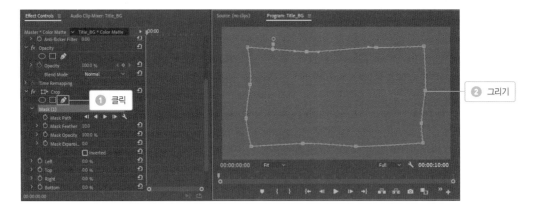

09 / Mask Feather를 '0'으로 설정하고 Left를 '100%'로 설정하면 그림처럼 테두리를 남긴 안쪽 화면이 뚫리게 됩니다.

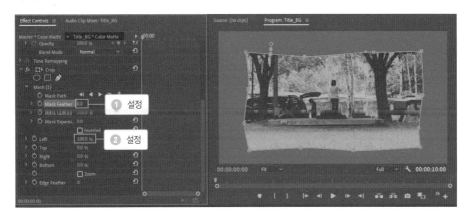

10 / Timeline 패널에서 V1 트랙의 'Title_BG.mp4' 클립을 선택하고 Effect Controls 패널에서 Postion 과 Scale 값을 조절해 그림처럼 Color Matte를 벗어나지 않은 채 안정적으로 위치하도록 합니다.

11 / 배경지 디자인하기

메뉴에서 〔File〕 → New → Legacy Title을 실행하고 New Title 대화상자가 나타나 면 〈OK〉 버튼을 클릭합니다. Legacy Title Tools 패널에서 문 자 툴(T.)을 선택하고 그림과 같 이 Title Design 패널을 클릭해 '#감성캠핑'을 입력합니다.

12 / 선택 툴(▶)을 선택하고 'Center Alignment' 아이콘(▤)을 클릭합니다. Legacy Title Properties 패널에서 문자의 폰트, 크기, 위치, 색 등을 그림과 같이 알맞게 조절합니다.

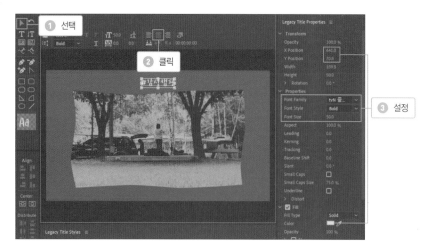

13 / 테두리의 네 면을 그림과 같이 각기 다른 문자들로 채웁니다. 문자의 회전은 'Transform' 항목의 Rotation 값을 조절해 설정할 수 있습니다.

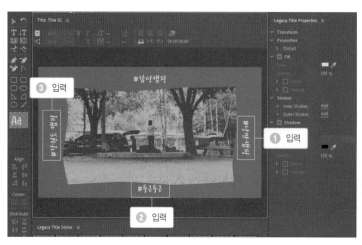

14 / 원형 툴(◯)을 선택하고 Title Design 패널에 Shift를 누른 채 드래그하여 그림과 같은 원을 그려줍니다.

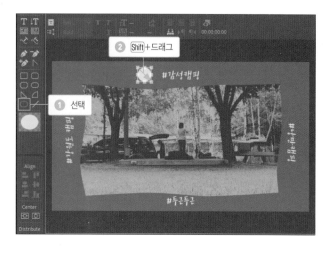

TIP

Shift를 누른 채 도형을 그리면 가로와 세로 비율이 일정한 도형을 그릴 수 있습니다.

15 / 선택 툴(▶)을 선택하고 'Fill'을 체크 해제하고 Outer Strokes의 'Add'를 클릭해 Size를 '10', Color 를 '흰색'으로 설정해 테두리를 만듭니다.

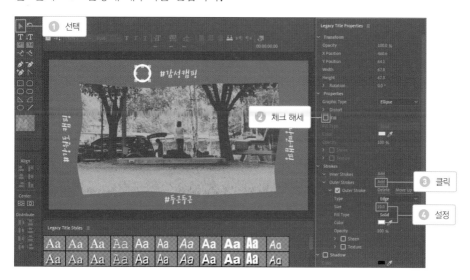

16 / 펜 툴(✎)을 선택하고 그림과 같이 선을 그린 다음 Outer Strokes → Size를 '5'로 변경합니다.

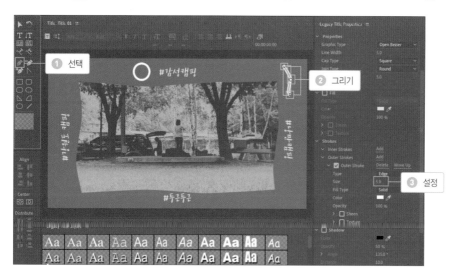

17 / 도형과 선을 이용해 그림처럼 다양한 모양의 도형과 선으로 테두리를 디자인합 니다.

18 / 적용된 디자인으로 다른 타이틀을 만들기 위해 'New Title Based on Current Title' 아이콘()을 클릭합니다. New Title 대화상자가 표시되면 〈OK〉 버튼을 클릭합니다.

19 / 만든 도형과 선들을 조금씩 이동, 회전, 복사해 변형된 디자인을 만듭니다. '닫기' 아이콘(☒)을 클릭해 Legacy Title 창을 닫습니다.

▲ 레이아웃 변경 전

▲ 레이아웃 변경 후

20 / Project 패널에 만들어진 'Title 01'과 'Title 02' 클립을 Timeline 패널의 V4 트랙에 배치합니다.

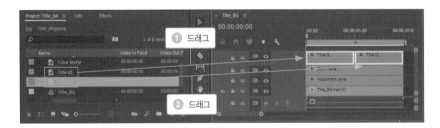

21 / 배치한 두 클립을 Shift를 누른 채 하나씩 클릭하여 모두 선택하고 메뉴에서 〔Clip〕 → Speed/ Duration(Ctrl + R)을 실행합니다. Duration을 00:00:01:00으로 설정하고 'Ripple Edit, Shifting Trailing Clips'를 체크 표시합니다. 〈OK〉 버튼을 클릭해 두 클립의 길이를 1초로 줄입니다.

22 / 현재 시간 표시자를 00:00:02:00으로 이동한 다음 V1 트랙의 타깃 아이콘(V1)을 클릭해 선택 해제하고 V4 트랙의 타깃 아이콘(V4)을 클릭해 선택합니다. 두 클립을 선택하고 Ctrl + C를 눌러 복사한 다음 Ctrl + V를 눌러 붙여 넣습니다.

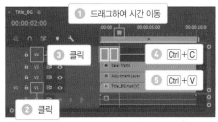 

▲ 클립 붙여 넣기 전　　　　　　　　　　▲ 클립 붙여 넣기 후

TIP

트랙의 타깃 아이콘을 활성화하면 복사한 클립이 아래 트랙을 기준으로 붙여 넣어 집니다. 여기서 V4 트랙에 붙여 넣기 위해 V4 트랙만 선택합니다.

---

23 / Ctrl + V를 3번 더 눌러 그림처럼 영상의 전체 길이에 맞도록 V4 트랙을 모두 채웁니다

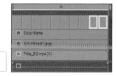

(Ctrl + V)×3

24 / 영상을 재생해 1초 단위로 배경지가 변하는 타이틀을 완성합니다. 화면 중앙에 타이틀이 될 만한 글을 디자인해 적용하면 메인타이틀로 활용 사용할 수 있습니다.